项目资助

本书受国家社科基金西部项目（项目号:15XKS014）资助

# 社会保障价值理念论

徐瑞仙 著

中国社会科学出版社

**图书在版编目(CIP)数据**

社会保障价值理念论/徐瑞仙著.—北京：中国社会科学出版社，2022.6
ISBN 978-7-5203-9707-0

Ⅰ.①社… Ⅱ.①徐… Ⅲ.①社会保障制度—研究—中国 Ⅳ.①D632.1

中国版本图书馆 CIP 数据核字(2022)第022936号

出 版 人 赵剑英
责任编辑 赵 丽
责任校对 杨 林
责任印制 王 超

出 版 中国社会科学出版社
社 址 北京鼓楼西大街甲158号
邮 编 100720
网 址 http://www.csspw.cn
发 行 部 010-84083685
门 市 部 010-84029450
经 销 新华书店及其他书店

印 刷 北京明恒达印务有限公司
装 订 廊坊市广阳区广增装订厂
版 次 2022年6月第1版
印 次 2022年6月第1次印刷

开 本 710×1000 1/16
印 张 14
插 页 2
字 数 209千字
定 价 76.00元

# 序

我是在前些年一次由中国社会保障学会主办的教学研讨会上初识徐瑞仙的，她当时所在的学科为马克思主义理论。研讨会期间，她积极参加讨论交流，由于所在学科不同、知识背景不同，因而观察问题的视角不同，所得出的结论也有异，但大家的共识都在于推进民生的保障与改善。其后我们一直保持着学术上的联系，合作过论文，也曾受邀去她当时所在的天水师范学院做过《民生概念演进与民生建设发展》的学术报告。

不久前，已调到陕西科技大学的徐瑞仙告诉我，她在博士论文的基础上，加上这些年的观察与思考，写就了《社会保障价值理念论》，并把书稿发给我。我很快浏览了全书，感觉立意高远、新意迭出，极富学术价值和实践意义，特向她表示祝贺，并欣然为该书作序。

该书跨马克思主义理论和社会保障两个学科，或者更准确地说，是以马克思主义理论为指导，系统分析研究中国社会保障的价值理念，这既丰富了当代中国马克思主义即习近平新时代中国特色社会主义的研究内容，也提升了中国社会保障研究的理论高度。作者在充分肯定中国社会保障建设实践和理论探索取得伟大成就的基础上，也中肯地揭示了所存在的“五重五轻”，即“重技术轻理念”“重经济学轻伦理学”“重效率至上轻公平优先”“重经济制约轻文化模板”“重移植轻建构”。作者并没有在指出问题后止步，而是进一步去解决问题，发扬“啃硬骨头精神”，尝试着建构中国社会保障的价值理念体系。这项工作艰巨非凡，完成它的确难能可贵！

从该书中我们可以看到，作者从马克思主义的理论维度、中国社会保障建设进程的实践维度、社会主义核心价值观的价值维度、中国古代优秀传统的文化维度出发，建构了涵盖宏观、中观、微观各个层面的中国社会保障价值理念体系。这个体系的宏观层面包括确立公平正义为首、民生福祉为大、政治为主导的制度原则；中观层面重点在于培育百善孝为先的家庭伦理，营造和合共生的社会和谐氛围；微观层面则要不遗余力地倡导尚俭不尚奢的消费伦理、中庸的思维方式、存在而非占有的生活意义，鼓励个人自由全面发展。

看完徐瑞仙撰写的这本跨马克思主义理论和社会保障学科的著作以后，我有三个感想：

其一，所有学科的研究者恐怕都需要“顶天立地”。毋庸置疑，现在有些马克思主义理论的研究者常常从概念到概念，就理谈理，始终停留在“抽象世界”，似乎不食人间烟火；有些实证学科的研究者则常常从个案到个案，就事论事，停留在“数据世界”，缺乏对普遍性、规律性的关注。我以为，对于马克思主义理论的研究者来说，顶天之时更需要立地，时时刻刻自觉地像习总书记那样“紧盯老百姓的烦心事、操心事、揪心事”；对于包括社会保障在内的实证学科的研究者来说，既要立地更需要顶天，努力探索隐藏在个案背后的普遍性和杂乱现象背后的规律性。

其二，应当自觉学习并运用科学归纳法。被马克思誉为“整个现代实验科学真正始祖”的弗朗西斯·培根（Francis Bacon），曾著有《新工具论》（*The New Organon*）一书，尖锐地批评了“蜘蛛织网”式的教条主义研究方式，只知道从《圣经》和圣贤（如亚里士多德）的著作中推演出结论，尽管也可以把网织得很大很华丽，但总有一天蜘蛛肚里的丝会吐尽；也尖锐地批评了“蚂蚁搬家”式的经验主义研究方式，只会把自己所见到的、分散在各处的现成的小东西聚集起来，并没有创造出任何新知识。他大力倡导“蜜蜂采花酿蜜”式的研究方式，从现实世界中采集花粉，在自己肚里加工改造，酿造出原本不存在的蜂蜜，即通过科学的归纳法，创造出崭新的知识。我以为，只有摈弃“蜘蛛织网”和“蚂蚁搬家”式的研究方法，学习和运用“蜜蜂采花酿蜜”式的研究方法，才能真正实现“顶天立地”。

其三，天和地有距离，“应存”和“实存”也有差异。“顶天立地”就要求我们善于处理“应存”和“实存”的关系：不能误以为“应存”就是“实存”，做一些不切实际的事情；也不能沾沾自喜于“实存”，失去追寻理想的动力。正确的方法只能是，立足“实存”，面向“应存”，一步一个脚印地前进，踏踏实实，永不松懈！实践创新者如此，理论探索者也如此。

是为序。

2022 年 2 月于南京大学

# 目　　录

# 第一章　导论

每一个时代都有属于自己时代特有的社会问题，问题就是时代的声音。有人将现在的中国叫作“后改革开放时期”，也有人说，现在的中国是一个前现代、现代、后现代历时性出场而共时性在场的时代。无论如何，当下的中国已经进入了中国特色社会主义新时代，这个新时代必然有不同于以往的、真正属于自己的时代问题，那么，这个问题是什么呢？当人类社会的车轮前进到21世纪的时候，我们的新时代所面临的问题依然纷繁复杂：资本主义与社会主义这两大制度的竞争使得意识形态领域丛林密布，市场化进程使得阶层分化剧烈，利益诉求多元，我国社会主要矛盾已经转化为人民日益增长的美好生活需要和不平衡不充分的发展之间的矛盾：人们期待更稳定的工作、更好的教育、更满意的收入、更可靠的社会保障、更高水平的医疗服务……这些问题关系到国民的生老病死，受制于社会保障制度的完善程度，也关系到人们对于社会保障价值理念共识的形成，这是新时代中国学者研究中国社会保障问题、解决中国大多数社会问题的时代语境。

## 第一节　中国社会保障价值理念建构的时代语境

伴随着现代化、工业化的高歌猛进，作为社会稳定机制的社会保障，早已成为世界上绝大多数国家的制度选择，其意义甚至于被形容为是“关乎国运、惠泽民众”。作为人口大国的中国，社会保障制度建设的意义更是非同寻常，中国社会保障制度改革的成败不但关系到中国特色社会主义现代化事业建设的成败，而且牵涉到社会不同阶层利益调整的方向，进而关乎国家的长治久安与民生福祉。当代中国正处于现代化转型时期，中国特色社会主义现代化的内涵极为丰富，现代化的关键在于实现人的现代化，而人的现代化，与人的观念的现代化以及素质的现代化一体两面；政府的执政理念、社会保障的价值理念、国民的制度共识问题，成为影响社会保障制度建设成败的重要的非经济因素。就目前而言，经济全球化、价值多元化、信息碎片化的社会下，如何消除部分社会成员的“群体焦虑”。作为制度化设计的社会保障，其制度主体、制度客体以及制度执行，最终都要通过人来体现，因此，对于社会保障价值理念建构的研究，其实是对于中国人生活方式、社会关系及人们生活意义的研究。尤为重要的是：当今社会保障的价值理念深受西方功利主义、效率主义和消费主义的影响，中国优秀传统文化中蕴含的适合现代人生活方式的道德规范、理想人格、人文精神的理念精华，以及中国社会保障建设实践中的成功经验，均没有得到深度发掘与系统总结。鉴于此，对于当代中国发展语境中社会保障价值理念建构的研究，成为社会保障研究中的一个基础性理论问题。

任何一个社会，其社会保障价值理念背后，既是对社会保障现状与实践的深刻洞察，也是一套复杂的意识形态、价值观念之间的冲突与较量。建构中国社会保障的价值理念，离不开马克思主义基本原理的指导，离不开社会主义核心价值观的引领，既要有对中国社会保障制度实践的深入考察，也需要从中国优秀传统文化中汲取理念精华与哲学智慧，还要注意对于近代以来在民族民主革命中形成的红色革命文化精粹的汲取，当然更离不开中国化马克思主义的话语体系与逻辑表达，理论指导、实践探索、文化意蕴及价值引领，这是建构当代中国发展语境中社会保障价值理念的四重维度。

本书对于中国共产党成立以来对于社会保障实践探索与理念创新进行了归纳和梳理。当代中国发展语境中社会保障价值理念的建构，不是对于构建宏大社会保障理论体系的奢望，也不是对于当代中国社会保障价值理念建构的最后结论，而只是试图在社会转型、风险频发、众声喧哗、价值多元、部分社会阶层心态失衡，尤其是近代以来西方功利主义大行其道、公民意识空前觉醒的时代环境下，对于社会保障制度当中必须遵循的价值准则、价值观念、理论思维、文化意义，进行力所能及的重构、彰显、倡导与推崇。对于蕴含于中国古代传统文化中的理念精华进行系统的梳理和深入的发掘。

## 第二节　社会保障价值理念建构的缘起

价值理念是制度的灵魂与精髓，价值理念决定着制度的模式、路径与走向，以价值理念指导制度实践，是社会保障发展历程中的基本共识，然而，学术界从微观角度、技术层面以及具体对策问题等方面对于社会保障的研究成果相对较多，从宏观、长期、抽象层面的研究则相对缺乏，对于社会保障价值理念嬗变规律进行系统归纳与学理反思的研究成果则是凤毛麟角。这是本书选题的学术背景。具体来说，本选题起因于对以下几个方面问题或现象的关注与思考。

### 一　防止社会保障研究中“西方中心主义”范式的滥觞

现代意义上、制度化的社会保障一般认为起源于19世纪末期的德国，后被西方国家群起仿效并风靡全球。西方国家工业文明数百年来独领风骚的垄断地位，使得西方国家在世界政治经济格局中居于“执牛耳”的地位，社会保障制度与理论也是一以贯之的“西方中心主义”的研究范式与话语体系。虽然说西方社会保障制度模式与理论体系，对于我们构建中国特色的社会保障具有重要借鉴意义，然而，中国毕竟与西方在文化背景、基本国情、价值取向、社会同质化程度等诸多方面存在很大差异。作为一种制度安排，社会保障也并非是一个超越于意识形态之上的领域。不可否认的是，西方消费主义的社会风尚、注重占有的生活方式、“理性经济人”的研究假设以及市场经济的运行逻辑，迄今确实对于中国社会保障的价值观念以及中国人的生活方式产生了极大的影响。然而，如果简单移植西方制度或理念，难免会造成水土不服、“南橘北枳”。因此，以马克思主义为指导，合理吸收西方社会保障中有价值的成果，并对之经过一个中国化、时代化、本土化的过程，为我所用，同时回溯与发掘中国传统文化中的社会保障理念精华，为构建中国特色的社会保障制度模式与理论体系服务，既是一个重要的学术问题，也是一个具有实践价值与理论意义的问题。

## 二　弥补社会保障中价值理念研究的相对欠缺

就目前而言，社会保障研究中还存在着重技术轻理念的研究倾向、重经济学轻伦理学的学科倾向、重效率至上轻公平优先的价值倾向、重经济制约轻文化模板的模式倾向、重移植轻建构的范式倾向。基于对以上研究倾向的批判性反思，和对社会保障理念与价值迷失的关照，思考如何以马克思主义为指导，积极与西方社会保障理论进行对话，在汲取中国优秀传统文化理念精华的基础上，探索中国特色社会保障价值理念建构，促进制度的更加公平、更可持续，是社会保障体系制度建构中的核心问题。这也是本书选题的原因之一。

## 三　总结中国社会保障的实践经验

制度与理念嬗变一体两面，理念是制度的精髓和灵魂，制度是理念的现实载体。社会保障价值理念的变更，既受到居主导地位的社会思潮的影响，又被社会保障的改革实践所推进。社会保障价值理念关涉到政府与市场、个人与社会、责任与权利、公平和效率、经济与文化、功利与公利以及储蓄与消费等一系列价值范畴的关系及其优先层序。中国社会保障制度改革四十多年的实践历程，虽然取得了有目共睹的建设成就，然而经验与教训也在所难免；尤其是存在着社会保障价值共识缺乏，制度信仰迷失等问题，对现代社会发展中一系列重大范畴的价值关系进行辨析，进而构建当代中国发展语境下的社会保障价值理念，显然具有重要的理论和现实意义。

## 四　构建中国特色社会保障价值理念的话语体系

话语即言说、阐述、理论表达，话语必然包含以知识为代表的思想、价值观念以及思维方式等；培根所说的“知识就是力量”。其实知识也是权力，正是在这个意义上，福柯的“话语即权力”被广为引用。“话语体系表面上是一个‘说什么话、怎么说话’的语言表述问题，实质上是一个涉及思维方式、思想认同、价值立场等多方面的重大问题。一个国家和民族的理论自信和理论自觉，是建立在一整套自己的话语体系基础上的。”① 中国目前已经建立了与经济发展程度相适应的社会保障制度体系，也为全世界消除贫困现象做出了重大贡献，然而，中国社会保障的话语体系在社会科学界基本上处于失语状态，建构社会保障价值理念的中国话语，构建社会保障的意义世界，是社会保障实践与理论研究的时代诉求。

综上，社会保障研究中无论是甚嚣尘上的“西方中心主义”，还是社会保障信念的混乱与缺失，抑或是中国社会保障话语权的缺失问题，究其实质，所涉及的深层次理论问题，都需要对于社会保障制度的目标、原则、理论根据、研究范式、逻辑起点以及价值归宿等问题进行深入研究，这恰恰都关系到社会保障作为社会基本制度安排的价值理念问题。“当前中国社会保障面临的首要问题不是一些具体的技术性问题，而是社会理念选择和制度重构问题。”② 因此，本书试图对于“中国社会保障价值理念建构”这一难度较大、争议较大的选题进行探讨与研究。

## 第三节　研究社会保障价值理念的意义和价值

一般来说，作为制度的社会保障，是政府运用经济手段解决社会问题，达到政治目的的制度安排，这是人们对于社会保障性质特点的基本陈述，尽管这种说法并没有揭示出社会保障价值理念仍在不断丰富和完善的内涵，然而，却从一定程度上揭示出社会保障与政治、经济、社会、文化等高度相关的基本事实。另外，从社会保障制度产

---

① 吴学琴：《以多层次对外话语阐释中国价值观念》，《光明日报》2015 年 7 月 2 日。

② 汪行福、李栓民、周建：《给市场经济一张人道的面孔——中国社会保障的规范与制度选择》，中国文史出版社 2004 年版，第 7 页。

生、发展的过程来看，社会风险的有无决定着社会保障制度的产生；经济发展程度决定着社会保障水平的高与低；政治因素决定着社会保障实践进程的快与慢；文化因素则决定着社会保障制度的模式选择。[①]不能否认经济发展程度对于社会保障制度的硬性约束，但是，也因此造成了对社会保障研究方面的“经济决定论”。在影响社会保障制度建构的经济、政治、文化、伦理道德等因素当中，经济对社会保障制度的作用被夸大，而政治、文化、伦理等因素在学术研究中被边缘化，造成了社会保障价值理念的模糊与偏离，反过来成为阻碍中国社会保障制度定型与进一步发展的深层原因，因此，研究社会保障价值理念的嬗变与创新，对于促进社会保障制度的公平、可持续发展、完善中国特色社会保障理论，具有重要意义。

马克斯·韦伯从伦理精神的层面研究了资本主义发生发展的原因，精神伦理层面就是制度文化的层面，韦伯认为：在任何一项事业的背后，都隐藏着一种无形的精神力量。一部人类不断繁衍与发展的历史就是人类社会与各种风险斗争的历史，中华民族有5000多年文字记载的历史，是人类文明古国中唯一一个没有中断、并迄今大放异彩的文明国家。英国经济学家马丁·雅克在其演讲中提出，21世纪中国将在两个基本方面改变世界，一个方面是中国辽阔的国土面积、庞大的人口规模及长期的经济增长所形成的规模经济；二是近现代第一次世界上居主导地位的国家，将不再是西方世界，而是完全不同的文化根源的——中国。据此，他认为21世纪是中国人统治的时代。[②]张维为从“文明型国家”的视角来探讨了中国话语对于西方话语的超越，解释了中国制度、中国模式、中国道路及其后面更深层次的中国理念，并论证了这种理念的合理性，据此，张维为认为，21世纪中国的崛起将是一个“文明国家的崛起”。[③]如果诚如马丁·雅克与张维为所言，21世纪是中国人的世纪，21世纪中国的崛起是“文

① 郑功成：《文化多样性决定着社会保障制度的多样性》，《群言》2012年第11期。

② 参见［英］马丁·雅克（Martin Jacques）《当中国统治世界：中国的崛起和西方世界的衰落》，中信出版社2010年版。

③ 参见张维为《中国震撼：一个“文明型国家”的崛起》，上海人民出版社2015年版。

明型国家的崛起”，那就应该是中国精神、中国价值与中国力量大放异彩的时代，作为人类社会的一项基本制度安排，作为迄今为止近二百个国家的制度选择，深藏在这一制度中的精神力量与价值引领究竟是什么？这是本书需要着力探讨和研究的课题。

## 一　研究中国社会保障的价值取向

社会保障是一项关乎民生福祉与国家长治久安的系统工程。一个国家的社会保障体系，除了制度组织、制度设施外，还包括价值理念、制度规范等基本要素。其中，价值理念是社会保障的精髓与灵魂，先进的社会保障价值理念是指导社会保障制度安排、社会保障实践运行的思想指南。社会保障体系正处于快速成长发展阶段，构建中国特色的社会保障价值理念，对于引导科学合理进行社会保障制度建设、促进社会保障实践健康运行，具有重要的理论意义和现实意义。

社会主义核心价值观是社会主义意识形态的主体和灵魂，对于整个社会意识和社会思潮、社会理论起着引领、凝聚与整合的作用。就中国特色社会保障制度而言，公平、可持续的社会保障目标意味着这一制度的即将成熟与定型，在这种关节点上，确立合理的价值理念、价值目标，对于促进该制度的健全与完善，具有重要意义。社会保障制度是国家的基本制度安排，制度是价值观的外在载体，价值观是制度设计的内在依据。国家、社会、个人均是社会保障制度重要的责任主体，制度的模式走向必然对国家、社会、个人这些责任主体提出相应的价值诉求与制度规范，社会主义核心价值观本质上是社会主义社会对于国家、社会、个人的价值引领和价值规约，自然应该成为建构中国特色社会保障制度的价值引领。

## 二　丰富中国特色社会保障理论

在目前社会转型加速、阶层利益分化加剧的情况下，如何加快实现社会保障的制度变迁与理念创新？目前，社会保障制度的理论基础、基本原则、社会功能、终极目标、保障对象、保障标准等问题上存在着许多分歧与争议，反过来制约着社会保障变革实践的进程，阻碍着更加公平、更可持续社会保障制度的定型。社会保障制度改革呼唤着理论创新，中国需要自己的社会保障理论，中国社会保障制度向何处去？“问题就是时代的声音”，中国特色社会保障制度建构的实践要求呼唤着中国特色社会保障理论的产生，对于中国社会保障制度及理论问题进行深入的研究，尤其是对于该制度的价值理念进行准确定位，挖掘这一制度的价值意蕴，是关系到该制度未来走向的基础理论问题。

## 三　探索社会保障研究中的理论新视角

本书试图研究中国文化对于社会保障的制约与影响，对于社会保障研究来说，这是一个相对独特而新颖的分析视角，其目标在于探究社会保障制度的文化向度，建构中国社会保障制度的价值理念体系。目前，社会转型时期多发的社会风险使社会保障制度的供给与制度需求严重失衡，这一现状已在学界与政界达成共识，中国成为全球第二大经济体，经济增长稳中向好的趋势，为社会保障制度进一步完善奠定了相应的经济基础，而中国政府将社会保障制度作为基本制度加以建设、高度关注民生、构建社会主义和谐社会的战略发展方针使社会保障制度在中国的发展获得了前所未有的历史机遇，这一切为社会保障制度的良性发展奠定了坚实的政治基础。就目前学术界而言，受“经济决定论”的深刻影响，从经济角度研究社会保障制度的成果丰硕，而从制度伦理视角、政治学角度研究社会保障制度与模式的则相对较少，至于从文化视角分析社会保障发展的少之又少，因此，本文拟从中国文化的视角解析社会保障制度的价值理念与发展模式，探索中国特色社会保障理论体系的学理支持与价值导向。

## 四　建构中国特色社会主义社会保障的价值理念

中国社会保障思想源远流长，中华人民共和国成立以后就有社会保障的相关制度与措施，近年来社会保障成果可谓世界瞩目。然而，在西方中心主义话语体系之下，中国社会保障无论在学理层面还是在政治层面均处于失语状态。西方“重占有”的生活方式、消费主义的伦理观、功利主义与效率主义的价值导向，对于社会保障的价值理念的影响极为深远。这种影响的边界在哪里？多少是个够？“马太效应”是否具有天然的合理性？对于此类问题，不同的人自然很难达成共识。然而，中国古代注重道德规范的人文理念与伦理意旨，确实蕴含着现代社会消费主义、功利主义、拜金主义的“解毒剂”，这些理念至今没有得到学术界以及国人的高度重视。对于社会保障的价值理念，我们过多地注重了对于西方社会保障制度与理论的研究，注重了西方社会保障价值理念的移植，而恰恰忽视了中国传统文化中的优秀成分。在构建中国特色社会保障制度模式成为学界热烈吁求的情况下，需要以马克思主义为指导，汲取中国主体文化的理论精华，吸取世界上一切文明的优秀成果，尝试建构中国特色社会主义社会保障制度的价值理念体系。

现代意义上的社会保障制度的建立，一般是以 19 世纪 80 年代德国社会保险制度的建立为基本标志的。一方面，由于西方社会保障制度的建立与中国社会保障制度的建立和完善之间存在将近一个世纪的“时间差”；当西方社会保障制度在 20 世纪 80 年代已经经过了迅速发展、过度膨胀、进入到改革调整阶段的时候，中国社会保障制度才开始进入制度草创阶段。另一方面，基于社会科学领域中的“西方中心主义”的话语体系，尽管中国社会保障制度在 21 世纪已经取得了举世瞩目的成就，建立了在现阶段符合中国人生存方式的、世界上规模最大和人口最多的社会保障体系，为全世界减贫事业做出了重大的贡献，这是毋庸置疑的事实。然而，中国社会保障制度话语基本上依然处于严重的“失语”状态。西方的社会保障理论与模式成为解读中国社会保障最“便捷”的理论工具。随着中国社会保障制度的即将定型以及文化强国战略的实施，中国人的生活模式所具有的文化意义需要被西方世界所了解和认同，中国应该给世界贡献具有普世意义的中国理念与中国价值。因为，中国传统文化中的优秀成分确实曾经一度被西方中心主义话语体系所遮蔽，在对于西方中心主义话语体系进行理性批判的基础上，建构社会保障价值理念的中国话语是实践与理论的双重诉求。

## 五　寻找中国特色社会保障制度的理论依据

理论研究的目的在于观照现实，有利于运用马克思主义的世界观与方法论指导社会保障理论与制度建设。中国目前正处于社会转型期、问题多发期，社会保障凸显为决定国家长治久安的关键因素。时代呼唤着具有中国特色的社会保障理论。中国特色社会主义核心价值体系的灵魂是马克思主义，马克思主义社会保障思想的时代价值何在？中国特色的社会保障理论能否在马恩原著中找到思想渊源？对中国社会保障理论的研究需要怎样坚持马克思主义的方法论？目前马克思主义社会保障思想的研究中存在哪些问题？如何在社会保障实践建设与理论研究中贯彻马克思主义世界观与方法论？运用辩证唯物主义的世界观与方法论来思考、研究以上问题，梳理和探究西方社会保障理论根源及脉络，整理和挖掘中国传统社会保障思想精华，为建构中国特色社会保障理论寻找学理支持与学术给养，是本书研究的基本价值所在。

## 六　探索符合中国人自己的社会保障模式

中国经济体制改革的序幕自20世纪80年代开启以来，经济建设与社会建设取得了举世瞩目的成就，然而国民优良的心灵秩序并未养成，甚而至于，由于国民收入差距的加大，20世纪90年代的中国社会，被孙立平概括为从“结构断裂”到“权利失衡”。21世纪以来，第二大经济体的国际地位让国人有了些许的自信与豪迈，然而，人均GDP依然在百名之后的严峻现实，加之西方社会一些舆论对于中国发展的妖魔化，又让国人的自豪感增加了莫名的隐忧，2011年，中国政府延迟退休的政策一再频频试水，成为掀起民间舆论轩然大波的一叶巨石，不时爆出的养老金挪用缺口刺激着国人紧张的神经，“谁为我养老？”成为21世纪以来中国社会的群体焦虑，成为上至政府下至民众社会各阶层共同思考的一个问题。社会保障制度理念的混乱以及信仰的缺乏成为社会保障制度与模式完善的意识形态阻力，相对于无限扩展的消费欲望而言，社会保障以及其他经济资源永远是稀缺的；上至公权力的拥有者，下至普通民众，可能都需要在特定的时期对于社会保障的本质、社会保障的制度理念进行清晰的认识与理性的定位。

当前，在社会保障领域中，人们的价值共识、制度信仰均相对缺乏，现代与后现代历时性出场却共时性在场，就人的价值理念而言，这既是一个碎片化的时代，又是一个众声喧哗的时代，即便对于同一项社会政策，不同的人反应可能是完全不同的。社会保障价值理念研究的问题正是基于对以上问题的思考而产生。对于社会保障价值理念建构的研究，事实上是希望通过提出此问题，引起社会保障学术界对此问题的关注，并且试图对于社会保障制度主体行为失范、道德失序、价值失语的状况的改观有所助力。一句话，中国人需要什么样的社会保障模式，什么才是符合中国人幸福感的社会保障模式，这是研究问题的所在。

## 第四节 相关学术史的梳理

### 一 国内研究述评

社会保障措施尽管古已有之，但学术界一般以 20 世纪 80 年代中期社会保险制度的建立和改革作为现代意义上中国社会保障制度的开始，随着中国经济体制改革的启动，社会保障制度供给与需求之间出现非均衡状况，社会保障理论研究与制度供给出现严重不足，使得社会保障成为 20 世纪 80 年代以来多学科关注的理论焦点，至今尚未降温，国内研究成果渐趋丰富。经济学、政治学、社会学、管理学等学科均有研究和涉猎，尤以经济学、社会学等学科的研究成果较多。事实上，自从人类社会产生以来，不论是基于人的本性、人道主义、统治阶级政治统治的需要，抑或是出于经济发展的目的，各种有关社会保障的价值理念早已存在，只是随着社会的发展与时代的进步，社会保障制度及其价值理念的内涵，愈益丰富、愈益接近其本真意蕴。

理念是制度的灵魂，制度是理念的载体，制度与理念一体两面，制度的改革与价值理念的嬗变也是随形如影，社会保障价值理念的变更，既受到国家意识形态与居主导地位的社会思潮的影响，又受到国家社会经济发展程度的硬性制约，还会被社会保障制度改革时候的社会问题及实践过程所剪裁。本书将对于迄今对社会保障及其制度理念相关的研究状况，进行概括梳理和简单评介。

20 世纪 80 年代中期以后，社会保障改革与社会保障学研究才开始起步，先是对于西方社会保障制度与理论的引进与翻译，结合对中国社会保障制度实践的研究探索，就社会保障理论来说，有以下方面的研究成果。

### （一）对西方国家社会保障制度与理论思潮的整体介绍与基本评介

20 世纪 80 年代中期之前，中国社会保障制度与理论研究均极端贫乏，随着 1986 年中国现代意义上的社会保障制度改革的开始，首先出现了对于西方社会保障或社会福利制度与理论进行引进与介绍的研究成果。如 1984 年厉以宁的《西方福利经济学述评》以及 1985 年黄素庵的《西欧福利国家面面观》是两部较早翻译引进西方福利经济学以及西方福利制度的文献。1998 年黄安年的《当代美国的社会保障政策》，该书分为历史和综合两编，这是国内第一部系统论述当代美国政府社会保障政策的专著，该著论述了美国社会保障制度不同于西方其他福利国家的特点，提出了在建设中国特色社会福利保障制度中需要坚持的十个原则问题。这些原则正在或者已经被中国社会保障实践所验证，对于我们研究社会保障制度及其价值理念问题具有重要的启示。2000 年孙炳耀的《当代英国、瑞典社会保障制度》，详细介绍了西方福利国家的产生、发展、调整改革以及未来走向。2002 年郑秉文的《当代东亚国家地区社会保障制度》、同年姜守明、耿亮的《西方社会保障制度概论》以及 2010 年丁建定的《西方国家社会保障制度史》等著，主要对西方主要发达国家的社会保障制度形成、发展、相关政策、历史沿革、理论基础、制度模式、历史变迁进行了整体、系统的介绍，并对主要发达国家的社会保障制度进行了比较研究。

**（二）对中国社会保障体系与实践的系统研究**

随着社会转型加速、阶层分化加剧，社会保障制度需求与制度供给之间的缺口继续加大，国家对社会保障制度的投入也持续增加，中国社会保障研究成果勃发。1994 年卫兴华的《中国社会保障制度研究》，2001 年景天魁的《基础整合的社会保障体系》，2001 年郭士征的《社会保障学》，2000 年邓大松的《中国社会保障若干重大问题研究》，1997 年赵曼的《社会保障制度结构与运行分析》。另外，就学科建设而言，以“社会保障学”、“社会保障概论”或者“社会保障教程”、“社会保障导论”等名称出版的社会保障学教科书也逐渐增多，例如 1997 年李珍的《社会保障理论》、2009 年吴中宇的《现代社会保障导论》、2000 年郑功成的《社会保障学》、2003 郑功成的《社会保障概论》、2009 年丁建定的《社会福利思想》等。以上教材或专著尽管各有侧重，但总体而言都比较系统地阐明了社会保障的历史沿革、制度体系、理论基础等问题。2002 年郑功成的《中国社会保障制度变迁与评估》一书，以中华人民共和国成立以来社会保障制度为研究对象，第一次从政策演变与评估的角度，对中华人民共和国成立以来社会保障制度的历史变迁进行了整体阐述与评估，并且根据中国社会的发展趋势提出了相关的政策建议。本书概括了社会保障制度的总体演变，包括了养老保险、医疗保险、失业保险、社会救助、社会福利等社会保障制度的变迁与评估及中国社会保障制度诞生以来的重大事件概览，并包含了一系列重要的数据。书中对中国社会保障制度的制度变革的成就与失误进行了客观理性的分析，多被学术界引用和参考。

**（三）对社会主义和谐社会构建中社会保障理念的研究**

包括对制度框架的整体研究，也有按制度项目分类进行的研究。如景天魁的《底线公平——和谐社会的基础》、汪行福的《分配正义与社会保障》、吴忠民的《走向公正的中国社会》、孟醒的《统筹城乡社会保障》等专著。其中吴忠民所著的《走向公正的中国社会》，尽管不是专门研究社会保障基础理论与价值理念的，但是，由于社会保障本身是关系到人们的生老病死、关乎民众福祉与人民幸福的制度安排，社会公平是对于社会保障制度的价值要求。因此，该书也对于我们研究社会保障的价值理念具有启发意义。郑功成的《社会保障学——理念、制度、实践与思辨》一书，从社会保障学的学科视角出发，对社会保障理念、制度与实践进行了系统的、理性的研究，界定了社会保障的概念、学科属性、理论基础，总结了社会保障制度起源、发展、改革、完善的模式、规律以及经验教训，对社会保障的功能、原则、意义等进行了系统阐述，论及了社会保障的基金与融资、法制与管理、运行与监控，其中一以贯之地倡导了社会保障公平、正义等价值理念。而汪行福的《分配正义与社会保障》则以分配正义为主题，从社会保障的非经济功能论述了社会保障的制度伦理。

**（四）从福利文化的视角解析和研究社会保障**

21 世纪以来，以文化或思想史变迁为研究视域，系统研究社会保障制度的理论基础以及文化背景的研究成果逐渐出现，多以中青年学者博士学位论文的形式出现，例如，梅哲的《构建社会主义和谐社会中的社会保障问题研究》、凌文豪的《社会主义初级阶段社会保障问题研究》等、毕天云的《福利文化引论》、张军的《社会保障制度的福利文化解析——基于历史和比较的视角》等、王远的《论社会保障理念的人文向度》等均是这一时期出现的博士学位论文。另外，朴炳铉的《社会福利与文化——用文化解析社会福利的发展》强调了不同文化对社会保障的模塑，构建社会保障制度所需要高度关注的文化等因素，同时强调社会保障本身就是一种文化。

**（五）对马克思主义社会保障思想的研究**

许飞琼在《论马克思的社会保障思想及其时代意义》一文中，澄清了对于马克思主义社会保障思想的一些认识误区，并提出用马克思主义对未来社会设计的基本原理来指导中国社会保障改革与发展实践。梅哲在《构建社会主义和谐社会中的社会保障问题研究》中，从三个层次对于马克思和恩格斯的社会保障思想进行了论述，即资本主义社会的社会保障思想、未来理想社会的社会保障思想以及为一切社会生产方式所共有的社会保障思想。任保平在《马克思主义的社会保障经济理论及其现实性》一文中论述了马克思主义社会保障经济理论的主要内容、特点以及对于中国社会保障制度建设的现实意义。李宏艳的《马克思主义社会保障思想及其在当代中国的新发展》一文，认为人的需要理论、社会再生产理论和社会产品分配的基本原理，是社会主义社会保障的理论基础。周沛的《社会保障的阶级属性、资金来源与建立原则——马克思主义社会保障观初析》分析了马克思主义的社会保障观。李怡、宋军的《对西方和马克思社会保障理论的现代诠释》认为：社会保障借鉴马克思的实践理性方法论和世界观比借鉴西方经济理性的效率说和西方道德意志理性的公平说更具适用性。朱楠对西方社会保障理论与马克思主义社会保障理论进行了比较研究。陈玉照、刘鹏的《社会保障：一个并非超越意识形态的领域——社会保障"超意识形态论"批判》一文对社会保障"超意识形态论"进行了批判，认为在构建中国特色社会保障体系时，既要借鉴、汲取西方资本主义社会保障的经验，又要高度警惕其阶级本性和破坏性作用，不能丧失在社会保障领域的批判视角。

**（六）对社会保障中公平与效率关系的研究**

社会保障制度作为一种重要的社会经济制度，必然也无法回避公平与效率价值理念之间的博弈。杜飞进、张怡恬《中国社会保障制度的公平与效率问题研究》对于公平和效率的关系进行了剖析和辩证论证。[①] 郑岩的博士学位论文《社会保障与公平、效率相关性的理论分析》研究了社会保障中的公平与效率的关系。郑功成在多篇论文中，一以贯之地主张在社会保障领域中应该坚持社会公平，社会公平应该成为社会保障的基本价值理念。曾湘泉论述了从现代"公平与效率"这一价值理念出发，提出既要关注起点的公平，也应当更多地关注结果和过程的公平，在强调效率的同时，更多地关

① 杜飞进、张怡恬：《中国社会保障制度的公平与效率问题研究》，《学习与探索》2008 年第 1 期。

注社会被排除成员的社会保障问题，强调了社会公平的重要意义。潘锦棠、张燕系统辨析了平等公平与效率的概念及其在社会保障中的原则与体现。

### （七）对社会保障中政府与市场机制关系的研究

郑功成提出，就某种程度而言，社会保障就是在政府与市场之间进行抉择：是相信市场还是相信政府。周宗顺的《社会保障中政府机制与市场机制的适度选择》认为：政府机制与市场机制是现代社会保障制度运行中的两个基本机制。市场机制存在市场失灵，决定了政府机制参与社会保障的必然性；政府机制存在政府失灵，决定了社会保障中市场机制回归的必然性，双重失灵的存在决定了必须对两种机制进行适度选择。① 2008 年景天魁追问了社会保障的理念基础，并在学术界首次提出了“底线公平”的概念，他在《底线公平：和谐社会的基础》一书中认为，底线公平就是使中国既保持发展活力，实现可持续发展，又能够实现社会公平。② 而要做到这些，就是要找到政府责任和市场机制的界限，使二者相互补充，各尽其责，而底线公平既是政府责任的底线，也是市场发挥作用的边界。

### （八）对于社会保障制度伦理的研究

制度伦理与价值理念是一对密切相关的范畴，对于社会保障制度伦理的研究，比较有代表性的有李建华、张效峰的《社会保障伦理论纲》以及《从伦理视域审视社会保障的偏差》。李建华等人认为社会保障伦埋的研究对象包括国家、市场、公民社会三部分，而分配正义是社会保障的核心问题；社会保障伦理的逻辑起点是“人的发展和幸福”；社会保障伦理研究的主要任务是“祛除工具理性宰制社会保障的巫魅、正确建构社会保障自己的意义世界”。③ 陈玉照、刘鹏的《社会保障的“人民性诉求”》提出社会保障“人民性诉求”的基本要求是“由工具理性向价值理性回归、由客体向主体转化、由效率向

① 周宗顺：《社会保障中政府机制与市场机制的适度选择》，《行政论坛》2004 年第 3 期。

② 景天魁：《底线公平：和谐社会的基础》，北京师范大学出版社 2009 年版。

③ 李建华、张效锋：《社会保障伦理论纲》，《道德与文明》2010 年第 1 期。

公正转化”。[1] 2009年汤剑波的《现代社会保障的伦理审视》从社会保障的主体、目的以及伦理动因以及与伦理学的关系三个方面对于社会保障的伦理问题进行了研究。[2] 2012年张向达、程雷的《西方社会保障的伦理嬗变及启示》一文认为社会保障制度的伦理理念经过了一个从父爱主义到公民权利再到社会正义的嬗变过程，而社会主义和谐社会的建构为社会保障理论和实践提出了新的要求。[3]

**（九）对于社会保障理念创新的研究**

郭殿生认为维护人权和社会正义是社会保障的基本理念，公平优先、兼顾效率是目前和今后一段时间社会保障制度的政策取向。[4] 景天魁在学术界首次提出了社会公平的最大公约数——底线公平的价值理念。“怎样在发展与福利、公平与效率之间寻求均衡？那就是确保‘底线’以下部分，放开‘底线’以上部分；‘底线’以下是刚性的，‘底线’以上是弹性的，‘底线’以下主要是政府的责任，‘底线’以上主要是社会、家庭和个人的责任，‘底线’以下靠非市场机制，‘底线’以上可以引入市场机制。以上两层意思，构成了‘底线公平’的理念。”[5] 另外，付舒在《我国社会保障价值理念嬗变的学理分析》一文中，从四个维度对社会保障价值理念的嬗变规律进行了归纳，并且探讨了社会保障价值理念嬗变的内因与外因。[6] 郭林、陈斌提出《公平正义：社会保障专业人才培养的价值追求》；[7] 2018丁建定系统阐述了改革开放以来中国共产党对社会保障制度理念的认识：这些认识包括：江泽民的就业是民生之本的理念，胡锦涛的让劳动者实现体面劳动以及强调社会公平正义的理念，习近平提出的就业是最

---

① 陈玉照、刘鹏：《论社会保障的“人民性诉求”》，《三峡大学学报》2013年第3期。

② 汤剑波：《现代社会保障的伦理审视》，《哲学动态》2009年第3期。

③ 张向达、程雷：《论西方社会保障的伦理嬗变及启示》，《伦理学研究》2012年第1期。

④ 郭殿生：《论我国社会保障制度设计中的价值理念及政策取向》，《人口学刊》2003年第2期。

⑤ 景天魁：《社会政策需要创新理念》，《中国社会保障》2005年第3期。

⑥ 付舒：《我国社会保障价值理念嬗变的学理分析》，《理论月刊》2014年第2期。

⑦ 郭林、陈斌：《公平正义：社会保障专业人才培养的价值追求》，《学海》2015年第5期。

大的民生、公平正义是中国特色社会主义的内在要求，并且系统论述了共享发展的本质与途径。[①]

以上研究成果对于本书具有重要的启发与借鉴意义，成为本书展开研究的重要参考文献与前期理论基础，一方面本书的研究与写作的过程，也是一个与以上专家学者们进行理论对话与思想交流的过程。另一方面，就中国社会保障价值理念而言，以下几个方面的问题迄今还存在一定的研究空间：

一是专门地、系统地研究中国社会保障制度伦理与价值理念的研究成果相对欠缺；在更加公平可持续的社会保障制度即将定型之际，社会保障价值理念研究的缺乏会造成社会保障的理念偏失与意义缺乏，进而影响到社会阶层的利益分配与社会保障制度的未来走向。研究社会保障的制度伦理与价值理念极为必要，然而当前，社会保障研究中存在"理念赤字"；社会保障伦理，仍是"一个亟待研究的领域"。

二是马克思对于"资本宰制"逻辑的批判入木三分，然而，现代西方的社会保障制度就是建立在"资本宰制"逻辑基础之上的。这样看来，马克思与西方社会保障制度实践似乎是格格不入，马克思主义在社会保障中的指导地位就形同虚设，社会保障研究中的马克思主义意识形态视角正在逐渐消解。然而，现代社会的本质是资本主义，现代社会依然上演着"资本的盛宴"，作为社会主义核心价值体系灵魂的马克思主义，如何发挥其在社会保障中的指导意义，迫切需要进行理论探讨。

三是中华民族博大精深的传统文化中蕴含的具有普适意义的价值理念没有得到应有的彰显与发扬；对于以社会保障为代表的现代社会危机与社会问题，我们只是在数百年的资本主义文明中寻找现代化的解困方案，却忽视了数千年中华民族历史文化的伦理价值与文化底蕴，本文试图发掘传统社会保障理念的现代价值，倡导适合中国人自

① 丁建定：《改革开放以来中国共产党对社会保障制度理念的认识——基于江泽民、胡锦涛和习近平同志相关论述的研究》，《河北学刊》2018 年第 4 期。

己的生活模式与意义寄托。

四是对于中国共产党成立以来的社会保障实践探索及理念创新的系统梳理，相比较而言，这一方面的研究成果相对薄弱，中国共产党成立后对于世界反贫困事业及社会保险事业的贡献是相当巨大的，但是，由于社会保障基础研究中话语的缺失，这一历史贡献迄今尚未得到应有的倡导、合理的言说及深度的凝练与阐释。

五是在社会保障研究中存在着一以贯之的“西方中心主义”的话语体系，西方社会保障研究范式被当作既定教条，社会保障价值理念建构的中国话语被西方中心主义话语体系所遮蔽。理性主义的精于算计、消费主义的行为模式、注重占有的生活方式以及效率主义的甚嚣尘上，无一不裹挟着作为制度与文化的社会保障，建构社会保障价值理念的中国话语、寻求社会保障的意义世界，是我们试图做出的努力与尝试。

本书正是基于对以上问题的思考以及对于社会保障意义迷失的观照，本书试图以马克思主义为指导，积极与现有社会保障研究成果以及西方社会保障理论进行沟通对话，在汲取中国优秀传统文化理念精华的基础上，探索中国特色社会保障价值理念建构，促进社会保障制度的公平、可持续。坚持马克思主义方法论在社会保障思想研究中的指导地位；重视马克思对资本主义社会保障批判、解构的同时，阐发马克思的原创性建构；运用差异性方法厘清马克思与马克思主义者的社会保障思想关系；用马克思主义意识形态批判视角，尝试构建后改革开放时代当代中国发展语境中社会保障价值理念的中国话语、中国逻辑及中国表达。

## 二　国外研究述评

就笔者所接触到的国外文献来说，直接论述社会保障制度价值理念的研究成果较少，但与这一论题密切相关的代表性研究成果却不少见，主要有以下几个方面：

### （一）国外学者对社会保障模式的研究

国外学者对社会保障模式的研究和划分，蕴含着价值理念的重要范畴——权利与责任、政府与市场。这些成果应成为本书借鉴的重要理论依据。像1958年，美国学者维伦斯基和勒博在其著作《工业社会与社会福利》一书中首次提出了“补缺型福利”以及“制度型福利”两种模式，他们认为：随着工业化与现代社会的发展，家庭和市场已经无法为个人提供满足其自身需要的福利，需要国家（政府）的社会福利机构提供制度化的补充，这是现代社会公民权益的体现，也是工业社会的必需。论述了社会保障制度的核心理念——公民权利与政府责任，这一观点，对于济贫法时期“恩赐”“施舍”等理念显然是一种法理层面的超越。公民权利和政府责任成为社会保障制度的理念之一，就一定程度而言，社会保障模式划分的一个重要依据就是政府承担责任的多寡，正是由于政府承担责任的多少不同，西方发达国家社会保障模式被分为了四种类型：即福利国家模式、社会保险模式、国家保障模式以及强制储蓄模式。因此，政府与市场、权利与责任自然就成为社会保障价值理念的重要范畴。

**（二）对社会保障中公平与效率关系的论述**

早在1920年，福利经济学的开山鼻祖庇古就在《福利经济学》一书中，提出了增进经济福利最重要的途径：一是增加社会的国民收入总量；二是将购买能力从富人那里转移给穷人。即一是促进增量，二是调整存量。这两种情形都能够提升社会整体福利水平，进而增加社会的公平程度。英国现代社会政策理论的创始人蒂特马斯的一系列著作都论及了社会福利的价值判断以及收入分配问题，例如《福利国家评析》《收入分配与社会变迁》《福利承诺》，提出了“工业成就型福利”。认为社会福利的供给不仅要考虑公民权利，同时也要兼顾“生产力情况”以及“个人的工作表现”，从而使得福利供给增添了效率因素。均涉及社会保障价值理念中的重要范畴，即公平与效率。诺贝尔经济学奖得主、美国经济学家阿瑟·奥肯对于平等与效率的理性论述，为社会保障价值理念提供了可资借鉴的价值取向，在其经典著作《平等与效率——重大的抉择》里提出：在平等中加入合理性，在效率中注入人道。以及他提出的政府与市场机制的适度选择观点，成为影响西方国家社会保障制度理性改革的理论依据之一。丹麦学者埃斯平·安德森在《转型中的福利国家——全球经济中的国家调整》中，以历史的、比较的视角考察了福利制度，并根据近年来福利制度的巨大变化，分析了福利制度可能的发展趋势与未来前景，福利制度的改革必须注重从效率和平等这两个方面着手。安德森提出，必须在国内和国际层面做出共同努力，促进贫穷国家的经济增长、就业和一系列主要权利的供给。从长远来看，发达国家能够保持福利制度的最可靠的保证，必定有赖于稳步降低国际收入的不平等，并将社会变化和福利逐步扩展到世界上处于弱势地位的群体中。

### （三）对“意识形态与社会保障关系”的研究

1985 年，英国学者乔治·维克特与保罗·维尔定将社会福利的供求模式分为“集体主义、反集体主义、社会主义、马克思主义”等几种，认为社会福利模式深受意识形态因素的影响。由此也开启了以意识形态视角划分社会保障模式的先河。埃斯平·安德森以福利提供“去商品化程度”为视角把当代主要西方国家的社会福利分为“自由主义、保守主义以及社会民主主义”三种类型，这是基于理论思潮对社会保障模式的影响所做的划分，明确地提出了意识形态对于社会保障模式的深刻影响，对于研究社会保障理论与实践提供了意识形态视角。

### （四）文化因素对社会保障模式的深层影响

韩国学者朴炳铉在发表于 2012 年的《社会福利与文化——用文化解析社会福利的发展》① 中认为：文化因素是影响社会福利的不可忽视的一个重要方面。东亚社会福利能够成为与西方相区别的独立模式，其重要的因素就是各国所具有的传统文化。东亚各国正是以其政治、经济、社会、文化为背景，构筑了东亚社会福利模式。研究了社会福利与文化的关系问题，由此强调了社会保障中文化因素的重要意义。这一观点强调了文化对社会保障发展的形塑作用，对于社会保障领域中“经济决定论”的滥觞是一种抑制；尤其对社会保障从草创

① ［韩］朴炳铉：《社会福利与文化：用文化解析社会福利的发展》，高春兰、金炳彻译，商务印书馆 2012 年版。

阶段到制度定型阶段、社会保障模式形成阶段重视文化的作用具有重要的借鉴价值。

### （五）对于社会福利理念创新的研究①

社会学一般认为，社会制度一般包括制度理念、制度规范、制度组织以及制度设施等四个基本要素。西方社会保障价值理念呈现出多元的取向，甚至于，不同的思想流派对于同一个价值理念也具有不同的看法，社会保障的价值理念就是在一系列价值规范之间进行抉择，传统意义上的西方社会保障价值理念一般来说是在以下价值范畴之间进行抉择的：公平与效率；政府与市场；自由与平等，等等。因相信政府还是相信市场的程度不同进而形成了不同的理论流派以及不同的价值主张。纵观西方社会保障制度的发展历程，社会保障价值理论主要可以分为三大流派，“民主社会主义学派、自由主义学派以及中间道路学派。”② 或“国家干预主义、自由主义经济学派以及中间道路学派”③。客观而论，以安东尼·吉登斯为代表提出的“中间道路学派”其实就是对于上述政府与市场不同理念抉择的折中与综合，因此，安东尼·吉登斯的第三条道路也被认为就是在市场与政府之间实现均衡与适度选择而已。以安东尼·吉登斯为代表的第三条道路学派及其理念，被20世纪70—90年代英国前首相、德国前首相，以及美国前总统竞相青睐，并将其贯彻到各自国家的政策实践中。

1991年，迈克尔·谢若登提出了以资产为基础的福利政策理念——“资产建设”理论以及与之相关的“个人发展账户”的政策建议。对于西方福利国家政策来说，资产建设及其个人发展账户的做法具有革命性的意义。其创新之处在于：一是由传统社会福利的只关

---

① 由于西方国家一般将社会保障作为社会福利的子系统，因而有所谓的“大福利、小保障”之说，而中国的社会福利制度是隶属于社会保障制度的一个子系统，因此，有所谓的“大保障、小福利”之说，因此，本书所论述的“社会保障”，是包含了社会福利制度在内的大社会保障理念。

② 成志刚：《西方社会保障理论主要流派论析》，《湘潭大学社会科学学报》2002年第3期。

③ 徐丙奎：《西方社会保障三大理论流派述评》，《华东理工大学学报》（社会科学版）2006年第3期。

注“收入”不平等，转向了关注“资产”的不平等，这里面隐含的一个创新之处在于对于“穷人”进行了重新定义。二是着眼于“发展”而不是单纯的社会救助，主张通过建立“个人发展账户”，给穷人的存款以配额补贴，提高他们脱贫与发展的能力，也就是说由原先的物质救助转变为“能力救助”与“发展机会救助”。如果运用得当的话，将会对于当下中国农村的社会救助政策尤其是精准扶贫后的政策具有重要的理念启示与政策借鉴作用。

2012 年，美国政治哲学家迈克尔·桑代尔在《金钱不能买什么》一书中对于市场经济君临天下的时代发起了一场争论：市场究竟能够扮演什么角色？道德和公共善为市场所不敬，金钱所不及，那么，我们如何才能保护道德与公共善不受侵害？社会保障恰恰属于本不属于市场界限然而却又被市场逻辑所裹挟的一个公共领域，桑代尔的发问无疑对于市场“铁则”对于社会保障价值理念的渗透具有警示意义。

以上研究，对于我们建构中国特色的社会保障价值理念、完善中国社会保障制度具有重要的启示意义。但是，西方与中国毕竟在主流意识形态、经济发展程度、文化背景、基本国情、价值取向方面存在很大差异，如果简单移植西方制度或价值理念。难免会水土不服，因此，必须要合理吸收其中有价值的理论成果，并使之经过中国化、本土化的过程，才能为我所用，为社会保障制度与理论服务。

# 第二章　社会保障价值理念的学理阐释

从现有的研究成果来看，在以往的社会保障学术视域中，社会保障的“价值理念”，一般是被当作一个既定的、不言自明的概念。真正意义上的中国社会保障制度经过了近四十年的长足发展以后，随着中国特色社会主义进入新时代，社会保障制度的改革与完善即将进入到制度定型阶段，中国共产党的十九大报告提出了“加强社会保障体系建设”的要求。加强顶层设计与深化社会保障价值理念研究，成为促进社会保障长远与可持续发展的逻辑前提。社会保障价值理念的基本内涵、特征与功能，是社会保障价值理念建构的基础和逻辑起点。本章内容将在诠释社会保障价值理念基本内涵的基础上，探讨社会保障价值理念建构的意义，辨析社会保障价值理念与几个相关概念之间的关系，阐述社会保障价值理念的基本特征、主要功能以及社会保障价值理念建构需要坚持的基本原则。

## 第一节　何谓社会保障的价值理念

一个国家、地区的社会保障总会受到该国一定时期占主导地位的理论思潮的影响，价值理念是影响制度功能与模式的关键要素。合理的社会保障价值理念是促进社会保障制度良性运行的价值依据，社会保障的价值理念是社会保障理论与实践研究中的一个核心问题。“如果要问在目前的社会保障研究中最缺乏的是什么？那很可能就是理念，在一项研究中，理念表现为目标、原则、立论的根据，逻辑的原点。”① 目前，中国社会正处于加速转型期，现代社会风险多发的可能性并未消除，“黑天鹅事件”和“灰犀牛事件”引发的社会风险同时并存，社会保障制度供给与人民美好生活需求之间依然存在失衡，党的十九大报告提出：“按照兜底线、织密网、建机制的要求，全面建成覆盖全民、城乡统筹、权责清晰、保障适度、可持续的多层次社会保障体系。”② 这意味着中国特色社会保障制度即将定型，更加全面、更加公平、更加理性及更可持续成为社会保障的制度目标。社会保障制度实践与制度发展的可持续性需求，催生着中国特色社会保障理论的形成。“适应世界各国通行做法，总结中国二十年来的社会保障实践，需要我们构建起中国特色的社会保障理论以此来指导中国社会保障制度的变革及实践。”③ 理论是理念的基础，理念是理论的核心要义。加强对于社会保障价值理念的理论研究，不但是必要的，也是有所裨益的。本章将在对“社会保障价值理念”进行理论界定的基础上，阐述社会保障价值理念的基本特征与主要功能，初步探讨当代中国发展语境中社会保障价值理念建构的理论依据与基本原则。

列宁曾经在《哲学笔记》中写道，范畴是区分过程中的一些小阶段，即认识世界的过程中的一些小阶段，是帮助我们认识和掌握自然现象之网的“网上纽结”。“在看似不成问题的地方发现问题，是社会科学创新的方法之一”，研究社会保障的价值理念，需要先对“社会保障”“价值理念”“社会保障价值理念”这几个基本概念和重要范畴进行理论界定。

## 一 什么是社会保障

截至目前，世界上的绝大多数国家都建立了各自不同的社会保障

① 景天魁：《中国社会保障的理念基础》，《吉林大学社会科学学报》2003 年第 5 期。

② 习近平：《决胜全面建成小康社会 夺取新时代中国特色社会主义伟大胜利——在中国共产党第十九次全国代表大会上的报告》，《党建》2017 年第 11 期。

③ 高和荣：《论中国特色社会保障理论的构建》，《吉林大学社会科学学报》2008 年第 4 期。

制度，社会保障制度的建立，深受一个国家或地区政治结构、经济发展、历史文化、社会形态等基本国情的影响，世界上没有哪两个国家的国情是完全一样的，也就没有哪两个国家的社会保障制度模式是完全一样的，因此，不同国家对于“社会保障”概念内涵的界定也并不完全相同。迄今，对于社会保障的定义主要有以下几种。

### （一）各国对社会保障的定义

“社会保障”（social security），直译也可译为“社会安全”，该词最早出现于美国1935年颁布的《社会保障法》中，这一概念迄今已经成为全球各国广泛使用的概念之一。美国对于社会保障的定义是：“根据政府法规而建立的项目，给个人谋生能力中断或丧失以保险，还为结婚、生育或死亡而需要某些特殊开支时提供保障。为抚养子女而发给的家属津贴也包括在这个定义之中。”① 德国是现代意义上社会保险制度的发源地，社会市场经济理论在德国有较为深远的影响，德国对于社会保障的定义侧重于从市场经济条件下、社会保障实现社会公平的功能方面：“社会保障是对竞争中不幸失败的那些人提供基本的生活保障。”② 英国在“二战”后宣布建成了世界上第一个“福利国家”，其社会福利（社会保障）制度相当全面，曾经一度成为西方资本主义国家纷纷仿效的样板。英国有一套复杂的社会保障计划：“英国社会保障计划的主要特征是，它是一个抵御因谋生能力中断或丧失而造成的风险，或覆盖因出生、婚嫁、死亡而产生的特殊支出的社会保险方案。”③ 这一计划所包括的普遍性、统一性、保障基本生活等六项基本原则，成为迄今为止世界各国社会保障制度建立时所参照或遵循的基本原则。

与西方国家相比较，现代意义上中国社会保障制度起步是在20

① ［美］美国社会保障署编：《全球社会保障—1995》（*Social Security Programs Throughout the World* - 1995），华夏出版社1996年版，“阅读指南”第1页。

② 陈良瑾主编：《社会保障教程》，知识出版社1990年版，第1—2页。

③ ［英］威廉姆·贝弗里奇：《贝弗里奇报告——社会保险和相关服务》（中/英文版），华迎放、汤晓莉、耿树艳译，英国文书局1995年再版；中国劳动社会保障出版社2008年版，第5页。

世纪80年代中期，从时间上讲，比西方社会保障制度的建立晚了将近一个世纪。因此，学术界对于社会保障的研究成果大多数是从20世纪80年代中期以后开始的。对于社会保障的定义也相对较多。国内学者陈良瑾较早对社会保障进行了定义：“社会保障是国家和社会通过国民收入的分配与再分配，依法对社会成员的基本生活权利予以保障的社会安全制度。”① 郑功成从国家制度层面对于社会保障下定义：“社会保障是各种具有经济福利性的、社会化的国民生活保障系统的统称。”② 汪行福从分配正义角度，把社会保障定义为：“受社会正义理念和社会集团的政治博弈双重约束下有意识创设的社会制度，目的是通过社会提供辅助性的制度安排，以保证社会正常发展和人民福利的普遍提高。”③ 郭士征从中国社会保障制度的当下实践与发展趋势层面对社会保障所下的定义是：“社会保障是国家（政府）通过立法，集聚社会力量，形成专门的社会保障基金，并采取多种政策和措施，对国民收入进行分配和再分配，保障全体国民的生存安全和基本生活，特别对弱势群体和处于危境的国民以倾斜照顾。同时根据可能逐步提高国民大众的福利水准，使更多的国民及其家庭，都能过上健康的幸福生活。”④ 以上学者的研究成果为我们认识社会保障、进行社会保障价值理念的研究奠定了理论基础。

**（二）本书对于社会保障的定义**

在吸收和借鉴上述社会保障概念界定的基础上，试图从以下几个基本要义层面对于社会保障进行界定：作为现代意义上的社会保障，本质上不得不涉及以下的“元”命题，根据现代社会保障的基本要素，采用“六W定义法”，即定义社会保障必须考虑如下六个问题：

谁来主办？——社会保障的制度主体即责任主体是谁的问题（who）。纵观世界上主要发达国家以及中国的社会保障自身实践历程

① 陈良瑾主编：《社会保障教程》，知识出版社1990年版，第5页。

② 郑功成：《社会保障学——理念、制度、实践与思辨》，商务印书馆2000年版，第11页。

③ 汪行福：《分配正义与社会保障》，上海财经大学出版社2003年版，第201页。

④ 郭士征：《社会保障学》，上海财经大学出版社2009年版，第49—50页。

来看，政府几乎是无一例外地承担了建立社会保障制度最主要的责任，即现代政府是社会保障制度最重要的责任主体；当然，中西社会保障制度的改革实践也同样证明了：责任主体多元化是现代社会保障制度的基本发展趋向，这就意味着政府虽然是社会保障最重要的责任主体，在社会保障建立、健全、改革的过程中始终扮演着“领衔主演”的角色，但不应该是唯一的责任者，这也是真正意义上的“社会保障”与“政府保障”或“企业保障”“家庭保障”相区别开来的重要标志之一。

为谁主办？——社会保障的制度客体即保障对象是谁的问题（For whom）。贝弗里奇在他那份具有里程碑式意义的《社会保险及相关服务的报告》（即《贝弗里奇报告》）中提出了社会保障的普遍性原则、统一性原则、综合性原则、权利和义务对等的原则以及保障基本生活等六项原则。[①] 至今依然闪烁着真知灼见的光华和人性的光辉。《贝弗里奇报告》其历史意义就在于它为现代社会保障制度确立了应该恪守的基本原则。《贝弗里奇报告》所提出的普遍性等原则实际上确立了现代社会保障的覆盖对象应该是全体国民，全体国民都有享受社会保障的权利。但是，由于社会保障发展的阶段性、渐进性特征，一般来说，社会保障的覆盖对象在世界上许多国家都经历了一个从部分国民过渡到全体国民、从部分受惠到普遍受惠的发展过程，尤其对于经济发展程度较低、农村人口较多且社会异质性较高的国家或地区而言，社会保障更是需要经过一个由工业人口到农业人口、由“体制内向体制外”扩面、由部分居民到全体国民的渐进覆盖的过程。当然，从制度的长远目标上说，社会保障的覆盖对象应该是全体国民。

为何主办？——社会保障的制度理念是什么？（why）为何主办？就是社会保障建制理念问题。也就是社会保障的建制理念与价值取向的问题。不同的时期，社会保障建制理念与价值取向是不同的，中国古代最早的社会救济及保障措施其基本理念起源于人类的善爱之心，

① ［英］威廉姆·贝弗里奇：《贝弗里奇报告——社会保险和相关服务》（中/英文版），华迎放、汤晓莉、耿树艳译，英国文书局 1995 年再版；中国劳动社会保障出版社 2008 年版，第 3 页。

“人不独亲其亲，不独子其子”。而在西方，宗教慈善事业则是最早的社会保障形式；随着现代政府的建立，社会保障建制理念逐渐经历了自助理念、怀柔理念、“社会控制”理念，再发展到社会保障的“公民权利”理念等。通过社会保障这一制度载体，首先满足人的最低需求，即以社会救济制度为主体的社会保障阶段，这一阶段主要以社会救济制度为主，满足人的最低需求；其次保障人的基本需要，这一阶段，也是现代意义上社会保障制度获得迅速发展的时期，主要以满足劳动者基本生活需求的社会保险制度获得了长足的发展；再次是以社会福利制度的发展为主体的阶段，社会保障制度越来越健全、社会福利措施越来越完善，即能够保障人有尊严地、优雅地生活，即美好生活。通过社会保障制度的逐步完善，促进社会公平正义，实现社会和谐，最终实现人与人之间、人与自然之间的和谐共生，实现人的自由全面发展，这是社会保障制度的终极价值归宿。

方式是什么？——社会保障的资金来源（where）。社会保障的筹资方式或者说资金来源问题，主要是通过国民收入的初次分配、再分配以及第三次分配等方式来实现。工资收入属于国民收入的初次分配、社会保障是二次分配，而公益慈善事业一般来说就是第三次分配机制，是对于前两次分配形式不足的弥补，慈善事业主要是通过自愿的方式进行，体现一个社会的文明程度、道德水准和文化导向，国民收入初次分配与再分配主要采取的是强制性手段。宗教慈善事业曾经是中西方社会保障最早的形式，随着社会经济的不断发展，尤其是随着社会贫富差距的不断加大，商业保险、慈善事业也应该成为社会保障的重要补充形式之一。当然，就社会保障制度主体而言，社会保障的资金来源现阶段依然是以国民收入再分配为主体。

依据是什么？——社会保障制度的依据（what），就是社会保障的相关法律条款和制度规范、法律准则及其价值依据，包括根本法、普通法中对于社会保障的有关规定，以及社会保障专门法中的法律条款等。随着社会保障制度不断走向成熟和完善，社会保障规范化、法制化应该越来越得到加强，进而成为社会保障实施的主要依据，即社会保障的制度规范。

制度目标是什么？——社会保障的目标是什么（what）社会保障制度目标应包括短期目标与长期目标，一般来说，社会保障的短期目标总是为了解决一定时期内的社会问题而设。例如现代社会保险制度发源地的德国，其社会保障制度最初建制是为了消弭工人运动的兴起、减少社会紧张，免除危及现存统治的政治风险；英国社会保障制度的快速发展是为了消除战后英国百病丛生的社会问题；美国在20世纪30年代爆发的席卷全球的经济危机，催生了《社会保障法》的出台，借此加速社会经济的发展。而社会保障制度的长期目标就是为了促进社会公平正义、彰显人性向善，在承认人类是一个命运共同体理念的大前提之下，最终促进人的自由全面发展。

各国政府及学术界尽管对于"社会保障"的定义不尽相同，但作为一项风靡全球的制度系统或制度安排，基本上都涵盖了以上六个方面的"元命题"，即以上几个方面都是社会保障的基本要素。

鉴于此，笔者对于"社会保障"定义如下：社会保障是以国家（政府）为责任主体，依据相关法律法规，通过国民收入分配与再分配的方式，为全体国民建立的、旨在为免除全体国民社会风险与自然风险做出的制度安排，并随着社会的发展不断提高社会成员的福利水平、给国民带来社会福祉、促进人性向善并最终实现人的自由全面发展的各项制度体系与各项政策的总称。

### （三）关于社会保障的功能

关于社会保障的功能，国内学界主要有以下几种比较典型又形象的概括：

社会保障是"安全网"——是"稳定现行资本统治根本利益的需要。"[①] 真正意义上现代社会保障制度的兴起与市场经济体制的建立密不可分，竞争是市场经济的基本属性和本质特征，有竞争就会有赢有输，就会有失败者和胜利者，市场经济中的胜利者往往是"赢家通吃"或者"胜者全得博弈"，造成了现实生活中的"马太效应"：贫者愈贫而富者愈富，这种现象如果站在竞争中赢家的立场来说，是符

---

① 黄安年：《论当代美国社会保障制度的作用和影响》，《九江师专学报》1997年第4期。

合市场经济运行逻辑的，因而也是“天经地义”的。但是，如果站在市场经济中失利者的角度来看，实际上与人们的恻隐之心或者人的善爱本性并不一致，与胜利者成功的喜悦相伴随的有可能是失败者悲怆的泪水，“市场经济不相信眼泪”。市场经济是迄今人类发现的最有效率的资源配置方式，尽管市场经济设立之初，其价值诉求是提高效率，本质上依然是为了追求更高层次意义上的社会公平，然而市场经济运行的过程或结果并不以追求价值、意义、人道、正义等价值为目标，因而一定程度上说，市场经济是不讲良心与正义的，市场经济不讲良心与正义并不意味着这个社会不应以此为价值目标。正如孔德（Comte）所说“以心灵提出我们的问题，用智慧去解决它们…智慧最为合适的唯一位置，是做社会同情心的仆人”。为了使得竞争失败者及社会弱势群体不至于因此而一无所有，也为了免除竞争失败者的基本生活风险，社会保障制度就要为这些社会成员编制一张无遗漏的安全网，保障他们的基本生活，正是在这个意义上，社会保障制度被誉为市场经济的“安全网。”

社会保障是“减震器”或“减压阀”。从古到今，社会上总有一些社会成员，或者由于生理缺陷，或者由于不可预测的自然风险、社会风险，再或者由于市场经济中竞争失败等原因而无法自保，甚至于陷入生存困境，工业文明有相较农业文明不可比拟的进步性，也给人类文明带来了不可估量的巨大进步。工业文明替代农业文明的主导地位是一个不可抗拒的时代潮流，然而，工业文明一定程度上说，恰恰也是一把双刃剑，工业化以及市场经济使得社会成员陷入社会风险的机会不是降低了，而是成倍地加大了，农业文明时期就已存在的水灾、火灾、旱灾、雪灾、地震、泥石流等人类无法预知的自然灾害在工业文明时期并未消除，社会成员本身由于生、老、病、伤、死等丧失生活能力等风险依然存在，以 20 世纪为例，每年有成千上万的生命丧失于车辆交通事故、飞机失事、矿井塌方、建筑事故及瓦斯爆炸、“SARS”、新冠肺炎疫情等，由此造成的伤残事故人员死亡及家庭不幸等事件不一而足，这些事件所引起的社会风险、社会灾难的发生，对于个体生命来说既是不可预期的，有时候也是无法避免的。相对于个体生命而言，任何一种社会风险的发生都有可能引起人们内心的恐惧与绝望，导致整个家庭的坍塌与社会的紧张，当这种因生存而引起的天灾人祸不能得到有效化解的时候，人们的不满、恐惧就会大量累积。现代政府存在的目的之一就是要使得国民有“免于贫困及免于恐惧的自由”，当人们面临的社会风险累积到了一定程度，没有合法化、制度化的化解途径时候，“政府”或“执政者”的公信力与民众的政治认同就会降低，在这种情况之下，社会成员就会与整个社会处在一种高度紧张的状态，进而加剧与现代政府之间的张力，使得社会成员质疑政府存在的必要性及其执政合法性，这种张力加大的情形是任何一个理性的统治者所不愿面对的，政府之所以出面建立社会保障制度，就是为了消除统治阶级与被统治阶级之间的紧张状况，降低被统治者起来推翻无所作为的政府统治的可能性。从这一点上来说，现代社会保障制度充当了减少社会矛盾、消除社会紧张的“减压阀”以及减少社会震荡之“减震器”的作用。

社会保障是“调节剂”。黄安年在基于对美国社会福利制度深入研究的基础上，于 1997 年提出，“社会保障是调节剂——是对于各种利益集团妥协的产物”。① 社会保障制度涉及公共福利资源以及财政资金的分配问题，政府是公共资源与社会福利的权威分配者。政府在分配社会资源的过程中，必然会受到不同社会阶层、不同利益集团的干预，不同社会阶层或不同利益集团就公共资源的分配必然会形成与政府之间的政治谈判与利益博弈，在这个谈判或博弈过程中，社会改革过程中的利益受损阶层，或者说社会保障资源效用最大的阶层，未必就是谈判能力最强的阶层。一般来说，一个社会的强势群体或社会精英们，往往比社会弱势群体以及边缘化社会阶层具有更强的谈判能力与政治博弈能力，他们更善于表达自己的利益诉求，而弱势群体以及边缘化社会阶层却恰恰相反。在这种情况下，如果仅仅根据社会阶层、利益集团的谈判能力、利益诉求来决定公共资源的分配格局，势必就会出现政府的方针政策被强势集团与社会精英所主持乃至于绑架

① 黄安年：《论当代美国社会保障制度的作用和影响》，《九江师专学报》1997 年第 4 期。

和裹挟的情形，这种状况不利于社会的长治久安，更不利于社会公平，在制定社会保障政策或社会福利分配方案的时候，政府往往需要充当利益调停者的角色，调节不同阶层、不同利益集团的利益分配，实现社会资源分配的效用最大化或收入水平的大致均衡化，当然，市场经济条件下，要做到收入均衡几乎是不可能的，但是，作为利益的调节者，熨平这种过于巨大的“峰谷”差距，却是一种基本的价值取向。

就现阶段而言，中国社会保障所面临的情况比较复杂，除了上述社会保障资源需要在不同社会阶层之间实现分配的情形需要政府的调节之外，就目前而言，还存在以下几个方面的情形：

一是从地域或空间范围来看，社会保障存在着经济发达的东南沿海城市与西北部欠发达的地区之间的资源分配问题；尤其是老工业基地与新兴工业城市之间的社会保障资源积累与支出不平衡的问题。

二是从产业结构划分来看，工业人口与农业人口以及其他新兴产业人口之间就现有社会资源的分配比例问题。

三是从经济体制结构来看，所谓的“体制内”群体与“体制外”群体之间的社会保障资源分配之间的均衡问题；即体制内所谓的正规就业者与其他非正规就业者之间的不均衡。

四是从时间与空间双重维度来看，老工业基地工业人口的历史贡献与新兴工业城市人口红利之间的劳动贡献认可的问题。

五是从代际人口范围来看，已退出劳动岗位的原劳动人口与现有年轻一代劳动力人口之间的社会保障资源的代际分配问题。

六是不同性别之间的社会保障资源分享问题，基于男女性别不同的退休制度所造成的退休待遇的实质性差距，以及传统男权社会之下对于女性劳动者歧视的集体无意识心理带来的影响，此外，由于女性需承担生育、繁衍下一代的社会职能所造成的在社会保障待遇等方面的事实性的收入差距等问题。

七是健康人口与患病人口之间的医疗资源分配问题，体现在医疗保险制度的方方面面：健康人口对于医疗保险事业的实质性的贡献、患病人口对于社会医疗资源的较多占用等。

八是失业人口与就业人口之间的社会保障资源配置问题等。

一定程度上说，社会保障制度承担着不同地区、不同利益集团、不同代际人口、不同社会阶层以及不同社会成员、不同时空下的劳动力之间的资源分配及再分配的调节功能。

以上关于社会保障功能的几种说法，均从一个侧面、一定程度上揭示了社会保障的基本功能或价值内涵。然而，进入21世纪，社会保障问题屡屡成为引爆舆论的社会热点，当今中国社会有时会呈现一个撕裂的状态：左右之争、城乡差距、官民紧张、信仰危机、老龄化社会、集体性焦虑等，高度紧张化成为现今社会的突出特征。习近平总书记在党的十九大报告中明确提出："经过长期努力，中国特色社会主义进入了新时代，这是发展新的历史方位。"作为一项基本的制度安排，作为一项涵盖了国民从出生到死亡几乎全过程的制度系统，新时代社会保障制度能够做什么，应该做什么，为什么要这样做，怎样做，等等问题，不能说学术界对此尚缺乏必要的敏感或已熟视，但至少仍然是新时代我们需要深入思考的理论命题。

## 二　什么是社会保障价值理念

研究社会保障价值理念，首先必须确定其研究的基本范畴。就目前笔者所检索到的文献资料来看，"社会保障价值理念"一般是被当作一个不言自明的概念，鲜见有对这一概念的理论内涵所做的全面界定。

### （一）关于理念

古希腊哲学家柏拉图继承和发展了苏格拉底的"概念论"和巴门尼德的存在论，建立了以"理念论"为核心的哲学体系。他认为，理念是"独立存在于事物与人心之外的一般概念，它是事物的原型，事物不过是理念的不完善的'摹本'或'影子'。事物之所以存在，是因为他们'分有'了理念，理念是永恒不变的、绝对的，是唯一真实的存在"。[①] 究其实质，理念就是观念。"但是，理念又不是一般

---

① 《辞海》，上海辞书出版社1999年版，第1367页。

的观念，它是有关事物的性质、宗旨、结构、功能和价值的一些达到理性具体的观念和信念。”① 一般情况下，一项社会制度包含有四个基本要素，分别是制度组织、制度设施、价值理念、制度规范等基本要素，而价值理念在其中居于灵魂与统率地位。因此，在社会制度的基本要素之中，最重要的就是规范与理念。“如果说理念是制度的内在精髓和灵魂，那么，规范就是社会制度的存在方式和具体内容，它是理念的外化和凝固。理念与规范，一内一外，共同体现社会制度的存在。”②

在中国古代，占据主导地位的主要思想流派（以儒释道法等思想流派为代表）的思想家们，他们都承认有“绝对真理”或“绝对理念”，理念在古代文化语境中又常常等同于“道”。各流派思想家及其继承者们，从不同的方面研究“道”，或者说从自身所处的社会阶层以及当时所面临的不同社会问题出发，对于“道”，均做出了阐述，对于中国传统文化思想界做出了重大贡献，给当时乃至于后人提供了许多可供借鉴的思路或理念。

从人的社会角色分工来说，有为君之道、为民之道、为臣之道、为父之道、为子之道、为夫之道、为妇之道。

从人的社会阶层划分的角度来看，按照封建社会“四民社会”的社会阶层划分来说：士人有“士之道”，其中政治家或政客有“为政之道”，工业工科有“工之道”，农业有“农业之道”，商人有为商之道、做生意有经营之道，甚至于认为“盗亦有道”等。

从社会职业、行业的角度来讲，有教育之道、成功之道、养生之道等。

曾经长期以来在中国封建社会占据正统地位的儒家思想家们认为，其他的学派尽管也有贡献，但只有孔子领会了全部的“道”，因此，儒家思想是“正统”，其他学派都是“支流”。而道家也认为：老子和庄子领会了“道”所蕴含的真理，因此，道家才应该统率一

① 谢鹏程：《论社会主义法治理念》，《中国社会科学》2007 年第 1 期。

② 吴鹏森：《论中国社会保障制度理念的演变与创新》，《南京师大学报》2009 年第 1 期。

切思想流派或凌驾于其他流派之上。

道家思想家素有“尊道贵德”的传统，“道”“德”也乐于与其相通。“道”具有奖善抑恶、损余补缺的天职：“天之道，其犹张弓与？高者抑之，下者举之，有余者损之，不足者补之。天之道，损有余而补不足；人之道则不然，损不足以奉有余。孰能有余以奉天下？唯有道者。”①

“中国特色社会主义进入新时代，社会主要矛盾已经转化为人民日益增长的美好生活需要和不平衡不充分的发展之间的矛盾。稳定解决了十几亿人的温饱问题，总体上实现小康，并且全面建成了小康社会，人民美好生活需要日益广泛，不仅对物质文化生活提出了更高要求，而且在民主、法治、公平、正义、安全、环境等方面的要求日益增长。”

**（二）关于制度**

在社会科学研究中，制度是一个重要变量，新制度经济学的诞生，重新将制度的重要性置于显赫的地位，正如制度经济学家所说：制度是重要的。然而，不同的学科对于制度的定义并不相同，正因为如此，人们对于制度的理解也是众说纷纭。制度一般分为广义和狭义，广义上的制度既可以被理解为组织、团体，也可以将制度理解为社会体制，还可以将制度理解为规则、规范、法律以及政策等。“制度在这里被定义为由人制定的规则。它们抑制着人际交往中可能出现的任意行为和机会主义行为。”② 现代意义上的社会保障，主要指的是制度化的社会保障法律、制度、政策及措施。

**（三）关于制度的价值理念**

如前所述，理念是制度的灵魂，制度是理念的载体。所谓“价值”，一般来说，美好的、善良的、公平的、正义的、和谐的、互助的、平等的等，这些观念被认为是“有价值的”。尽管人们对于“价值”基本内涵的理解与表述有不同程度的差别，但是，对于“价值”

① 金涛主编：《老子庄子全注全译典藏本》，外文出版社2012年版，第151页。

② ［德］柯武刚、史漫飞：《制度经济学——社会秩序与公共政策》，韩朝华译，商务印书馆2000年版，第32页。

的表达往往离不开这些“能指”。本书认为，所谓制度的价值理念，是人们对于制度赖以产生、存在和发展的价值立场的认同和信念，是出于现实又超越于现实之上的价值规范与价值理想，是关于制度的缘起、功能、性质、原则、宗旨、目标等问题的哲学思考与理性总结，是指导和规定制度建立、发展与改革取向的明确或隐含的价值准则，也是该制度所要实现的价值目标以及理应坚持的基本原则。基于某种价值理念而产生的制度安排，蕴含、折射并反映着特定的价值理念，而特定价值理念的形成与嬗变，同样会对制度安排产生支配和制约作用。因此说，有什么样的价值理念，就有什么样的制度，就制度实践与价值理念而言，是实然与应然、现实与理想的关系。

### （四）社会保障的价值理念

所谓社会保障的价值理念，并不是以上概念的简单叠加，由于社会保障自从出生到至今，本身就是一项充满伦理关怀与价值指向的制度安排，由此，笔者将社会保障价值理念的概念界定为：社会保障价值理念就是人们对社会保障赖以存在的价值立场的认同与信念，是指导和规定社会保障制度建立、发展和改革的明确的或者隐含的价值准则，是社会保障制度所要实现的目标和理应坚持的基本原则。① 社会保障价值理念是社会保障制度建立的指导思想与宗旨，社会保障的价值理念反映社会保障发展的内在规律，引领社会保障的发展方向。

社会保障价值理念是一个基础性的理论问题，然而，社会保障价值理念往往与社会保障理论、社会保障制度以及社会福利等其他概念之间，存在着既相互区别又密切相连的关系。

另外，本书所论述的“社会保障的价值理念”主要是关于“社会保障制度的价值理念”，因此，在下面的论述中，“社会保障价值理念”凡是没有做特别说明之处，均指的是“社会保障制度的价值理念”。

### （五）社会保障价值理念与几个相关概念之间的关系

#### 1. 社会保障制度与社会保障理念之间的关系

前已述及，制度就是游戏规则。那么制定游戏规则的规则或根据

---

① 徐瑞仙：《社会保障公平价值理念的理性回归》，《天水师范学院学报》2009 年第 3 期。

又是什么呢？这就涉及制度的价值理念。就制度及其所承载的价值内涵而言，社会保障制度与价值理念是一体两面的：社会保障制度是社会保障价值理念的载体，是价值理念的客体化；而社会保障价值理念是社会保障制度产生、发展、改革的内在依据与价值准则，也是社会保障制度的灵魂与精髓。一定的社会保障制度总是蕴含着一定的价值理念，而一定的价值理念，总是要通过一定的制度得以承载与体现。“社会学认为，社会制度一般有理念、规范、组织和设施等四个要素。理念是反映制度的性质、宗旨并最终影响其功能发挥的因素；规范是理念的外化和存在形式，任何制度都是由一组规范构成的；组织是制度运作的具体机构；一定的物质设施是组织运行的必要条件。”① 简单来说，价值理念是制度的灵魂，制度是价值理念与价值意蕴的外在化与具体化，制度是价值理念得以体现的现实载体与实践形式。以笔者看来，社会保障制度与社会保障理念之间的区别至少体现在以下几个方面：

（1）社会保障价值理念是关于社会保障实践与理论的理性思维的产物，是“理想中的社会保障”，是关于社会保障的观念而不是客观存在。

（2）社会保障价值理念出于现实又高于现实，是“应然的”社会保障而不是“实然的”社会保障。

（3）社会保障价值理念不能等同于社会保障制度，但是，社会保障价值理念又来源于对于现实社会保障制度的积极“扬弃”，是社会保障制度的精髓和灵魂。

（4）社会保障价值理念是对于社会保障制度实践与理论形态抽象思维的结果，价值理念与“社会保障制度”“社会保障理论”“社会保障思想”“社会保障福祉”等概念既密切相关，又有区别，下面将分而述之。

2. 社会保障价值理念与社会保障理论之间的关系

社会保障理论，就是指人们从社会保障实践中总结概括出来的

① 吴鹏森：《论中国社会保障制度理念的演变与创新》，《南京师大学报》2009 年第 1 期。

关于社会保障知识的系统结论。一般来说，社会保障理念是社会保障理论形成的基础，社会保障理论具有一定的短期性与具体性，一定时期的理论总是具有那个时期的时代特征；而社会保障理念则具有一定的长期性与抽象性；社会保障理念是从宏观层面起作用的价值，甚至于一定程度而言，社会保障的价值理念具有穿越时空的宏观性与长远性。例如，社会保障的核心价值理念之一——社会公平、社会正义，这一价值理念在不同的历史时期、不同的国家与社会制度下，由于对其理解与认知的不同，可能会形成不同的公平理论和正义理论，然而作为价值理念的社会公平，却又有一些共同的东西，或者说是被世人所共同认可的永恒性价值和意义。再如"正义"，作为价值理念的正义，应该说具有穿越时空的永恒意义，正是在这个意义上，罗尔斯认为："正义是社会制度的首要价值，正像真理是思想体系的首要价值一样。"① 然而在不同的时空视域，不同的社会阶层对于正义的理解又迥然不同。美国哲学家博登海默说："正义有着一张普洛透斯似的脸，变幻无常、随时可呈不同形状并且有极不相同的面貌。"② 因此，正义理论又可以分为关于秩序的正义、关于分配的正义、关于安全的正义、关于交往权利的正义、关于美德的正义以及关于效率的正义等等，需要说明的是，尽管有不同的正义理论，然而，作为价值理念的正义，就只能是提取各种不同正义理论的"最大公约数"。就社会保障制度而言，作为规范化、系统化的现代制度，其正义理念与秩序、安全、交往、美德、效率等息息相关，并且由于社会保障制度是对于公共资源的再分配，因此社会保障尤其关涉的是关于"分配的正义"。

对于一个国家或地区而言，一定时期占据主流地位的社会保障理论会影响到该国家或地区的社会保障的政策走向与具体措施，而社会

---

① ［美］约翰·罗尔斯：《正义论》，何怀宏、何包钢、廖申白译，中国社会科学出版社 1988 年版，第 5 页。

② ［美］埃德加·博登海默：《法理学——法哲学及其方法》，邓正来译，中国政法大学出版社 2004 年版，第 261 页。

保障价值理念则会从深层次上影响到该国家或地区社会保障的制度模式与本质特征。因此，社会保障价值理念与社会保障理论相比较而言，更加关涉抽象性、长远性与宏观性层面的问题。

社会保障是国家或政府运用经济手段解决社会问题，达到政治目的之制度安排，这句话未必能够概括社会保障作为一种文明成果、一种制度安排的所有内涵；但却揭示了社会保障对于一个国家或地区的政治、经济、文化均高度相关，就此而言，社会保障的发展深受一定社会经济发展水平、政治制度变迁以及文化传统的影响。其制度变迁应该具有一定的内在规律，制度变迁与理念变迁可谓是一体两面、随形如影，研究和把握社会保障制度变迁以及理念嬗变，对于完善中国社会保障制度、建构中国特色的社会保障理论，具有重要的理论与实践意义。

社会保障理论与社会保障理念之间的关系，一般而言，二者的联系在于：社会保障理论以社会保障价值理念为基础，社会保障价值理念从社会保障理论中抽象而来。二者的区别在于社会保障理论表现出短期性和阶段性，“理论是灰色的”。而社会保障价值理念则具有长期性、目标性，社会保障价值理念从现实中来，又超越于现实；社会保障理论具有具体性、微观性，而社会保障的价值理念则具有抽象性、长远性与宏观性。

3. 关于“社会保障”与“社会福利”概念之间的关系

对于社会保障与社会福利之间范围与外延之间的关系，学术界是存在争议的。一般来说，在西方，社会福利事业的外延要大于社会保障的外延，西方国家一般认为：社会保障制度是从属于社会福利事业的一个子系统，因而有“大福利”“小保障”之说；而对于中国社会保障制度实践而言，情况则恰恰相反：在中国，社会福利事业是社会保障制度的组成部分，社会福利是与社会保险、社会救助、社会优抚等并列的社会保障制度子系统，因此又有“大保障、小福利”之说。需要说明的是，笔者在这里所论及的社会保障不仅包括社会保险、社会救助、社会优抚等内容，而且也包括了中国社会福利事业，因此，本书在之后的论述中所论及的社会保障的价值理念问题是一个包含了

“社会福利”制度在内的“大保障”概念，即广义而不是狭义的“社会保障”概念。

4. 社会保障建制理念与价值取向之间的关系

社会保障价值理念的内容涉及两个不同的层面：一方面是社会保障的建制理念，即社会保障制度建立的合法性与合道德性问题：为什么建立以及制度的目标意义问题。另一方面就是社会保障制度建立以后制度改革、政策取向问题，怎样做的问题，这就涉及社会保障制度所面临的社会问题以及所应坚持的基本原则，一般来说，社会保障的建制理念关系到制度的目的定位、社会保障制度的制度目标，以及社会保障制度的终极价值归宿等问题。而社会保障的政策取向则关系到社会保障的策略选择，它常常会被社会问题所裹挟，甚至于由于被社会舆论所绑架而呈现出阶段性特征。建制理念具有目的指向性，而价值取向则具有策略选择性。建制理念与价值取向“两者共同统摄社会保障实践活动和制度建设，建制理念需要通过价值取向选择来实现其发展目标，价值取向受到建制理念的约束需要在既定的理念框架内行动，两者共同构成了理解价值理念的有机整体”。[①]

## 第二节　社会保障价值理念的特征与功能

### 一　社会保障价值理念的基本特征

理念是制度的先导，有什么样的价值理念，就会有什么样的制度，而制度是理念的具体体现与现实外化，社会保障制度与制度的价值理念是一脉相承的，社会保障制度目前已经是世界上近两百多个国家的制度选择，而且，几乎没有哪两个国家的社会保障制度模式是完全相同的，各国社会保障的价值理念也就不可能完全一样。然而，这并不是说社会保障的价值理念是不可捉摸的，因为，总有一些社会保障价值理念是具有普遍性意义的，本书的目的就是在研究社会保障制度模式的基础上，探讨和发掘社会保障制度的共同特征以及所具有的

① 付舒：《社会保障价值理念嬗变的学理分析》，《理论月刊》2014 年第 2 期。

普遍性价值理念，为形成中国特色的社会保障模式提供有益的启示与借鉴。

社会保障价值理念具有多元性、层序性、时代性、动态性以及相对性等特征。

**（一）社会保障价值理念具有多元性特征**

首先，社会保障发展至今，在不同的国家形成了不同的模式，不同模式的社会保障制度蕴含不同的价值理念。其次，即使在同一个国家，社会保障发展的不同阶段，制度的内容、形式、规模、水平各不相同，其理念基础也在不断发展与完善。再次，社会保障发展至今，已经形成了一套复杂的制度体系，既包括以劳动者为主体建立的社会保险制度，也包括针对社会弱势群体建立的社会救助制度，同时还包括针对全体社会成员所设的社会福利制度以及针对军人这一社会特殊群体而建立的军人保障制度等。一方面，每一项制度都是针对不同阶层的国民所设置，另一方面，不同的险种又是针对社会成员所面临的不同风险而设置。其价值理念除了具有共性外，又不尽相同。最后，世界上各个不同国家的社会保障体系所包含的内容也不尽相同，不同制度的产生各有其特定的历史情境，毋庸置疑，现代社会保障制度已经是一项内涵包罗宏富的系统工程。因此，作为一个综合性、整体性概念的社会保障制度，其价值理念不可能是单一的，而应该是一个综合性、多元性的价值体系。

**（二）社会保障价值理念具有层序性特征**

对于多元性的社会保障价值理念而言，如果所有的价值理念均衡作用的话，有可能造成政策指向的矛盾与对立，因此，一定的社会保障制度，在特定的经济社会环境下，总是有一种居主导地位的价值理念起作用，即在一定的时期内，在特定的社会历史阶段，该国家或者地区的社会保障制度只能由特定的价值理念来引导。或者说，在一个多元化的社会保障价值理念体系内，有些价值理念可能是对立的、矛盾的，在这种情况下，只能根据一定时期的经济状况、社会问题、政治格局等来确定哪一些价值理念居于优先层序，应该在制度设计中得到优先体现。再者，一个国家或者地区的社会保障制度总是与该国家或地区的政治、经济、社会发展的现实紧密相关，即是说，尽管社会保障是一项内容庞大的制度体系，但是，不同的时期总有一定的社会问题是需要予以高度关注并予以优先解决的，这就使得社会保障制度安排不得不受到具体实践的剪裁。

### （三）社会保障价值理念具有动态性特征

社会保障是一个古老的话题，人类与各种风险抗争的历史与人类社会一样久远绵长。早在公元前 72 年，我国西汉时期就颁布了《王杖诏书令册》，就是一个统治阶级以政策、法令形式颁布的敬老法令，体现了尊老、养老的基本思想。当然，这些措施或诏令的颁布，由于其临时性与非普及性，尚不能算作是严格意义上的社会保障制度，仅仅蕴含着社会保障制度“尊老爱幼、扶老怜弱、扶贫济困、扶危救难”的思想酵素，然而这种非系统性、非制度化的理念却又穿越时间的长河，成为现代社会保障制度不可或缺的理念之一。无独有偶，在西方，古代埃及，修筑金字塔的工匠们，就成立了互助基金，以抚恤因工致残或因工死亡的工友及其家属。可以说，这种救死扶伤、扶老助残的价值理念是穿越时空的。及至当代，社会保障制度已经成为绝大多数国家或地区的基本制度安排，各国因国情的不同而建立了模式迥异的社会保障制度，各国社会保障制度均有相应的制度理念，除了传承以往社会保障初期阶段中所蕴含的与人类社会发展之终极价值目标一致的人文因素之外，随着时代的进步、社会的发展，一方面社会保障日益成为国家宏观调控的手段，充当着重要的政治统治职能，另一方面，社会保障价值理念在不同的时期、不同的国家、不同的地区日益显现其鲜明的国别特色，就此而言，社会保障价值理念不可能静止不动，又是一个动态性、不断丰富与提升的价值体系。

### （四）社会保障价值理念具有相对性特征

社会保障是公共产品，究其实质而言，是政府对于经济资源的重新分配，在这个过程中，要受到不同社会阶层之间力量博弈的影响，由于阶级立场、社会地位、利益打算的不同，同一项社会保障制度、价值理念，对于不同的社会阶层而言，具有不同的意义。正如马克思所说“人们奋斗所争取的一切，都同他们的利益有关”。[①] 恩格斯也说：“每一个社会的经济关系，首先是作为利益表现出来。”[②] 不同的社会保障价值理念体系内部，自然会包含一些相互对立的价值抉择，例如，个人与集体、功利与公利、公平与效率、政府与市场、权利与义务、短期与长远、本土化与国际化等。对于不同的社会阶层而言，显然具有不同的意义。在一定的历史时段，只能是一定的理念优先发挥价值引领作用，像在一个社会公平程度严重失衡时期，如果依然强调效率优先，就可能引发社会弱势群体的强烈不满，有可能造成弱势群体对于现有政权的疏离，进而使得统治阶级的执政合法性基础受损。相反，如果过分盲目强调社会公平，在缩小了人们之间收入差距的同时，则又有可能危及制度效率，造成效率浪费。可见，社会保障价值理念体系，涉及一系列看似矛盾、却又相辅相成的价值范畴，而任何一个价值范畴，其价值引领作用总是有时效性的，进而总是有限的、相对的。

### （五）社会保障价值理念具有时代性特征

社会保障制度体系会随着时代的发展而发展，随着时代的更替和变迁，社会保障的价值理念内涵也会而日益丰富和完善。新托马斯主义和人格主义认为，“价值是一种超现实的规范或理想；价值是上帝的创造物。”[③] 就此而言，理念是高于现实的理论，价值理念就是出于现实又不脱离现实的、关于社会保障符合人的自由全面发展的目标理想。因此，社会保障价值理念既与实践密切相关，又高于实践、指导实践，具有与时俱进的理论品质、具有超越于现实的价值指向。随着时代的发展，社会保障价值理念必然会按照时代的要求，不断推陈出新，不断完善其理性品格，以指导社会保障制度与实践的发展。

## 二　社会保障价值理念的主要功能

制度是理念的载体，理念是制度的灵魂。社会保障制度的价值理

① 《马克思恩格斯选集》（第一卷），人民出版社 1995 年版，第 82 页。

② 《马克思恩格斯选集》（第三卷），人民出版社 1995 年版，第 146 页。

③ 李连科：《世界的意义——价值论》，人民出版社 1985 年版，第 33 页。

念与社会保障制度功能具有密切的关系，甚至于经常被混为一谈，简单来说，社会保障的价值理念是指导社会保障制度的核心思想，也是社会保障制度的基本宗旨，是观念也是认识，而社会保障制度的功能就是社会保障制度在实践中所体现出来的社会作用、社会效能以及社会影响。科学合理的价值理念能够充分发挥社会保障制度的功能，而理念一旦出现偏差，就会使得社会保障制度的社会功能无法得到正常发挥。

**（一）体现社会保障的建制目的**

制度就是由人制定的规则。它们抑制着人际交往中可能出现的任意行为和机会主义行为。[①] 任何制度的出台总是有其相应的社会背景和目的，为什么要建立该制度？谁来建立？为谁建立？怎样建立？制度的建设初期，都承载着相应的价值理念选择。社会保障制度的建制目的就是对于政府主导建立这一制度的起因、制度模式、制度对现代社会的影响、对社会问题的解决、对政治目标的实现等问题的预期和设想的总的规定。在政府主导建立社会保障制度之前，人们对于社会保障的制度究竟是要解决什么问题、达到什么样的目的、产生什么样的制度模式等问题已经有了一定的观念预测和理想设计。通常情况下，就会以社会保障制度内所含险种的制度目标、制度内容、制度体系、制度管理、运行模式、资金来源等问题的规定而体现，然后贯彻在社会保障实践之中，以期体现制度目的。就此而言，制度与价值理念是一体两面、随行如影的，可能会存在的一种现象是：制度理念会被未曾预期到的社会问题所扭曲，还有可能是由于受到不可抗拒因素的影响，社会保障制度运行实践会偏离社会保障制度理念，这些问题的出现可能会对于社会保障制度的价值理念产生修正和补充，但是就总体而言，有什么样的制度理念，就会产生什么样的制度模式，特定的社会保障模式，一定体现相应的价值理念。

**（二）反映社会保障发展规律**

社会保障作为一项风靡全球的制度建构，其萌芽、产生、成熟、

① ［德］柯武刚、史漫飞：《制度经济学——社会秩序与公共政策》，韩朝华译，商务印书馆2000年版，第32页。

完善、改革与调整，均有其内在规律。而社会保障制度规律就是指社会保障制度在建立过程中，按照其阶段价值目标和终极价值目标的要求，不断接近目标、实现目标的过程中所应遵循的基本原则。例如，目前学术界公认的社会保障发展规律有立法先行、与社会经济发展相适应、协调发展、多样化发展等等。作为一项制度，在成长运行的过程中，必然会达成相应的共识，在对这些共识总结提炼的基础上，就会形成关于社会保障价值理念的理性认识，进而不断修订社会保障理论，理论一般来说具有阶段性与具体性，而在社会保障理论的基础上，经过不断升华与提炼整合，再形成关于社会保障的价值理念，这种价值理念在一定程度上能够反映社会保障制度的发展规律。

### （三）引领社会保障的制度文化

泰勒认为："文化是一个复杂的总体，包括知识、信仰、道德、法律、风俗，以及人作为社会成员所获得的一切能力和习惯。"如果单纯地研究社会保障对于文化的影响，或者文化对社会保障模式的作用，似乎显得过于漫无边际，但是社会保障制度对人的价值观念、生活方式、道德信仰、社会习俗、心理习惯等会产生深刻的影响，却是确凿无疑的，也就是说，社会保障制度及其价值理念会重塑人们的社会角色、形成新的公民社会。由于社会保障制度的实行，人们会切身感受到现代社会的人人平等、公民权利、社会福利、国家责任、扶危济困等价值观念。就此而言，社会保障本身就是一种文化，就是人类文明之树上的香花美果，一种文化价值理念。美国学者莫尔甚至认为："观念是人类文化的原子弹。"社会保障实践形塑着社会保障制度文化与制度理念，社会保障价值理念引领社会保障的制度实践，而社会保障制度文化对于社会保障制度的健全完善以及社会保障制度实践的推进，具有重要的引领作用。

### （四）影响社会保障制度模式

社会保障实际上是在政府与市场之间寻找最佳的组合方式，是相信政府还是相信市场，哪些该由政府去做，哪些可以由市场承担，从各国社会保障制度的具体安排出发，社会保障制度被划分为不同的模式，目前较为普遍的看法是将世界上出现过的社会保障模式划分为四种：即国家保险型模式、社会保险型模式、福利国家模式以及强制储蓄型模式。[①] 这四种模式划分的依据，很大程度上就是根据政府在社会保障制度中承担责任的多寡。而对于政府与市场这一对范畴的选择，就反映了执政者的一种理念抉择。强调政府责任理念，其社会保障模式必然是依靠政府、政府承担较多的责任；而一旦相信市场，政府则会收缩责任界限，把许多社会保障事务交由市场去做、政府责任收缩，由此形成了不同的社会保障模式。因此，就某种程度而言，对于社会保障价值理念的选择，在很大程度上影响到社会保障的制度模式。

**（五）促进社会保障的制度创新**

人类社会发展的历史，就是不断从自发走向自觉的历史。就社会保障制度而言，从个人保障到家庭保障，从单位保障到政府保障，从政府保障走向多元责任主体保障——真正意义上的现代社会保障，实际上是一个不断的制度创新的结果。恩格斯曾经说过：社会进程中的"每一个阶段都是必然的，因此，对它发生的那个时代和那些条件说来，都有它存在的理由；但是对它自己内部逐渐发展起来的新的、更高的条件来说，它就变成过时的和没有存在的理由了"。[②] 人类社会的发展呈现出多元性和复杂性，但就基本社会制度变迁而言，制度的更替总是朝着更加符合人性、更加合道德性以及更加朝着制度的终极价值目标方向的发展。这一过程就是制度的变迁和制度的创新，社会保障价值理念就是引领社会保障制度创新的理念基础与价值引领。

## 第三节　社会保障价值理念建构的原则

前已述及，社会保障价值理念影响社会保障制度的政策取向、制度模式，体现社会保障的建制目的、价值取向以及制度目标，反映社会保障的发展规律与价值诉求，也代表了对社会保障制度的理性诉

① 郑功成：《社会保障学》，中国劳动社会保障出版社2005年版，第170页。

② 《马克思恩格斯选集》（第四卷），人民出版社1995年版，第217页。

求、未来走向。蕴含着社会保障制度的建制目的、制度模式、责任主体、公民权利以及人们对于社会保障制度模式的系统构想、未来建构，是社会保障制度建设运行的价值指针，也是社会保障制度良性运行的基本价值准则。

## 一 继承性原则

社会保障价值理念需要继承中国优秀传统文化中的理念精华。“中华文明经历了5000多年的历史变迁，但始终一脉相承，积淀着中华民族最深层的精神追求，代表着中华民族独特的精神标识，为中华民族生生不息、发展壮大提供了丰厚滋养。”① 社会保障制度作为现代社会的一项基本制度安排，本身就是一项制度文明，作为一项久远的制度设计，其内涵不断丰富，理念不断更新，制度不断完善，其地位与作用日益凸显，原因就在于：

一是社会保障制度所蕴含的伦理与道义原则与中国传统文化的基本精神相一致。人类作为现代社会的命运共同体，对于社会公平的需要是永恒的，尽管不同的时代对于社会公平的理解不尽相同，然而，社会公平、社会正义却是社会保障制度的核心价值理念，这一价值理念与中国传统文化的基本精神相一致。“不患寡而患不均”，反映了人们对于社会公平的期盼，当今社会，随着时代的进步以及人们权利意识的觉醒，人们对于社会不公的感受更为强烈，尽管人们的物质生活水平比之以往有了很大程度的提高，然而人们对于社会公平与社会正义的需要不是弱化了，而是更加强化了。

二是社会保障的基本理念就是要实现人与人之间的互助与公助，进而达到个人与社会的整体和谐，这与中国传统哲学中“天人合一”的基本精神不谋而合。社会保障为现代人提供了一个免除风险的制度系统，免于匮乏、免于恐惧并对可能发生的风险做出预案，是文明社会的基本要求，也是现代社会人的基本权利，而社会保障制度的基本职能就是消除人们的各种社会风险，体现人与人之间的互助公助、人

① 《习近平谈治国理政》（第一卷），外文出版社2014年版，第260页。

与自然之间的和谐共生。中国传统文化的基本思维方式就是综合，体现在哲学上就是“天人合一”，天人合一的理念是中国传统文化中最重要的基本精神、价值理念，它观照的是人与自然、人与人的和谐共生，观照人类未来。社会保障的价值理念与中国传统文化的基本精神是一脉相承的。“就抽象的、终极的意义看，中国传统文化的自我意识博大精深，综合大观，优越于陷入自我对立、自我分离之中的西方文化。尽管现代工业化使西方文化独占鳌头，却始终无法取代中国文化的位置。”① 因此，社会保障制度理所应当地需要继承与发扬中国优秀传统文化的基本精神。

三是积极借鉴西方社会保障理论已有的科学成果与经验教训。现代意义上制度化的社会保障起源于西方而流行于全世界，“社会保障”这一概念也是从西方舶来。尽管我们一再批判“西方中心主义”的话语体系，但是不能否认，社会保障制度至今已经被世界上绝大多数国家所采纳，原因就在于它吸收了世界各国的制度文化的先进理念，作为一种制度文明，也必须遵循制度变迁与制度创新的内在规律，西方 130 多年社会保障制度发展历程中，思想家们提出的关于社会保障的基本概念、范畴、理论等，与西方社会保障制度所取得的经验教训等，都可以为我所用，成为完善中国特色社会保障制度的“他山之石”。无论是“福利经济学之父”庇古提出的社会福利“效用最大化”原则，还是“社会保障之父”贝弗里奇提出的公平性、普遍性、统一性原则，抑或是马克思和恩格斯以及资本主义经济学家凯恩斯所极力主张的“国家责任”理念，都对于社会保障制度与理念的完善具有重要的借鉴意义。西方社会保障制度传承至今，形成相对比较完善的制度模式以及丰富的社会保障思想与基本理念，诸如以人为本、社会公平、社会正义、普遍性等。这些理念之所以能够为我们所吸纳的原因在于：一是人之为人具有共同的属性；二是西方社会保障制度中的一些价值理念具有一定的普遍性、超越性的价值，蕴含着与

① 邴正：《当代人与文化——人类自我意识与文化批判》，吉林教育出版社 1998 年版，第 111 页。

人类终极价值诉求相一致的真理的“内核”。需要发扬西方社会保障理论中对于人类社会发展具有普适性的价值理念，而摒弃其以资本为主导、为资本主义服务的阶级属性，建构社会主义的社会保障理论体系。当然，对于西方社会保障的价值理念与基本原则，需要在经过理性的选择以及与现代社会保障制度措施相融合的基础上，经过一个本土化、中国化、渐进化的过程，“取其精华、弃其糟粕”之后，才能在社会保障制度中得以彰显与体现。

四是坚持“兼收并蓄、古为今用”的原则。深入发掘中国传统文化中的优秀资源。古今中外的传统文化是社会保障价值理念建构的文化背景，人类文明的优秀成果中与人类社会发展终极价值取向一致的理念精华，都应予以积极地萃取。西方自文艺复兴与启蒙运动以来所提出的一些价值观点，成为社会保障制度价值理念的直接或间接的理念源泉；中国古人的生存智慧及其价值，在现代化后期，其价值也应该被重新估量，使现代社会保障制度既要汲取西方文明精华，又要与传统优秀道德文化实现有机结合。在现代化阶段缺少工具理性价值的文化资源，被西方价值观视为无价值的东西，也可能具有超越的价值。例如，儒教文化中的人文价值与道德规范的丰富内涵，在现代化阶段丧失时效，却完全可能在超越现代化的阶段中推陈出新，恢复活力，为全球性多元化的社会新整合做出更大贡献。

### 二　创新性原则

创新是一个民族进步的灵魂，是一个国家兴旺发达的不竭动力，也是中华民族最深沉的民族禀赋。[①] 在知识化、信息化和全球化时代，一个国家的制度创新能力，是决定一个国家创新能力强弱的关键因素，尤其是理念创新，具有更加重要的意义。党的十八届五中全会明确强调，“实现‘十三五’时期发展目标，破解发展难题，厚植发展优势，必须牢固树立并切实贯彻创新、协调、绿色、开放、共享的发展理念。”在五大发展理念中，创新发展居于首要位置，是引领发展

① 《习近平谈治国理政》（第一卷），外文出版社 2014 年版，第 59 页。

的第一动力。“创新发展理念是方向，是钥匙”。这对于完善中国特色的社会保障制度具有重要的指导意义，中国社会保障价值理念建构必须坚持创新性原则，原因在于：

首先，社会保障制度不断发展完善的历程，就是一个理念不断创新的历程。19 世纪末期，如果没有德国统治阶级从简单的“大棒政策”向“怀柔”理念的转换，就不可能有三项社会保险法律的出台，就不可能有现代意义上社会保障制度的产生。如果没有英国贝弗里奇勋爵对于英国战后民间苦痛的体察，就不可能有 20 世纪中期英国作为世界上第一个“福利国家”的产生；20 世纪 30 年代，面对资本主义世界最大的一次经济危机，以美国总统胡佛为代表的古典自由主义经济学信徒，面对新问题、新情况，抱守着“市场会把一切都搞定”的自由市场理念，面对逐渐恶化的经济形势一筹莫展。在这种情况下，罗斯福总统临危受命，颁布“新政”（new deal），体现的是对于新情况、新问题的创新性思维，正如罗斯福在其总统就职演说中所说的“检验我们工作的标准，不是看我们是否为丰衣足食者锦上添花，而是看我们是否为缺衣少食者雪中送炭。”没有这一理念创新，就不可能有社会保障发展史上具有里程碑式意义的事件——《社会保障法》的诞生。“二战”以后英国宣布建成了世界上第一个福利国家一直到 1979 年，福利国家经过了 30 年的发展扩张，终于成为英国经济社会发展的沉重负担，在这种情况下，已故英国前首相撒切尔夫人力排众议，大刀阔斧地改革现有福利制度，尽管由于削减福利伤害了一些人的既得利益，因此一些人对其做法褒贬不一，但这是对福利国家 30 多年来已经逐渐形成的“福利依赖”理念的重大更新，同时也帮助英国摆脱了当时的社会福利困境，这却是一个不争的事实。

其次，理念创新是由中国社会发展特殊的时代境遇所决定的。

其一，众所周知，现代化是发展中国家实现国强民富这一历史任务的不二法门，也是 1949 年以后中国社会的时代主题，中国是一个后发性、外生性现代化的国家，中国的现代化比西方现代化晚了数个世纪，现代化的历史任务至今尚未完成，由于中国社会发展的不平衡性，因此，当下的中国是一个多元化的社会，前现代、现代以及后现代在中国历时性出场而又共时性在场，对于中国而言，不但要补上“现代化”的课程，而且要面临全球化、信息化以及后现代化共生共存、碎片化时代价值共识缺乏的考验，这是当下中国社会制度建设的特殊时代境遇。

其二，一方面中国国情的复杂性决定了中国不可能通过引进任何一个西方国家的社会保障模式与理念取得成功；另一方面，缺乏创新精神、创新理念的话，诸如社会保障制度等社会建设问题，就只能跟在西方后面亦步亦趋，也就只能在错综复杂的国家格局当中、话语体系之中处于被动地位。

其三，问题的严重性还在于，“中国改革开放的实践恰好发生在全球化、后工业化进程中，随着全球化、后工业化步伐的加快，越来越多新出现的社会问题超出了工业社会之社会科学体系的观察视界和理解能力。”[①] 这就意味着：西方国家已经经历过而我们没有经历或正在经历的，我们需要去面对；西方国家没有经历过、我们也没有经历过却出现了的，我们同样需要去面对。这就更加需要中国社会保障制度无论是模式还是价值理念，甚至于整个社会科学话语体系，都需要实现价值重建与理念创新。

其四，就社会保障的价值理念本身而言，也需要与时俱进，不断创新。

由于现代社会已经被分割为经济与社会两个领域，这两个领域都有自己的合法性以及自己不同的界限。就现代社会而言，市场经济是现代社会的普适逻辑，是现代社会的动力机制。经济学家萨缪尔森曾经将市场经济比喻为是我们“强权下的一匹好马，无论马的能量有多大，总有一个极限”。市场经济是天然的竞争经济和效率经济，竞争与效率是市场经济的“铁则”。因此，市场经济以效率为宗旨。社会保障既是市场经济的必要补充，也是现代社会的稳定机制，因此，社会保障制度天然地以社会公平为核心价值理念。但是，需要注意的是：对于公平正义这些概念和范畴，不同的人有不同的理解，对于同

① 张康之：《论社会科学研究的中国话语》，《甘肃行政学院学报》2015 年第 4 期。

样一个社会制度或者社会政策，正所谓“横看成岭侧成峰”，站在不同的立场上就会有完全不同的看法。难怪美国法理学家埃德加·博登海默会说：“正义有着一张普罗透斯似的脸，变幻无常，随时可呈不同的形状，并具有不同的面貌。”对于利益分化严重的不同社会阶层来说，总有一些东西是大家都认可的，那就是对于社会保障的价值共识。对此，景天魁先生提出了社会公平的最大公约数——底线公平。“怎样在发展与福利、公平与效率之间寻求均衡？按照底线公平的概念，那就是确保底线以下部分，放开底线以上部分；底线以下是刚性的，底线以上是弹性的，底线以下主要是政府的责任，底线以上主要是社会、家庭和个人的责任，底线以下靠非市场机制，底线以上可以引入市场机制。以上两层意思，构成了‘底线公平’的理念。”[①] 随着中国社会经济的不断发展，这一“底线公平”的理念内涵，也会不断更新。

坚持兼容并包、推陈出新。以西方社会保障理论与实践经验为“一翼”，积极借鉴西方社会保障理论的已有科学成果。社会保障理念的形成，要体现对人类文明成果的传承，同时又应具有鲜明的时代特色，建构社会保障制度的价值理念，要坚持马克思主义的指导地位，但同时要积极汲取西方社会保障理论中的科学成分，坚持洋为中用，为中国特色社会保障制度服务。社会保障作为古已有之、而制度化于近代西方的一种制度文明，在中国社会保障模式建构过程中，坚持马克思主义与时俱进的理论品质，做到“洋为中用”。即“正确进行文明学习借鉴。文明因交流而多彩，文明因互鉴而丰富”。任何一种文明，不管它产生于哪个国家、哪个民族的社会土壤之中，都是流动的、开放的。这是文明传播和发展的一条重要规律。西方社会保障制度传承至今，形成相对较完善的制度模式以及丰富的社会保障思想与理念，诸如人道主义、以人为本、社会公平、普遍性等，在这些理念之所以能够为我们所吸纳的原因在于：一是人之为人具有共同的属性；二是西方社会保障制度中的一些价值理念具有一定的普遍性、超

① 景天魁：《社会政策需创新理念》，《中国社会保障》2005 年第 3 期。

越性的价值，蕴含着与人类终极价值诉求相一致的真理的内核。需要发扬西方社会保障理论中对于人类社会发展具有普适性价值的理念，而摒弃其以资本为主导、为资本服务的阶级属性，建构社会主义的社会保障价值理念。

### 三　发展性原则

社会保障制度的健全与完善是一个与时俱进、不断发展的过程。这表现在以下几个方面：一是社会保障制度的责任主体（谁来创立）经历从一元到多元、从政府承担单一责任到多元责任主体共同参与的过程；二是社会保障的参保对象（为谁创立）总是从农业劳动者到工业劳动者、从个别阶层到所有社会阶层、从特殊阶层到全体国民；社会保障体系、项目（建立什么）总是由单一到全面、由零碎到系统；这就决定了社会保障价值理念也需要经历一个与时俱进、不断完善的嬗变历程。

首先，从社会保障制度体系来看，其体系内涵一般会经历从单一到多元的发展历程。最早产生的社会保障形式是社会救助制度，随后才有了社会保险制度、社会福利制度以及军人社会保障制度等，以最古老的社会保障形式为例，制度的最初理念是为了维持社会成员的最低生活需求，保障“最低需求”是该制度的基本要求，但是随着经济社会的发展，“最低需求”的标准也会随之发生变化。另外，社会救助制度的实际对象是社会弱势群体或社会脆弱群体，在理论意义上则是全体社会成员，因为，风险是不可预测的，任何人都有可能遭遇现代社会风险进而需要社会提供救助。但是，通常情况下，社会救助的对象就是社会上的贫困人口，那么究竟谁是贫困者？这就涉及对于社会贫困的定义。一般对于贫困的分类可以分为相对贫困与绝对贫困，传统意义上，仅仅将无法满足最低生活需要的社会阶层定义为贫困，即绝对贫困，而随着经济社会的发展，逐渐出现了相对贫困，就是说，这些社会成员并不是无法维持社会基本生存，而只不过是与其他社会成员相比较，他们是贫困的，这是相对贫困。对于相对贫困者，究竟是否需要提供社会救助？这是对于以往传统意义上贫困救助理念的突破与创新。

其次，价值理念本身也需要在改革中完善实现政策目标与政策理念的统一。例如，21 世纪以来，中国学者从西方引进了“资产建设”的理念，以往的社会保障仅仅关注收入不平等，而“资产建设”则转向关注“资产不平等”；传统意义上，一般把“穷人”定义为没有资产的人，而一旦拥有资产的话，那就不是“穷人”了。而“资产建设”理念则认为，穷人也是可以积累资产的。其意义和创新之处在于：穷人不但要满足温饱，而且要获得进一步的“发展”。景天魁认为，这一政策理念的创新之处在于“资产建设也是着眼于基础层面，而它的要旨是把社会保障从被动地接受给予（收入保障）转变为主动地通过资产积累增强发展（脱贫）的能力”。[①] 这一“资产建设”理念，对于完善社会保障制度，尤其是对于农村社会保障制度的完善具有很重要的启发和借鉴意义。只有在继承的基础上，才能创新，社会保障制度作为现代社会的一项制度文明，其价值理念就是在继承中不断创新的。

最后，社会保障制度内涵与外延在不断发展完善，其制度理念也会随之不断发展完善。

## 小结

价值理念是社会保障研究的基础理论问题，社会保障价值理念是引领社会保障制度建立、发展与改革的基本价值准则，是关于理想中的社会保障的理性认识的产物。现代社会保障价值理念具有多元性、层序性、时代性、相对性等基本特征；就基本功能而言，价值理念体现社会保障制度目的、反映社会保障发展规律、形塑社会保障制度文化、影响社会保障模式，研究中国特色社会保障价值理念具有重要的理论与现实意义，社会保障价值理念建构需要坚持继承性、创新性、时代性以及发展性等重要原则。

① 景天魁：《社会政策需创新理念》，《中国社会保障》2005 年第 3 期。

# 第三章　中国社会保障的主要成就与现实困境

20 世纪 80 年代中期，一般是作为现代意义上中国社会保障制度创建的开始，伴随着国有企业以及市场经济体制改革大幕的开启，失业下岗成为相对普遍的社会现象，社会保障制度供给与需求之间出现了严重不均衡：国有企业市场化改革使得“铁饭碗”被打破，国有企业员工下岗失业成为市场化改革的常态，下岗失业员工对于社会保障的需求激增，社会保障制度需求倒逼制度供给使得社保改革进入了快速发展时期。经过 40 多年的改革与建设，中国社会保障制度建设取得了长足的进展，截至目前，建立了世界上覆盖人数最多的社会保障体系。然而迄今为止，中国社会保障制度也面临诸多困境，社会保障问题屡屡成为引爆网络舆论的社会焦点问题。党的十八大提出“公平可持续”是社会保障制度发展的目标，如何实现社会公平？如何确保制度的可持续发展？2017 年 7 月习近平提出：“人民群众的需要呈现多样化多层次多方面的特点，期盼有更好的教育、更稳定的工作、更满意的收入、更可靠的社会保障、更高水平的医疗卫生服务、更舒适的居住条件、更优美的环境、更丰富的精神文化生活。”① 党的十九大再次强调：“加强社会保障体系建设。按照兜底线、织密网、建机制的要求，全面建成覆盖全民、城乡统筹、权责清晰、保障适度、

① 2017 年 7 月 26 日，习近平总书记在省部级主要领导干部专题研讨班上发表重要讲话，又称“7·26 讲话”。

可持续的多层次社会保障体系。”① 在公平可持续的基础上，再次提出了“覆盖全民、城乡统筹、权责清晰、保障适度、可持续及多层次”的要求。

本章将通过追踪社会保障制度的建设进程，理性认识社会保障制度已经取得的建设成就及当前存在的问题与挑战，为总结社会保障价值理念及其嬗变规律，构建合理的价值理念体系，为从理论上探讨确保社会保障制度朝着公平、可持续及“覆盖全民、城乡统筹、权责清晰、保障适度”的改革方向发展做出尝试。

## 第一节　中国社会保障制度的成就与特点

### 一　社会保障制度的建设成就

迄今为止，中国已经初步建立了包括社会保险、社会救助、社会福利、军人社会保障等制度在内的体系和相对健全的社会保障制度。截至 2020 年，新型农村社会养老保险制度实现了制度全覆盖，这一扩面参保的过程，最终将所有不同社会阶层的社会成员都纳入到了国家社会保障制度网络中。中国社会保障制度取得了举世瞩目的成果，建立了世界上人口规模最大的社会保障制度，实施了以社会保障制度为主体的民生工程，精准扶贫事业为全世界消除贫困人口做出了重大贡献。

2014 年 5 月 16 日，中国国务院新闻办公室发表的《2013 中国人权事业的进展》白皮书指出，2013 年，中国已经初步建立了世界上规模最大的符合现阶段中国社会实际的社会保障体系，社会保障制度取得了巨大的建设成就。

首先，从制度覆盖对象来看，已经覆盖了全国绝大多数人口。就目前而言，作为世界上第一人口大国，总量 13.4 亿的人口，远远超出世界上任何一个发展中国家及发达国家，眼下的经济发展水平还不

① 习近平：《决胜全面建成小康社会　夺取新时代中国特色社会主义伟大胜利——在中国共产党第十九次全国代表大会上的报告》，《人民日报》2017 年 10 月 28 日第 1 版。

是很高，但是已经为不同的社会阶层建立了相应的社会保障制度，截至2014年，中国已减少贫困人口7.9亿，对世界减贫贡献率超过70%，中国建立了世界上覆盖人数最多的社会保障体系，成为社会保障发展史上的创举，这也是对人类扶贫减困事业做出的重大贡献。

其次，从制度建设体系来看，起步较晚、进展很快，已经建立了相对比较健全的社会保障体系。早在1952年，联合国国际劳工局理事会在瑞士日内瓦举行的第35届会议上通过了《社会保障最低标准公约》（*Convention Concerning Minimum Standards of Social Security*），该公约规定：现代社会保障制度主要包括九项内容，包括了医疗、养老、生育、工伤、失业、残疾津贴、疾病津贴、家庭津贴、遗属津贴等内容。而其中最主要的有五项：失业津贴、工伤津贴、老龄津贴、残疾津贴和遗属津贴。并且明文规定：一个国家只要实行了其中的三项制度或三种津贴的话（其中至少包括一种最为主要的津贴），就可以认为该国家或者地区已经建立起来了社会保障制度。

中国的现代社会保障制度比西方社会保障制度的建立整整晚了一个世纪。然而，对于制度建设进程来说，时间不长、进展却很快。社会保险制度从最初的单一的养老保险制度发展到现在，已经建立了包括以养老保险、医疗保险、失业保险、工伤保险、生育保险为主体的社会保险制度，以及社会救助、社会福利、军人保障、新型农村社会养老保险制度和新型农村社会医疗保险等在内的比较完整的社会保障体系，按照联合国国家劳工局的标准，已经建立了相对健全的社会保障体系。这些制度建设取得的进展，可以说是前所未有的巨大成就。

最后，从制度建设进程来看，城市社保体系已经相对健全，而农村社会保障体系正在建设。世界上发达国家建立的社会保障制度，一般都会经过一个：先工业、后农业，先城镇、后乡村，先工薪者阶层、后非工薪者逐步扩面的覆盖过程，即社会保障制度首先覆盖所有的工薪阶层，然后逐渐向农业劳动者扩面的一个过程，中国也不例外。农村社会保障制度相对薄弱，是中国社会保障制度最大的问题，也被称为社会保障制度建设中“巨人的短腿”，从2009年开始，国家开始在广大农村地区实行新农保试点，弥补制度“短板”，截至2012

年年底，新农保已经基本实现了全覆盖，尽管由于经济发展水平的硬约束，农民所获得的社会保障待遇还不是很高。然而，它表明社会保障制度目前已经覆盖了世界上人数最多的农民群体，而且，它还标志着社会保障制度发展不可逆转的历史趋势。不过，成就归成就，但就目前而言，中国社会保障制度在价值理念、政府责任等方面依然存在着不容忽视的问题。

## 二　社会保障制度的主要特点

从世界各国社会保障制度实践来看，现代社会保障制度具有普遍性、强制性、公平性、社会性、福利性、法制规范性、模式多样性以及发展性等特征。这些特征既是社会保障作为一项基本制度区别于其他社会制度的鲜明特点，实际上也是现代社会保障制度所应该遵守的基本原则和基本目标。但是，就社会保障制度而言，对于以上特征来说尚未完全、充分体现出来，只是一定程度地实现了，今后制度建设的过程也是一个逐渐充分显现的过程。当然，除了以上特征或目标之外，迄今，社会保障制度还表现出一些特殊性：

### （一）公平性与效率性相结合的特点

社会保障制度所走过的历程来看，迄今为止，社会保障的价值取向经过了三个不同的发展阶段，首先，中华人民共和国成立后至改革开放以前的这段时期内，受到民众对于高度平等的政治诉求期望的影响，也有当时极端低下的社会生产力的约束，当时社会保障制度建立时期的理念选择是高度的平均主义或者叫“低效率的平均主义”；其次改革开放以后，中国经济经过了40多年的高速发展，这一阶段既是经济的快速发展时期，事实上也是一个强化效率而忽视公平的过程；最后中国共产党十七大提出公平、正义、共享的价值理念，进而开始了对于社会公平的强调，但是，就社会保障的制度创新来看，例如城镇职工基本养老保险制度设计中的社会统筹与个人账户相结合的做法，以及“多缴多得、长缴多得”等措施的出台，都意味着社会保障制度表现出一种公平与效率相结合的总体特征。

### （二）强制性与自愿性相结合的特点

一般来说，现代意义上的社会保障制度是以强制性、制度化、规范化等为基本特征的，依据相关法律强制推进、强制执行，是社会保障制度的重要特征之一，也被作为社会保障制度的基本原则。社会保障制度中的“养老保险”以及“医疗保险”等制度在实行之初，也是按照强制性原则进行制度构建的。但是，在2009年新型农村社会养老保险制度试点的时候，考虑到当时农村居民的认知程度以及农村居民的实际状况，政府在推进“新农保”政策试点的时候，并没有采取强制性推进制度覆盖面的做法，而是采取了“自愿性”原则：一是农村居民自愿选择参保还是不参保；二是农民自愿选择缴费档次，可高可低，政府只对于缴费的档次与标准做出原则性的规定，具体选择哪一档次缴费，由农民自愿选择。由此可见，在部分险种的推进上采取的是强制性缴费、强制性参保，例如养老保险、失业保险、工伤保险、医疗保险、生育保险等，而对于新农保则采取的是自愿性参保，迄今，“新农保”与“城居保”已经实现了制度并轨，而强制性与自愿性相结合的原则，则成为我国社会保障制度的基本做法与重要特色之一。

### （三）普遍性与选择性相结合的特点

《贝弗里奇报告》中将普遍性作为社会保障制度的一个基本原则提出了出来，部分福利国家、社会保险型国家也将此作为该国家或地区社会保障制度所追求的目标与所应坚持的基本原则，但是，就社会保障制度建设而言，尚无法做到坚持普遍性原则，就几项最重要的社会保障制度而言，基本上都是普遍性与选择性相结合，当然，对于大多数发展中国家而言，从选择性过渡到普遍性需要有一个过程，应该承认，受制于相对低下的生产力，发展中国家的社会保障制度从部分社会成员过渡到全体社会成员、从选择性原则过渡到普遍性原则，具有一定的现实合理性与必要性。因此，社会保障制度尽管目前尚无法做到坚持普遍性原则，但是，选择性只是短期的权宜之计，而普遍性将是社会保障制度未来追求的重要目标及价值理念之一。

## 第二节　中国社会保障制度的困境与挑战

“人类在20世纪80年代开始了全球化、后工业化进程，但是，作为一场历史性的社会转型运动，即便是已经走过了几十年的路程，还只能说尚处于起始阶段，所以，它的消极方面会显得更加突出，人们感受将更为强烈。”① 这是就整个人类文明进程以及我们所面临的时代困境而言所做的概括性描述。然而，就中国社会保障制度而言，其问题的严重性还在于，一方面我们必须与西方国家一样遭遇全球化以及“后现代性”的时代境遇；另一方面是我们还必须补上工业化、现代化、城市化的“课程”。在这样一个多重复杂的时代语境之中，对于广大农村而言，这一问题的严重性更加凸显。因此，尽管社会保障制度在人数覆盖、制度建设等方面都已取得了举世瞩目的成就，可是我们还必须面对人们在社会保障制度观念和社保制度实际建设中存在的一系列突出问题。

### 一　社会保障制度存在的问题

当今中国正处于一个特殊的历史阶段，面临全球化、工业化以及后工业化共时性在场的时代场景。中国社会保障等社会制度所走过的道路应该是世界上最具独特性的道路，所以我们不可能寄希望在西方所走过的道路、所提出的理论当中寻找到全部中国问题的解困方案。“其实，中国改革开放的实践恰好发生在全球化、后工业化进程中，随着全球化、后工业化步伐的加快，越来越多的新出现的社会问题超出了工业社会科学体系的观察视界和理解能力。”② 这是一个价值多元化的时代，这是一个众声喧哗的时代。由于前现代、现代与后现代在当下中国的共时性在场，由于当今社会转型中利益分化的加剧，对于同样一个社会政策，同一阶层、同一群体会持有大不相同的看法，

① 张康之：《论社会科学研究的中国话语》，《甘肃行政学院学报》2015年第4期。

② 张康之：《论社会科学研究的中国话语》，《甘肃行政学院学报》2015年第4期。

更不用说不同阶层其阶层立场的不同。这极大消解了群策群力的政策合力，很难使不同阶层的人们积极参与到社会保障制度、政策推进与改革的过程中。对目前社会保障制度与政策的推进而言，社会保障的价值理念方面还存在以下问题。

### （一）观念层面的问题

#### 1. 国民个人社会保障理念模糊，制度信仰缺失

经过30多年的实践改革，政府对于社会保障制度的建设无论是资金投入还是制度供给，都可谓前所未有，然而社会保障制度至今依然是人们高度关注的事业，似乎没有哪一个社会阶层对该制度是非常满意的，其原因在于对于社会保障制度的制度理念的混乱以及对于社会保障制度信仰的缺乏。就社会保障制度个体消费伦理而言，应该倡导一种理性、适度、科学的消费理念。社会保障仅仅在于满足国民的“基本生活”需要，这是由社会主义初级阶段的生产力水平所决定的，并且将会延续很长一个时期。

#### 2. 家庭孝道伦理消弭，传统家庭保障价值观趋于瓦解

家庭是社会的细胞，也是传统养老的主要方式，尤其在社会保障制度不健全的中国古代时期，家庭几乎承担了国民所有的保障责任，尊老敬老养老的家庭伦理则为这种保障制度提供了理论上的合理性与合法性。随着现代化的风雷激荡，随着市场经济体制的转轨，家庭保障功能日渐式微。笔者曾经在甘肃省某市进行调查走访的过程中，在对农村家庭的养老状况进行调查的时候发现：在市场经济的巨大冲击之下，农村地区出现了“去精英化”现象，这种现象也被一些学者称之为“空壳化”现象：农村青壮年多以外出务工为业，老弱病残留守农村，一些年轻人功利主义价值观甚嚣尘上，造成农村年轻一代普遍的敬老、养老意识淡漠，甚至于常常将老人视为负担，不愿履行赡养老人的责任和义务，“百善孝为先”的传统文化观念，至今已经在农村部分地区相对比较淡漠了。

而甚嚣尘上的理念则是功利主义的价值观：就是否赡养双方的老人而言，年轻一代农民信仰的观念是：如果父母在孙辈的抚养方面承担了责任，年轻一代就会认为在父母年老之后接受他们的赡养是合情

合理的；而如果老一辈父母并未抚养孙辈的话，那么他们就没有义务赡养老人。这种观念在笔者访谈、调查城乡年轻人对于赡养老人的看法的时候，是一个普遍被接受的观念。当笔者告诉他们：你们有赡养老人的义务，而老人并没有抚养孙辈的义务，就是说：无论老人是否承担了抚养孙辈的工作，都并不影响你们赡养老人义务的承担，因为老人在年轻的时候已经承担了抚养你们的义务。当笔者问他们如何看待此问题的时候，他们有的进行辩解，有的沉默或笑而不答……

3. 企业文化的缺失与利益最大化倾向

从国家—单位保障模式向社会保障模式过渡的结果是，企业将社会保障制度当成了减轻负担、推卸责任的重要手段。例如，在企业内部，在社会保障缴费方面尽量少缴或漏缴、压低参保缴费基数以及将提前退休作为企业减负的重要手段，甚至于出现了这样的现象：退休人员已经去世多年而其家属依然冒领该已故退休人员的养老金的现象。21 世纪以来，由于政府加大了对于冒领养老金、多领养老金现象的查处力度，并且实行了严格的、每年一度的生存认证制度，这种现象逐渐减少。但以上种种现象的出现，一方面说明了社会保障监督制度的缺乏以及制度本身的漏洞，另一方面也说明了企业及个人作为市场主体之一难以避免的利益最大化取向，本位利益至上文化的滥觞以及社会保障价值理念的扭曲，从指导思想上说，企业单纯地将社会保障制度当成了减负的手段，真正意义上的公民权利意识与企业责任意识尚未完全形成。

4. 政府价值理念模糊与责任界定不清

中华人民共和国成立以来，中国政府在社会保障制度架构方面曾经缺乏长远规划，致使政府对于社会保障制度的责任从一个极端走向另一个极端。政府对于社会保障制度中应该承担的责任缺乏一个理性的定位。例如，在 20 世纪 80 年代，社会保障制度改革刚刚开始的时候，为了配合国家计划生育政策的顺利实行，在宣传口径上这样宣传：只生一个好，政府来养老。这种宣传方式，确实对于计划生育政策起到了促进作用，但是给国民造成的印象是：计划生育政策一旦实行，国家将会完全承担“被计划生育者”的养老责任。

20 世纪 90 年代，随着市场经济体制在中国的逐步建立，民众对于社会保障制度的刚性需求大大增加，失业、下岗等社会问题日益突出，严重影响到社会的稳定，原有的“铁饭碗”被打破，企业不再对职工的生老病死等问题大包大揽，政府对于职工的养老责任逐渐从由承担“无限责任”向“有限责任”转变。实际上，政府承担社会保障的有限责任，这是绝大多数国家所采取的共同做法，既符合现代社会保障制度责任主体多元化的价值取向，也是人口第一大国必须采取的措施。然而，这种宣传给予民众的直观印象则是：政府将在国民的社会保障制度方面已经开始实行责任后撤，政府的责任界域在哪里，民众缺乏理性的体认，导致对于未来养老等问题的预期悲观。

就制度总体而言，社会保障制度所走过的道路是“摸着石头过河”，这种方式在特定的历史时期，有其合理性与必要性，尤其在一个国家社会保障制度的草创时期，然而，当一个国家的社会保障制度经过了几十年的建设、发展与改革调整之后，走向制度定型、模式定型，就是一种必然的结果，那么，在这种历史基点上就需要加强制度的顶层设计。而在制度的顶层设计中，制度的价值导向与理念信仰问题就显得十分重要。

**（二）制度实践方面的问题**

1. 二元化社会保障制度格局依然存在

农村社会保障制度明显供给不足，制度水平整体偏低。社会保障制度的发展与运行规律表明，社会保障制度一般要经过先城市、后农村，先职工、后居民，制度覆盖面一般首先是从城镇职工开始的，然后逐渐向其他行业劳动者以及农业劳动者扩面，最后实现社会保障制度的全覆盖，这符合社会保障制度发展的一般规律。长期以来的二元社会经济结构，社会成员被划分为城镇居民与农村居民，农村居民的养老保障社会化程度最低。尤其是对于异质化程度较高的国家和地区而言更是如此。就目前的制度运行来看，新农保已经实现了全覆盖，然而，2014 年之前新农保月均 55 元的养老金，对于农村居民的养老其实是杯水车薪，不能从真正意义上解决农民的养老问题。实事求是地讲，国家对于农村居民社会保障制度的整体投入与农村居民在全国人口中所占的比例显然不成比例，城乡居民的社会保障待遇差距过大。农村社会保障制度的整体水平低，依然是现阶段社会保障制度的一个严峻问题。因此，加大政府对于新农保制度的资金与制度供给，依然是今后长期以来的一个重要问题。

2. 社会保障制度碎片化问题严重

不同阶层社会保障待遇差距过大，业已成为引发社会诟病的引线。与社会保障制度缺乏长远规划一脉相承的是，目前社会保障制度“碎片化”现象极为严重。这一特征在基本养老保险、医疗保险制度中表现得尤为突出：一是社会保障制度统筹层次低。社会保障究其实质来说，就是运用“大数法则”，在更广的范围内、在更多的人之间实现资金的筹措和调剂。社会统筹的含义是：由全社会对于社会保障资金进行“统一筹集、统一管理、统一调剂和统一使用”。这是“社会统筹”的真正内涵。然而，由于社会保障制度的统筹层次相对较低，加之各省以及各地区之间地方利益保护主义的盛行，实际上难以实现资金的以丰补歉、全国统筹。二是社会保障立法层次低，各省市各自为政。除了医疗保险之外，生育保险制度同样存在碎片化问题：根据目前的《生育保险条例》，生育保险制度是以各省市的平均工资为依据制定的，各省市对于参保人的生育保险待遇支付标准各不相同、享受对象不同，参保条件不同以及生育保险待遇也不相同，基本上全国各地区实行的是市级统筹或省级统筹，并且在管理上是属地管理。这就使得生育保险在全国呈现出制度各不相同的碎片化状态。而且，生育保险制度的保障对象仅仅是体制内城镇就业女职工，大量的非正规就业女性以及农村生育女性依然不能享受到生育保险待遇。同样，医疗保险以及失业保险、养老保险制度均不同程度地存在着上述问题。制度的“碎片化”是目前社会保障制度中存在的较为严重的问题之一。

3. 社会保障水平和层次均相对较低

目前社会保障制度体系的总体水平以及保障层次均相对较低，以最重要的社会保险制度而言，养老保险目前仅实现了省级统筹，而失业保险以及生育保险、医疗保险均为市级统筹。距离社会保障制度的制度目标：养老保险实现国家统筹、其他保险项目逐渐实现省级统筹还存在一定的距离。

社会保障制度是运用“大数法则”，在较大范围内实现风险的分散，目前由于社会保障制度的统筹层次较低的原因，还不能实现风险共担与风险分散。就拿社会保障制度的重中之重的养老保险来说，养老保险制度是社会保障制度中起步最早、相对较为完善的一项制度，但就统筹层次而言，并未达到国家统筹的既定目标，目前实行的仅仅是省级统筹，这就不可避免要受到各省社会经济发展水平的影响与制约。由于全国各省经济发展水平不均衡，南北部地区、东西部地区经济社会发展差距相对较大，一些全国的老工业基地往往由于退休职工数量庞大而负担偏重，例如东北地区以及西北地区原有的三线企业以及老工业基地；与此形成鲜明对比的是一些沿海以及东部地区的新兴城市，往往由于接纳与吸引了很多的年轻劳动力而使得养老负担相对较轻，目前正处于宝贵的人力资源与劳动力红利期。如此一来的话，就出现了养老负担全国畸轻畸重、经济发达省份与经济落后省份之间养老负担严重失衡的现象。

这种现象，作为全国的一项基本制度，全国一盘棋的社会统筹制度，本应该通过全国统筹实现资金在全国范围内的调剂和使用加以解决，然而，由于目前统筹层次仅仅为省级统筹，加之全国各省地方本位的观念以及地方保护主义的作祟，因此，无法实现真正意义上的统一筹集、统一管理、统一调剂，以及统一使用资金。无法体现真正意义上的“大数法则”以及“社会统筹”。

4. 社会福利事业、社会救助事业均发展滞后

社会福利事业目前还处于低水平徘徊阶段，尤其是农村社会服务、社会工作及社区服务均极端缺乏。笔者曾经对于西北地区的“失能老人”这一社会群体进行过走访与调研，以西北民族地区部分地区为个案的研究表明，社会福利事业发展滞后的问题已经比较严重。尤其是老年人社会福利制度问题相对严重，由于目前社会保障制度正处于以社会保险制度为主体的时代向以社会福利为制度主体时代的过渡时期，构建中国特色的社会福利制度也是未来中国社会保障制

度的发展趋向，目前老年人社会救助制度、社会养老制度以及社会福利制度存在的问题主要有：

一是社会养老机构严重缺乏。社会养老、社会服务水平低下，基层养老机构数量、社区服务水平普遍偏低，造成了老人养老问题的目前现状与特殊困境，机构养老无法满足老年人的养老需求。

二是社会支持网络体系不健全。随着社会的发展以及互联网技术的广泛使用，随着手机用户在农村以及城市的广泛普及，网络购物以及微信购物成为当下社会的供需新宠。这给予我们解决老年人的社会保障问题提供了新的思路与启示，既然有市场需要，那就应该有相应的供给服务，然而，笔者在检索西北欠发达地区老年人照护网络服务系统时，却惊奇地发现，这几乎是欠发达的西北地区服务系统之中的服务盲区。

5. 社会保障社会化程度不高，非政府组织参与社会保障的缺位

如前所述，社会保障制度由计划经济时期的“国家—单位保障”模式正在向“国家—社会保障”转变，而实际上，客观而论，由于一直以来“强政府、弱社会”格局的存在，“社会”的参与功能始终没有得到正常的发挥，而是由政府承担了过多的责任，如果再不培养社会组织参与能力、发挥社会组织的参与功能，社会保障制度有陷入过于强调政府保障职能的倾向性。“社会化”是社会保障制度的一个基本特征，也是现代社会保障制度发展的必然，今后需要进一步鼓励和培育社会组织、NGO 机构以及民间慈善机构，加快其制度立法，支持其参与社会保障制度的监管与职能分工。

### （三）政府责任方面的问题

1. 资金投入不均衡问题：城市投入资金多于农村

就目前社会保障支出在全国 GDP 中所占比例来看，从 20 世纪 90 年代起，这一比例是逐年上升的，例如，在 20 世纪 90 年代初期，社会保障支出在国民生产总值中所占比例一直在个位数上徘徊，在 2000 年时，占到 5% 的最高值，21 世纪开始，这一比例逐年上升。然而，与西方发达国家相比较，这一比例在国民生产总值中的比例明显偏低，尤其是与农村人口占到全国人口总数一半以上这一数据形成

鲜明对比的是，政府对于农村社会保障制度的支出明显偏低。社会保障投入在全国 GDP 中的比重偏低。

改革开放以后，农村居民与城市居民之间的待遇差距日益明显，城乡差距不仅仅表现在经济权利、政治权利方面，尤为严重的是农村居民社会保障权利的严重缺失。最终使得“三农”问题的解决具有了历史的紧迫性以及现实的必需性。中国政府此后开始对“三农”问题给予了高度的重视，并且提出了工业“反哺”农业、城市“反哺”农村的战略构想，由此开始，“三农”问题的解决被党和国家置于应有的战略高度，精准扶贫精准脱贫就是这一战略的体现。

2. 立法进程相对滞后、法治化进程不均衡

从西方发达国家社会保障制度实践建设历程来看，立法先行、制度跟进，是这些国家社会保障制度建设过程中的一个共同做法，法律是无情的理性，一部法律，抵得上百万雄师，法律的出台，往往能够极大地促进社会保障制度进程的加快。正因为如此，西方社会保障制度历程建设的分界点，也往往是以相关法律的出台作为基本标志的。“他山之石，可以攻玉”，与西方发达国家相比较，我国社会保障制度法治化进程明显滞后，由此直接影响到社会保障制度建设的进程，也影响到社会保障制度模式的定型。

2011 年 7 月颁布并实施的中华人民共和国《社会保险法》的出台，具有里程碑式的意义，是中国社会保障法制史上的第一部社会保险法，对于促进社会保险制度的健康稳定发展，奠定了坚实的法律基础。然而，社会保障制度是一个综合性的制度体系，不但包括了社会保险，而且也包括了社会救助、社会福利以及军人保障制度等重要组成部分，现在，社会保险法的出台并不能替代其他法律的实行。而且，社会保障制度的发展一般来说，会经过一个这样的发展历程：以社会救助制度为主体的阶段—以社会保险制度为主体的阶段—以社会福利制度为主体的阶段，这样循序渐进的三个阶段，就目前而言，社会保障制度正在经历一个从满足社会成员基本生活水平向不断提高国民社会福利水平迈进的阶段，因此，现阶段亟须在对《社会保险法》不断修订和完善的基础上，推进中华人民共和国《社会救助法》《社

会福利法》以及其他相关配套法律的出台和完善，以加快社会保障的法治化进程。

从20世纪80年代中期社会保障制度改革起步开始，政府对于国民社会保障制度的支持是连年增加，这种增加不仅表现在社会保障资金的绝对数量的大量增加，社会保障制度支出在国家GDP总量中所占份额的增加上。并且随着社会保障制度的覆盖面连年扩大，社会保障制度体系越来越健全。然而，这种迅速增加并没有引得国民的赞誉与政府公信力的提高，反而是部分社会阶层对于社会保障制度的不满日益增加，这种现象看起来似乎是匪夷所思的，然而，却又有着深刻的社会原因，其中的原因在于：一是国民社会保障制度理念的模糊，以及对于社会保障制度的非理性期待的无法实现，造成政府与民众互信降低；二是政府对于社会保障制度自身定位不清，从一开始的无限责任向有限责任过渡的过程中，并未做好对于普通民众的社会保障理念的宣教灌输工作，缺乏对于社会保障的意识形态投资；三是不同阶层之间社会保障待遇的差距过大，既是民众诟病的导火索，也在一定程度上消解了政府对于社会保障制度投入逐年增大所产生的应有的政策效应。

## 二 社会保障制度面临的挑战

社会保障制度是以政府为主导，建立的制度化化解国民社会风险的制度设计，迄今为止，社会保障制度依然存在许多方面的问题需要政府出面解决，对于未来中国社会保障制度而言，至少还存在以下几个方面的挑战需要去面对：一是中国未富先老、老龄化程度加深与就业人口减少、少子高龄化之间的矛盾；二是中国社会保障法律尚待健全与中国法治生态荒漠化并存的挑战；三是中国经济经过四十多年高速发展之后的速度放缓，以及国民对于社会保障制度的非理性预期之间的矛盾等。这些问题是今后中国社会保障制度需要面临的严峻挑战。

### （一）“塔西佗陷阱”现象的偶露端倪与基层政府公信力降低

政府的公信力是指：当我需要政府提供帮助的时候，它能够给予我帮助，当政府有困难的时候，我能够体谅政府的难处，甚至于舍弃自己的暂时利益，因为我相信政府存在的目的就是全心全意为我服务、为民众服务，然而，当下部分国民对于政府的公信力产生了怀疑。“塔西佗陷阱”（Tacitus Trap）现象似乎偶有出现：当政府部门失去公信力时，无论它说真话还是假话，做好事还是坏事，都会被认为是说假话、做坏事。就政府公信力而言，基层个别地区社会保障制度中有出现过“塔西佗陷阱”的现象。

时间进入到21世纪，客观而言，政府对于社会保障方面的资金投入越来越多，而且，社会保障制度也日益健全、社会保障制度覆盖面也越来越大，到2012年，随着新农保全覆盖的实现，社会保障体系已经基本上达到了制度的全覆盖，然而，这一点，一些网民及少部分民众并不买账，甚至于有的网民将国家养老保险政策不断改革调整的情形通过“恶搞”的形式，在互联网上流传。

随后许多人跟帖、吐槽。笔者在读帖的过程中发现，一些网民明显表现出对于政府公信力的怀疑，进而呈现出非理性的、一边倒式的攻击和谩骂。当然，这一现象随着互联网实名制管理及网络监控的加强，会渐渐消失，但是暴露出来的问题却应该引起我们的思考。

这一现象充分反映出，政府对于社会保障制度的理念建构缺乏长远的规划与理性的定位，政府所承担的责任也是从一个极端走向另外一个极端。这种缺乏整体规划的状况造成的一个不良后果就是：民众与政府之间的互信降低；在调查走访的时候从部分政府基层公务员处了解到，近几年国家对于农民社会保障的投入逐渐增加，农民社会保障制度的建设力度与资金投入都可以说是前所未有，然而政府在国民心目中的公信力却并未同步提高。笔者曾经在西部地区部分乡镇进行“新农保”的试点跟踪调查，2014年，也就是“新农保”试点实施三年之后依然发现，一些农民对于新农保——这一中国政府的普惠性政策，依然是半信半疑，甚至于有人认为基层干部素质过低，完全有可能将农民缴纳的新农保资金据为己有。不少人对于新农保的政策绩效、政策动机持保留态度。对农村青壮年一代来说，新农保意味着长期缴费，然而在笔者访谈的过程中却发现：目前年轻人愿意缴费，不是出于对政府新农保制度的信任，而是由于“只有自己缴费，自己的父母才能享受国家每月发放的新农保退休待遇”。当然这是市场经济体制下，农民个体一种利益最大化的理性选择，然而国家对于农民政策绩效的普惠性质，农民并无特别的体会。在我们进行访谈过程中，几年前部分被访农民说得最多的一句话往往是：“谁知道政策以后怎么变?”直接反映的是国民对于政府公信力的怀疑。这里面必须要说明的几点是：

第一，部分农民认为：政府上层领导干部是好的，制定的政策对于农民是有利的，而部分基层领导作风腐败、为虎作伥，将做公务员作为实现自己利益的手段，而这些公务员们也根本不是“全心全意为人民服务”，而是“全心全意为人民币服务”，由于基层公务员素质层次的参差不齐，频繁爆出的基层干部占用救灾款、土地补偿款以及挪用公共经费等事件，是导致农民对于基层政府不信任的原因之一。“基础不牢、地动山摇”，优化基层公务员的素质、警钟长鸣，应该是一项须臾不可松懈的工作。

第二，这种农民对政府不信任（主要是对于基层公务员的不信任感）的状况在反腐败力度加大之后，大有改观。大部分农民们认为：政府这次是动了真格的了：“老虎苍蝇一起打”，对于党的十八大之前不作为、乱作为、甚至于贪污腐败的官员们严惩不贷，让老百姓看到了政府反腐败的信心和决心，也在一定程度上，有可能避免之前所述的“塔西佗陷阱”，但是这种曾经出现的现象与苗头应该引起我们的思考及高度的重视。

### （二）“未富先老”与少子高龄化加剧了养老困境

中国是人口老龄化最严重的国家之一，今后乃至很长一段时间，都将面临“未富先老”现象的严峻挑战。原因之一首先是人口基数过大，老龄化规模大。其次是人均寿命普遍延长，尤其是东南沿海部分一线城市，例如上海，其人均预期寿命已经超过了个别发达国家的平均水平。根据2019年世界银行数据库数据显示：1949年，中国人均预期寿命只有35岁，到了1960年，这一数据为44岁，而到了2016年，全国人均预期寿命达到了76岁，2018年，这一数据进一步达到了78岁。[1] 从1949年的人均预期寿命35岁到2018年的78岁，一方面说明随着经济社会的发展全国人民的健康水平有了很大提高，政府在医疗保险完善与改革方面成效显著。另一方面也使得社会保险体系面临前所未有的挑战，这是一个问题的两个方面。再次，虽然GDP总量已居世界第二，但是就人均而言，依然是发展中国家人均水平。最后，实行了近四十年的计划生育政策，导致的结果就是少子高龄化以及家庭养老功能的弱化。因此，“未富先老”以及由此引发的老年人口养老问题，将是社会保障面临的严峻挑战。需要补充的是，2016年1月开始实行“一对夫妇可生育两个孩子政策”，这就宣告了中国政府从1980年开始、推行了35年的城镇体制内独生子女政策寿终正寝了，尽管实行三年之后并未出现一些人起初所预想的“生育高峰”，但是这无疑将会对于摆脱少子高龄化家庭的养老困境起到一定的作用。

### （三）经济发展速度放缓与国民需求被放大

如果说经济学是以研究资源的稀缺性为主题的话，那么，哲学则是研究人以及人类本性的。无论经济学模式如何精巧完善，总也解决不了资源总量有限这一难题；同样，无论哲学理论多么深刻前沿，在解决人性的问题（当前主要表现为人们日益膨胀的消费欲望）面前，却总是显得苍白无力。这既是哲学的迷茫，也是人类的困惑。英国经济学家、人口学家马尔萨斯曾经在他的著作《人口论》中认为：所有人类问题的根源都出于人类的本性。西方主流经济学家也认为经济学的研究对象是资源的稀缺性。资源的稀缺性、有限性是相对于人类的无限欲望而言的。正因为如此，人口的不断繁衍、科技的不断进步、经济的不断增长，人类对于自然取得的胜利越来越多，这进一步助长了人类无所不能的狂妄与自大，人的欲望也被不断激发和放大。

按照世界银行的结论，中国当前已经进入了中等偏上收入国家的行列，而且，已经进入了耐用消费品消费国家的行列，这意味着中国人的消费欲望被大大激发。这是改革开放以来经济持续快速发展的结

① 数据来源：世界银行2019年数据库。

果。对于中国社会保障制度而言，20 世纪 80 年代中期以来四十多年的快速发展期，是以改革开放以后经济发展的高速度作为支撑的，这种快速扩展刚性增长也是国际上广泛认同的一个发展趋势；尽管存在诸多问题，但取得的成就是巨大的。不过这种成就的背后潜伏着经济迅速扩张诱发人的欲望的膨胀，这种膨胀对未来的发展提出了超高要求。然而，欲望高度膨胀，“现实却很骨感”。“伴随经济发展进入新常态，国民经济增速已从 20 世纪的二位数下降到一位数，近年来更从 8% 以上降到 7% 左右，财政收入增幅也从曾经的 20% 以上降低到个位数。因此，国家财政收入增速减缓与国民福利快速增长已成为现实矛盾。”① 这将是社会保障制度不得不面对的一个严峻挑战。

**（四）法制不健全与法治生态荒凉并存**

正如著名法学家卡多佐所说，法律就是一位旅行者，必须准备翌日的旅程。社会保障法治生态需进一步优化。《中华人民共和国社会保险法》虽然已经出台，《社会福利法》和《社会救助法》也是呼之欲出。《社会保障法》从有法可依到有法必依，再到执法必严和违法必究，是法治化进程的必然，同时也是社会保障法治环境不断优化的过程。这对于社会保障制度法治环境的改善和社会保障法律体系的建设都具有十分重要的意义。然而，要切实做到“有法可依、有法必依，执法必严，违法必究”，尚需假以时日。

因此，一方面社会保障制度需要加强顶层设计与“摸着石头过河”相结合；另一方面，更加需要对于中华人民共和国成立至今社会保障建设进程中的价值理念问题进行学理反思，这样才能为加强社会保障学科科学化、完善社会保障制度改革奠定坚实的理论基础。

---

① 郑功成：《中国社会保障改革面临四大问题与五大挑战》，2016 年 2 月 17 日，光明网理论频道。

# 第四章　中国社会保障价值理念的回顾与反思

从社会保障制度的历史沿革、现实困境以及存在的问题来看，当下社会保障制度的法治化程度较低且制度模式尚未定型等问题的存在，除了与经济发展的不平衡状况、制度的路径依赖以及法治化进程相对滞后等原因有关外，其中一个制约因素在于社会保障的价值理念存在模糊不清的问题。加快中国特色社会保障制度建设，深化社会保障制度改革，除了要在实践层面、技术层面不断推进制度、体制、机制改革外，一个重要方面是需要反思社会保障的价值理念，增加对于社会保障的意识形态投资，一方面提高民生福祉、进一步提高政府公信力，另一方面需要建构国民对于社会保障的理念共识。形成引领制度导向的价值共识和推进制度建设的多元合力。

## 第一节　社会保障制度的价值理念回顾

中华人民共和国成立 70 多年来，大致来说，社会保障制度的价值理念经过了三个不同的阶段。价值理念一般来说可以分为两部分：建制理念与政策取向。

社会保障价值理念的嬗变并没有明显的时间界限，但是，从社会保障制度改革进程中明确提出的政策取向中，却能够发现社会保障价值理念嬗变的轨迹与内在规律，因此，从政府出台的一系列政策法规以及社会保障措施的明显变化，我们将社会保障制度的理念嬗变大致划分为三个不同的阶段。

## 一　“低效率的平均主义”阶段

从中华人民共和国成立到改革开放前夕。这一阶段初期，新的政权刚刚建立，社会保障制度既受到政治制度方面高度平等政治诉求的影响，同时也受到高度计划经济时期相当低下的经济水平的约束。社会保障制度与政策取向表现出一种“低效率的平均主义”。[①] 这一时期社会均质化程度较高、人们收入水平差距不大。

## 二　“效率优先、兼顾公平”阶段

从改革开放开始到20世纪末期。这一阶段，以经济建设为中心，市场经济建设取得丰硕成果，市场经济效应也逐渐显现，其中具有代表性的事件一是家庭联产承包责任制的实行，瓦解了农村集体经济的基础，进而使得以集体经济为基础的农村社会保障制度难以为继；二是20世纪80年代中期开始的国有企业改革，打破了国企内部长期存在的“铁饭碗”，失业下岗人员增加使得社会保障制度需求大大增加；三是20世纪90年代初期市场经济经过了合法性论证，进而实现了市场经济体制与社会主义制度在中国大地的首次结合。这三大重要改革动向都对于当时原有的社会保障制度供给提出了严峻挑战，城乡社会保障制度供给与制度需求之间出现严重的不均衡。制度改革成为时代需要和历史必然，城乡社会问题促使社会保障制度建设进程明显加快，增加社会保障的制度供给被提上议事日程。“效率优先、兼顾公平”的价值理念成为没有选择的选择。

就这一时期社会保障制度的建制目的来说，是“为了配套国有企业改革”，加快建设与经济发展水平相适应的社会保障制度。实际上就使得原本是一项基本制度的社会保障的建制理念仅仅成为一项改革措施的“配套工程”，这种建制理念带来的结果就是社会保障制度的参保对象仅仅以国有企业职工为主体，并未将其他类型的所有制企业

---

① 杨燕绥、赵国军、韩军平：《建立农村养老保障制度的战略意义》，《战略与管理》2004年第2期。

包括其中，造成了社会保障制度覆盖面的残缺不全以及不同所有制企业养老负担的不均衡。另外，在《中共中央关于建立社会主义市场经济体制若干问题的决定》中指出，社会保障包括社会保险、社会救济、社会福利、优抚安置、社会互助以及个人储蓄等六个方面，这就勾画了社会主义市场经济体制下社会保障制度的基本框架和蓝图，但是《决定》又指出，社会保障制度是“市场经济的五大支柱”之一，社会保障制度依然是处于附属地位，既然是附属于市场经济体制的一项制度安排，其价值理念自然就被裹挟和服务于市场经济“效率优先”或“效率至上”的运行逻辑。时至今日，在一些缴费性项目以及福利性社会保障项目当中，依然是收入高者政府与用工单位补贴也高，而收入低者则补贴低。这种现象至今依然没有得到改观。而且已经约定俗成为参保者既定的价值共识。

### 三 “公平、正义、共享”阶段

从20世纪90年代末年到21世纪以来，“城乡公共服务均等化”的提出成为农村社会保障制度进程加快的历史契机。1998年，社会保障制度被当成一项基本社会制度加以建设，标志性事件有三个方面：一是中华人民共和国劳动和社会保障部成立，这是全国社会保障的最高管理机关，就全国来说，结束了各自为政的现状，统一了社会保障管理机关。二是社会保障制度逐渐出现“去单位化”和社会化，目标是要建立独立于企事业单位之外的社会保障制度，社会保障社会化成为当时改革的一个基本动向，将社会保障的具体管理事务逐渐从企事业单位分离出来，由专门的社会保障经办机构负责。而这一时期社会保障的制度理念也开始发生变化：不再仅仅是为国有企业“配套”和“为市场经济服务”。这标志着社会保障价值理念开始由附属走向独立，社会保障由配套工程逐渐走向基本的、独立的社会建制。

党的十六大以来，党中央提出了科学发展观的战略构想。在社会保障方面，“加快社会发展，促进社会和谐，必须更加注重社会公平，妥善处理经济增长和收入分配的关系，不断完善社会保障、收入分配、公共教育和财政转移支付制度，坚持积极的就业政策，注重为农村和城镇低收入者提供更好的基本的公共服务，努力让广大人民群众共享改革发展成果。”①

党的十七大提出了“公平、正义、共享”的价值理念。强调初次分配和再分配都要处理好效率和公平的关系，再分配更加注重公平，并且确立了解决民生问题的五大目标：学有所教、劳有所得、老有所养、病有所医以及住有所居，这五大民生目标的提出，标志着中国政府对于社会公平的彰显。

党的十九大报告中明确提出“在幼有所育、学有所教、劳有所得、病有所医、老有所养、住有所居、弱有所扶上不断取得新进展，深入开展脱贫攻坚，保证全体人民在共建共享发展中有更多获得感，不断促进人的全面发展、全体人民共同富裕”。从而将民生目标从“五有”拓展为“七有”，丰富了民生目标的内涵。

## 第二节　社会保障价值理念研究中的倾向②

一般来说，社会保障的价值理念会经历一个从具体到抽象、从一元到多元、从工具理性到价值理性的嬗变，这既是西方成熟市场经济国家的发展历程所昭示，也是一个必然的趋势。但是就目前而言，对于社会保障价值理念嬗变规律的研究和把握，还需要进一步深化，需要对社会保障的学科视角、研究倾向、研究范式、研究假定、价值理念等方面的问题，做进一步的学理反思。

社会保障是一种社会制度体系。“制度是人类相互交往的规则。”③ 那么制定游戏规则的“规则”是什么？就是制度的伦理坐标、价值理念。如果要问在目前的社会保障研究中最缺乏的是什么？那很

① 胡锦涛：《不断深化对科学发展观的认识，努力开创科学发展观的新局面》，《十六大以来重要文献选编》（下），中央文献出版社 2008 年版。

② 本节内容笔者曾以《对当今社会保障理论研究中几个倾向的反思》为题在《开发研究》2015 年第 2 期上公开发表，在录入本书时候，做了部分调整和修改。

③ ［德］柯武刚、史漫飞：《制度经济学——社会秩序与公共政策》，韩朝华译，商务印书馆 2008 年版，第 35 页。

可能就是理念。在一项研究中，理念表现为目标、原则、立论的根据，逻辑的原点。[①] 尽管社会保障的价值理念、制度伦理是一个具有重大意义的基础性理论问题。“在社会福利体系之内，人们无法逃避各种价值选择。”[②] 然而，社会保障价值理念研究方面却存在“过冷”现象，对于社会保障制度与对策的研究成果相对丰富，而审视社会保障制度伦理、追问社会保障价值理念的成果并不多见，社会保障研究中存在着理念“赤字”。由于价值理念的模糊与扭曲，在实践中延缓了中国社会保障的制度定型。实际上，“不但政策全与价值标准有关；就是讨论政策问题的人，也持有自己的价值标准（有人称之为偏见）。但是，无论如何称谓，社会科学——特别是经济学和社会学——明显不是价值中立（value free）的，永远也无此可能。”[③] 目前社会保障研究中不但缺少了对于社会保障本身的制度伦理、价值理念与政策取向的研究，而且对于社会保障制度、政策制定者的价值观念导向与定位的研究也同样缺乏。与这一“过冷”现象形成鲜明对比的是，中国社会快速转型、阶层剧烈分化、社会问题凸显的现实，使得社会保障已经不折不扣地成为社会的“热点”问题：自 2010 年以来，在全国“两会”召开期间，“社会保障问题”连续多年在“公众关注的热点问题”热度排行榜上稳居榜首，这一现象既反映出国人对生老病死等问题的群体焦虑，也反映出公众对社会保障的高度关注与热切期望。社会保障问题本身的“热”与社会保障价值理念研究的“冷”形成鲜明对比，这种现象与社会保障研究中存在的一些理论倾向是一脉相承的，评析这些理论倾向、探究社会保障的价值理念，将有助于我们建构中国特色社会保障理论，加快更加公平、可持续的社会保障制度定型，就目前而言，社会保障价值理念研究方面还存在以下几个方面的倾向。

---

① 景天魁：《中国社会保障的理念基础》，《吉林大学社会科学学报》2003 年第 3 期。

② ［英］理查德·蒂特马斯：《社会政策十讲》，江绍康译，吉林出版集团有限公司 2011 年版，第 99 页。

③ ［英］理查德·蒂特马斯：《社会政策十讲》，江绍康译，吉林出版集团有限公司 2011 年版，第 99 页。

## 一 理论研究的弱化——重技术轻理念的研究倾向

社会保障学是在多学科基础上发展起来的一门新兴的、交叉性、应用性学科，因其多学科属性，具有不同学科背景的研究者均可涉猎，这原本有助于从不同的视角深化对社会保障问题研究，然而近年来，社会保障研究存在过度的“实证化”与“经济学化”的倾向。出现这一倾向的原因在于：就目前中国社会而言，社会转型使得社会保障制度供给与制度需求失衡，一方面，高校社会保障专业硕士、博士生逐年开招，研究社会保障的人员日增，绝大多数高等院校及科研机构，往往会将教师与研究生发表文章的数量作为年终或聘期考核的一个硬性指标，教师、硕博士以及其他科研人员必须不断地写文章并发表，才能完成科研任务，写文章的人很多，而目前相关期刊发表文章的数量有限，一旦没有多少新的思想和选题来研究时，大部分研究者就会注重论文写作技巧。因此，经济学、数学、统计学的研究方法就成为一个筛选文章的门槛。一些期刊把高等数学的运算逻辑和严密推理作为遴选录用文章的标准，这样一来，往往一些运用了数学模型、参数、公式、计算、推理的文章更容易受到编辑老师的青睐而予以公开发表，而这种标准、导向则进一步激励着研究者研究趋势的实证化、数学化。

有一年，作者受邀参加一个全国性的社会保障学术会议，其中有一位“985”高校年轻的博导，在会上交流的时候说，他为了能在一个非常有名的C刊上发表一篇文章，专门在文章中罗列了复杂的高数模型（他自己的原话：其实根本没必要!），他自己都没太弄懂，估计审稿老师也没看懂，但是这篇文章后来顺利发表了，于是他摸着了门道：经常会写一些带有复杂数学模型、看起来有很严密、很完整的数据模型支撑的文章投稿，结果屡试不爽，这几乎是他写文章必发的一个秘诀，此言一出，满堂哗然……可见这种极为明显的数理化、技术化、实证化等形式主义的研究倾向、遴选论文的标准以及由此造成的形式主义的学术风气有愈演愈烈之势。相比较而言，对于社会保障学科体系、基础理论、价值理念等方面的研究成果则相对较为缺乏。

不能否认，经济学、数学、统计学类的实证研究结果，能够为制度决策提供数据支持，但是有些时候，规范研究就能解决的问题，却冠以经济学模型、假定与推理，一是把简单的问题搞复杂，把直观的问题搞抽象；二是经济学推理赖以进行的理论假设与模型，原本就有严格的限定条件与逻辑前提。经济学的那些模型不论怎么精巧，总是难以穷尽现实经济生活的变量，因此，也总是不能成为精确的预测工具。[①] 就目前的社会保障研究而言，我们绝不是说实证研究不必要，也不是对于社会保障领域中数理化、模型化、统计化的研究成果予以一概的否定，而只是说，目前在社会保障领域中，社会保障的学科体系、制度伦理、文化意义等还没有得到系统深入的研究，工具理性对价值理性的遮蔽尚未消除。正如郑功成所认为的："只有在先进的理念指导下，才能设计或选择出科学的制度安排；只有在科学的制度安排下，才能使合理的技术方案发挥正常的功效，进而达到预期的改革与发展目标。反之，理念不当，制度设计必定会出现偏差，制度设计一旦出现偏差，再合理的技术方案也不可能取得预期的成效。中国近30年来的各项改革事业，都证明了这应当是改革与发展进程中的一条基本规律。"[②]

就目前而言，社会保障研究亟须加强顶层设计与"摸着石头过河"相结合，实现制度的公平可持续，加快制度定型，要求我们在注重实证研究的同时，加强规范研究与基础理论研究，在注重社会保障技术层面研究的同时，更要关注社会保障学的学科体系建设以及制度伦理研究。构建真正符合中国国情、适合中国人的保障模式，进行总体性、综合性、学理性的研究，为构建中国特色社会保障理论与制度模式奠定理论基础。

---

① 李树：《经济学何以能够"帝国主义"》，《学术月刊》2009年第1期。

② 郑功成等：《中国国家综合减灾战略研究（三篇），综合防灾减灾的战略思维、价值理念与基本原则》，《甘肃社会科学》2011年第6期。

## 二 “理性经济人”的极端化——重经济学轻伦理学的学科倾向

“理性经济人”最早出自于英国古典经济学创立者亚当·斯密蜚声中外的经济学名著《国富论》。与“经济人”所不同的是，亚当·斯密在《道德情操论》里面提出了“道德人”的概念。由于“经济学帝国主义”的影响，经济学研究范式大行其道，造成了对于“理性经济人”的过度推崇，“道德人”似乎与市场经济格格不入，与现实社会渐行渐远，社会保障理念也是以“理性计算”为应然逻辑，例如缴费性项目里面规定的“多缴多得、少缴少得和不缴不得”成了天经地义的原则。在社会保障领域中，无论是制度设计还是理论研究，以“理性经济人”为基本假设的微观经济学研究范式被奉为圭臬，社会保障中的“经济决定论”甚嚣尘上，本该蕴含丰富人文精神、道义诉求的社会保障制度理念，却约定俗成地被“经济学帝国主义”所侵蚀，被现实社会实践所扭曲。经济学家阿玛蒂亚·森曾经说：“在经济学的发展历程中，由于人们只看到斯密在其《国富论》中论述资本主义生产关系，重视经济人的谋利心理和行为，强调‘自利’，却相对忽略了其在《道德情操论》中所重视的社会人的伦理、心理、法律和道德情操，从而曲解并误读了亚当·斯密的学说。”“其实，社会保障体系的理论支撑，借鉴马克思的实践理性方法论和世界观比借鉴西方经济理性的效率说和西方道德意志理性的公平说更具适用性。”① 在目前社会保障研究中，“理性经济人”的研究假设有被既定化的倾向。

人类社会最具普遍意义的基本利益关系是经济利益关系，社会保障主要涉及国家对经济利益等的再分配，而经济利益的获取与分配与伦理道德问题密切相关，在传统文化中，“君子喻于义、小人喻于利”、“重义轻利”的观念曾经作为古代知识分子的人格修养标准而受推崇，即“道德人”这一理念并不为西方所独有，早已是中国封

① 李怡、宋军：《对西方和马克思社会保障理论的现代诠释》，《马克思主义研究》2009 年第 12 期。

建社会知识分子的理想人格准则。1840 年以后，在西方列强打击之下，救亡图存的民族大义成为时代主题，扭曲的现代化进程使得“义利之辩”被暂时搁置。中华人民共和国成立后，国家、集体利益高于一切，高度的计划经济体制强调集体利益而忽视了人们的个体利益。20 世纪 90 年代市场经济体制改革开始，中国人久被压抑的物质利益欲望被空前激活，“天下攘攘，皆为利往”，成了国人生活的真实写照。“经济人”的自利行为具有了理论与道义上的合法性。然而，需要注意的是，我们在强调个体利益合理性的同时，矫枉过正，从“漠视个人利益”的极端走向了“个人利益至上”的另一个极端，从推崇“集体人”、“道德人”的极端走向了向往“个体人”、“经济人”的另一个极端。

诚然，经济人的本性是“自利”，而道德人则兼有“利他”，自利和利他都是市场经济中的人性根源，自利是市场经济的内在动力，利他又以自利为前提；自利和利他都有其存在的合理性。斯密在《道德情操论》中说：“无论人们会认为某人怎样自私，这个人的天赋中总是明显地存在着这样一些本性，这些本性使他关心别人的命运，把别人的幸福看成是自己的事情，虽然他除了看到别人的幸福而感到高兴以外，一无所得。”① 与自利相比，利他是一种更加超越的价值追求，“利他”除了出于人之本性以外，更需要伦理的熏陶、理论的引导，需要制度的规约、法律的强制，才能在市场经济的运行逻辑下幸存。很长一段时间以来，功利主义大行其道，经济学研究范式所向披靡，而且侵蚀到与经济学密切相关的社会保障。“经济决定论”甚嚣尘上，“经济人”的理性算计成为社会保障研究既定的逻辑前提，“道德人”丧失了应有的理论空间。社会保障是通过国民收入再分配的方式，缓解社会紧张、消除社会风险、增进国民福祉、实现社会公平的制度安排，是对初次分配的纠偏，也是对市场经济“良心”的匡扶。然而，原本以“纠偏”为己任的社会保障，自身却被制度化地“纠正”了，长期以来，社会保障价值理念约定俗成地遵从了市

① ［英］亚当·斯密：《道德情操论》，商务印书馆 1998 年版，第 92 页。

场经济的运行逻辑。从一定程度而言，中国社会保障制度不但失去了应有的意识形态视角，而且其应有的伦理内涵、价值坐标与文化意义尚未阐发。因此，重建社会保障的价值理念与伦理坐标，倡导社会保障制度德性的理性回归具有深远而重要的意义。

## 三　核心理念的扭曲——重效率轻公平的价值倾向

与理性经济人的甚嚣尘上相一致，与重经济学、轻伦理学的学科倾向相呼应，在社会保障领域中存在着效率至上的价值倾向。作为制度安排的社会保障，必然蕴含着一定的道义诉求与伦理价值，在诸多相关的价值抉择中，公平与效率是一对相辅相成的矛盾，又是社会保障价值理念绕不开的一对价值范畴，与社会保障如影随形。就公平与效率理念本身而言，并无好坏之分，都是人们所追求的价值，只是在经济发展与社会保障中何者居主导地位的抉择有所区分。

在市场经济体制改革之前，长期实行的是高度集中的计划经济体制，与计划经济一体两面的是平均主义的极度盛行，造成了效率的损失，市场经济体制改革大幕开启后，由于市场经济天然就是竞争经济、效率经济，因此，“效率优先、兼顾公平”具有了天然的合法性与现实的紧迫性，而这一理念也由学者在1985年的调查报告中提了出来的。[①] 20世纪80年代中期，与经济体制改革相伴而生，社会保障制度的改革如期而至，社会保障制度改革一开始，其建制理念是“为了配套国企改革”、“是市场经济的五大支柱之一”，实行市场经济、提高资源配置效率，成了当时最迫切的时代命题。这种情况下，作为国企的配套措施和市场经济的重要支柱，人们理所当然地认为，社会保障遵从市场经济的运行理念——“效率优先、兼顾公平”是天经地义的。事实上，公平与效率这一对看似矛盾的价值，却有着内在的一致性：缺乏效率的公平，是一种低层次的貌似“公平”的平均主义，并不是真正的公平，而缺乏了公平的效率，则造成对效率的长

① 周为民、卢中原：《效率优先，兼顾公平——通向繁荣的权衡》，《经济研究》1986年第2期。

远的伤害。诺贝尔经济学奖得主阿瑟·奥肯说，“诚然，它不可能一劳永逸地解决这个难题，因为平等和经济效率之间的关系冲突是无法避免的。……或许这正是为什么它们互相需要的道理”——因此，阿瑟·奥肯主张：“在平等中注入一些合理性，在效率中注入一些人道。”①（“平等”与“公平”尽管含义不尽相同，但在作为“效率”这一价值取向的对立面时，其内涵高度重合，故为了论述的方便，暂且把“公平”等同于一般意义上的“平等”。）本身就说明它们之间不离不弃、相辅相成的特点。但是，这一对范畴，却又有着各自不同的适用领域。

市场经济是现代社会的动力机制，而社会保障制度则可以看作是现代社会的稳定机制，二者均具有自己的合法性界限，从价值理念来分析，社会保障与市场经济二者属于不同的范畴，市场经济目前已经成为现代社会的普适逻辑，是迄今为止人类社会发现的最有效率的资源配置方式，市场经济天然是效率经济、竞争经济。“效率至上”在市场经济领域里具有至上性。然而，社会保障则是以国民收入再分配的方式纠正市场经济中的社会不公，避免“赢家通吃”、“胜者全得”博弈现象的出现和蔓延，社会公平理念应居于优先层序。再者，社会公平包括了起点公平、过程公平和结果公平，市场机制本身无法保证竞争主体的起点公平、过程公平和结果公平。尤为严重者，正处于市场经济转轨时期，市场机制发育不全、市场竞争规则不完善等等，社会不公现象在当前阶段较为严重，实现社会公平就更加具有战略意义，作为稳定机制的社会保障，需要以社会公平作为核心价值理念。

### 四　“经济决定论”的影响——重经济制约轻文化模板的模式倾向

一般认为，社会保障与一个国家或地区的政治、经济、社会、文化等因素都密切相关，而经济因素往往被认为是决定社会保障制度最重要的因素。“经济是社会保障制度的决定性因素”这一论断在学术

① ［美］阿瑟·奥肯：《平等与效率》，华夏出版社 1999 年版，第 116 页。

界得到普遍认可。因为社会保障是用经济手段解决社会问题，达到政治目的之制度安排。制度化的社会保障是经济发展到一定阶段的产物，经济发展程度决定着社会保障的规模和水平，社会保障也表现为对经济福利的再分配。因此说“经济决定论”这一观点有其存在的合理性。然而，这一论断却有相应的前提条件：在社会保障的初创时期，经济因素不仅是重要因素，而且是决定性的因素，但是在社会保障模式建构、制度定型时期，可能真正起作用的就是文化因素、政治因素、伦理道德因素等。郑功成认为：文化多样性决定社会保障制度的多样性。尽管文化因素同样不可能替代其他因素，但立足于文化视角的社会保障研究，显然更具有历史的长度与厚度，更能够发现各国社会保障制度产生与发展的客观规律，对于当代世界唯一有着五千年悠久文明并从未中断传承的中国而言，这恰恰是其社会保障学界所欠缺的。[①] 许多经济发达程度相似的国家，并没有采取相同的保障模式；而世界上许多国家在建立社会保障制度时，并不是经济发展程度都达到了同样的水平，世界上也不可能有两个完全相同的社会保障模式。可见，经济是决定社会保障制度最重要因素这一论题也是有限定条件的，并不是在任何条件下都起作用。

鉴于此，虽然不能否认经济发展水平对社会保障制度的硬性约束，但是，也不应该对社会保障中的“经济决定论”过于迷信；否则的话，就会出现社会保障功能与目标的双重异化。当社会极度不公平、收入差距过大、阶层分化严重等问题凸显成为社会热点问题时，如果依然坚持“经济决定论”、“效率至上说”的教条，就有可能影响到社会保障模式的走向，偏离了社会保障应然的价值理念，进而影响到社会的和谐稳定。

## 五　“西方中心主义”的滥觞——重移植轻建构的范式倾向

社会保障作为一种理念文化，在中国古已有之、源远流长，而作

---

① ［韩］朴炳铉：《社会福利与文化——用文化解析社会福利的发展》，高春兰、金炳彻译，商务印书馆 2012 年版，第 2 页。

为现代意义上的制度文明，则一般认为发端于西方。滥觞于18世纪末期的“西方中心主义”在19世纪达到了全盛时期，影响至今：在学术研究中，存在着将西方社会保障思维逻辑、研究范式、话语体系普遍化的研究倾向，奉西方经典社会保障理论为圭臬，用西方国家开创的研究范式和理论框架来研究中国实践。西方国家在基本国情、社会结构、制度模式、文化背景与风俗习惯等方面存在诸多不同，如果简单地移植或照搬，则有可能是南橘北枳、水土不服。

“马克思是资本主义的病理学家”（孙中山语）。基于对资本主义批判的基础上，马克思揭示了资本主义必然灭亡的历史命运。如果说，“西方中心主义”是以资本主义的全球扩张为基本根据，那么，马克思的揭示则内在地包含着对“西方中心主义”的批判和否定。[①] 然而，由于西方资本主义国家在知识、经济、政治、文化等领域中依然处于“执牛耳”地位，当下的“西方”依然居于世界经济政治舞台的中心，是全球化以来世界政治、经济、文化规则的制定者，也是话语权体系的掌控者。因此，社会保障的理论体系与思维方式，依然没有摆脱“西方中心主义”的话语体系与思维逻辑。时至今日，用西方的社会保障理论解释、指导中国实践，或者寻找中国案例论证西方社会保障理论的研究均不少见，以西方经济学方法对社会保障进行实证研究更是蔚然成风。

中国是以马克思主义为指导的中国特色社会主义国家，马克思主义是中国特色社会主义核心价值体系的灵魂。纵观近年来社会保障理论的研究趋向：我们只是在近代以来的资本主义制度文明中寻找切近的解困方案，既忽略了人类文明历史的厚度与长度，又消解了马克思主义的意识形态视角。社会保障的研究成果，大多是西方话语体系与运思逻辑下的理论推演，马克思主义的指导地位在社会保障研究中被“虚化”。马克思主义方法论对社会保障的研究范式、理论体系与制度模式的建构依然缺位。

---

① 庄树宗：《政治合法性的祛魅：论破除西方中心主义的话语霸权》，《当代世界与社会主义》2013年第3期。

英国历史学家阿克顿（1834—1902）曾经讲过的“一个分粥的故事”：①

有七个人组成的小团体，其中每个人都是平凡而且平等的。他们没有凶险祸害之心，但不免自私自利。他们想用非暴力的方式，通过制定制度来解决每天的吃饭问题——要分食一锅粥，但并没有称量用具或有刻度的容器。这里有几种不同的分配方法：

一、指定一个人负责分粥事宜。很快大家发现，这个人为自己分的粥最多。于是又换了一个人，结果总是主持分粥的人碗里的粥最多最好。阿克顿的结论是：权力会导致腐败，绝对的权力导致绝对的腐败。

二、大家轮流主持分粥，每人一天。这样等于承认了个人为自己多分粥的权利，同时给予了每个人为自己多分粥的机会。虽然看起来平等了，但是每个人在一周中只有一天吃得饱，而且有剩余，其余六天都忍饥挨饿。大家认为这种办法造成了资源浪费。

三、大家选举一个信得过的人主持分粥。开始这位品德尚属上乘的人还能公平分粥，但不久他开始为自己和溜须拍马的人多分。

四、选举一个分粥委员会和一个监督委员会，形成监督和制约。公平基本做到了，可是由于监督委员会常提出各种议案，分粥委员会又据理力争，等分粥完毕时，粥早就凉了。

五、每个人轮流值日分粥，但是分粥的那个人要最后一个领粥。令人惊奇的是，在这个制度下，七只碗里的粥每次都是一样多，就像用科学仪器量过一样。每个主持分粥的人都认识到，如果七只碗里的粥不相同，他确定无疑将享用那份最少的。

社会保障制度究其实质，就是对于社会公共资源、社会财富的再

① 倪愫襄：《制度伦理研究》，人民出版社2008年版，第4—6页。

次分配，这个分粥的故事对于社会保障制度理念的启示至少有以下几个方面：

第一，人都具有自私的本性，权力会导致腐败，绝对权力会导致绝对腐败。所以权力不应该被垄断，而应该被约束和被监督，例如第一种分配制度。

第二，同样的人，不同的分配制度下，就会有不同的结果。

第三，制度是管用的，然而，制度也是一种成本，制度设计如果不合理的话（例如机构重复冗余），就会产生制度本身效率低下和资源的浪费。例如第二种制度以及第四种制度，这涉及管理幅度和管理层次的适切性。

第四，人情社会与法治社会的区别在于，前者容易受到人为因素的影响而后者则不会，人情社会向法治社会、制度化社会过渡，是现代社会的理性诉求，例如第三种制度。因此任何制度都需要有一定的制约与监督机制。

第五，如果制度制定得过于琐碎的话，也有可能造成对于效率的损害，例如第四种制度。

第六，制度的供给者与制度的需求者如果高度重合的话，这样制定出来的制度是最公平的，因为每个人都会害怕自己成为那个最小利益份额的享有者，例如第五种制度。

**小结**

当下社会前现代、现代以及后现代共时性在场，全球化、工业化、后工业化意味着中国社会保障制度建设进入了一个新的历史时期——“后改革开放时期”，我们正在遭遇到高度复杂的社会问题、碎片化的信息时代、价值多元的理念信仰、消费主义、效率主义的甚嚣尘上等现象，在中国进入新时代这一新的历史时段，通过社会保障价值理念的建构，我们迫切需要以习近平新时代中国特色社会主义思想为指导，实现社会保障理念创新，促进社会公平正义。从长远来看，社会保障是承载着增进社会福祉、实现社会公平、促进人性向善的制度安排，以马克思主义为指导思想的中国特色社会保障，应该有更加超越的伦理坐标、价值理念与文化意义。现代化不仅仅是物质层面的现代化，更是精神层面现代公民意识确立即人的现代化，最终实现人的自由全面发展，这是人类社会的终极归宿。随着中国特色社会主义现代化进程的不断推进，我们有理由期望，在不久的将来，一个更加公平、更可持续的社会保障制度将会向我们走来。

# 第五章　以马克思主义指导社会保障价值理念建构

由于西方现代意义上的社会保障起步较早，制度体系与法律法规相对成熟，加上社会科学领域中西方中心主义的话语逻辑，在社会保障研究中存在着一以贯之的经济主义、效率主义以及工具主义的研究倾向，在社会保障研究语义中则以移植西方社会保障研究范式为主，凡此种种，马克思主义在社会保障研究中的地位被虚置。中国是以马克思主义为指导的社会主义国家，马克思主义是社会主义核心价值体系的灵魂，随着建构中国化马克思主义社会保障理论话语这一时代命题的提出，研究马克思主义社会保障思想研究中存在的问题、探讨马克思主义社会保障思想的时代意义，是今后社会保障研究中一个重要的命题，本章将通过对于马克思主义社会保障思想的研究，简要阐述马克思主义社会保障思想的核心要义，探讨马克思主义社会保障研究中存在的问题，研究马克思主义基本原理与方法对于当今中国社会保障价值理念建构的指导意义，发掘马克思主义社会保障思想的时代价值，为建构当代中国社会保障价值理念寻找学术给养、学理支持及理论指导。

## 第一节　马克思主义与现代社会保障制度的产生

### 一　何谓马克思主义社会保障思想

开篇明义，首先需要搞清楚本章的研究对象，沿用俞吾金对“马克思主义”[①] 概念的内涵界定，我们认为“马克思主义社会保障思想”这一命题的理解同样包括两个方面规定：一是马克思本人提出的社会保障思想；二是马克思的同时代人和后继者结合各自的时代特征与地域特征，对马克思社会保障思想提出的解释体系。因此，对“马克思主义社会保障思想”这个理论命题也应该置于这两个规定上去理解。由于篇幅所限，本章内容主要是从第一个层面上，即狭义层面上探讨马克思的社会保障思想以及马克思主义基本原理对于社会保障的指导意义。

如果单纯从时间维度上来说，马克思本人在世时间与现代社会保险制度（即一般意义上的社会保障制度，下同）的制度实践擦肩而过：学术界目前一般把 1883—1889 年德国三部社会保险法的通过，作为现代意义上社会保障制度诞生的标志。众所周知，马克思于 1883 年辞世，如此看来，他本人有没有社会保障思想，对于许多人来说必然存疑，这样的话，“马克思的社会保障思想”就成了一个伪命题。事实果真如此吗？答案是否定的。

## 二　马克思主义及其指导下的工人运动催生了现代社会保障制度

马克思主义作为全世界无产阶级的精神武器，唤醒了工人阶级的斗争意识，工人运动的兴起造成了如火如荼的社会主义运动，冲击着资本主义社会的制度基础。在资本主义面临危机之际，以威廉皇帝和“铁血宰相”俾斯麦为代表的德国统治阶级被迫做出让步，出台了改善劳工待遇的系列措施，现代意义上的社会保障制度破茧而出。用俾斯麦的话来说，“只有现存国家统治政权采取行动，即由她实现社会主义要求中合理的、并与国家社会制度相一致的东西，才能制止社会

① 就“马克思主义”这一概念而言，俞吾金认为它主要有两个含义：一是指马克思本人提出的理论体系；二是指马克思的同时代人和后继者结合各自的时代特征和地域特征对马克思思想所提出的解释体系。详见俞吾金《差异分析与理论重构——马克思哲学研究中的方法论问题》，《中共浙江省委党校学报》2005 年第 1 期。

主义运动的混乱局面。”① 只要“给健康工人以劳动权，保证他们病有所医，老有所养”、“那些先生们（社会主义者）就会成为鸟的空鸣。”② 可见，“现代社会保障的建立既是无产阶级为争取自己合法权益而进行长期艰苦斗争的结果，也是资产阶级统治策略的变化，将其作为一种‘消除革命的投资’”。众所周知，19 世纪中期，马克思的《共产党宣言》发表，标志着马克思主义产生，也标志着世界无产阶级的斗争有了锐利的思想武器，马克思主义唤醒了工人阶级的斗争意识，工人运动随即兴起，造成了俾斯麦所说的“社会主义运动的混乱场面”，加快了德国社会保险制度的产生，催生了即将破茧而出的社会保险制度，以德国皇帝威廉与“铁血宰相”俾斯麦为代表的统治阶级，他们做了德国“社会主义者”要做而没有做的事情，自然使得“那些先生们（社会主义者）就会成为鸟的空鸣”。德国成为现代社会保障制度的发源地，应该说与马克思主义的理论启蒙及其指导下的斗争实践不无关系。

### 三 社会保险制度本身包含有社会主义的因素

社会保障制度的产生，不仅是德国统治阶级与工人运动妥协的产物，而且本身含有社会主义因素。例如当时任英国首相的张伯伦在试图仿效德国建立社会保障制度的时候，直接被他的反对派指责其施政纲领是“社会主义的”。而20 世纪 30 年代的美国社会保障制度建立过程中得到了同样的印证：当时临危受命、极力主张并通过历史上著名的《社会保障法》（*Social Security Act*）的美国前总统罗斯福，其新政措施中有国家干预、救济贫困工人等社会保障措施。1937 年 1 月 20 日，罗斯福在总统就职演说中的话“……检验我们进步的标准，不是看我们是否为那些绰绰有余者锦上添花，而是看我们能否使那些缺衣少食者丰衣足食。”进而被他的政治对手和记者怀疑为是否是一个“社会主义者”。

---

① ［德］迪特尔·拉夫：《德国史：从古老帝国到第二共和国》，德国慕尼黑出版社 MGX Hueber 1985 年版，第 159 页。

② ［德］查尔斯·多内尔·哈森：《1815 年以来的欧洲》，查尔斯顿：纳布出版社 2011 年版。

可见，资本主义世界最先产生现代意义上的社会保障制度，确实不是接受马克思主义理论的指导而致，却肯定是迫于马克思主义及其指导下的工人运动所逼。这从一个侧面说明了马克思以及马克思主义的“社会主义”理念，对于资本主义社会保障制度的深远影响。

### 四　社会主义的集体主义与社会保障价值理念具有内在的契合性

社会保障制度的实质是政府通过相关的制度安排，对于社会资源进行的重新分配，社会保障制度建立的初衷是政府通过调剂资源实现社会成员之间的互助与公助，彰显的是集体主义的价值理念，这与以“个人主义”、“自由主义”为价值准则的资本主义的伦理道德是背道而驰的。在当下及人们的思想观念中，“社会主义”一直是作为与“资本主义”的对立物而出现的概念，而实际上，在马克思主义的经典著作中，与“社会主义”高度一致的是“集体主义”而不是“资本主义”，而资本主义一直以来信奉的既不是集体主义，也不是社会公平，而是一以贯之的“自由主义”和“个人主义”，显然，社会主义的“集体主义与社会保障的核心价值理念社会公平”更具有内在的契合性和价值诉求的一致性。

## 第二节　马克思主义社会保障思想核心述要

### 一　马克思对“资本”的批判是认识现代社会问题的逻辑前提

马克思对于资本宰制逻辑的否定与深刻批判，是认识资本主义及其社会保障本质属性的逻辑前提，也是认识全球化时代中国社会主义市场经济时期社会问题的逻辑前提。什么是资本主义？不同的思想家各有评说，然而，以资本为主导却能概括资本主义的本质特征，现代资本主义社会就是一个被资本宰制的社会。“现代社会的本质是资本主义。我们的时代正在上演着资本的狂欢。”[①] 市场经济是现代社会的普适逻辑，是迄今为止包括中国在内的市场经济国家实现经济增长

① 王庆丰：《资本的界限——现代社会的合理性边界》，《求是学刊》2016年第1期。

的不二法门，市场经济究其实质可以看成是一个以“理性经济人”实现自身利益最大化的制度设置。市场经济的逻辑就是资本增殖的逻辑。“我们并非生活在一个现代化的世界，而是一个资本主义的世界。”[①] 几乎所有的西方社会保障思想都有一个基本前提，那就是，承认资本主义的存在是天经地义的。然而，马克思是从根本上否定这一前提的。“资产阶级在它已经取得了统治的地方把一切封建的、宗法的和田园诗般的关系都破坏了。它无情地斩断了把人们束缚于天然尊长的形形色色的封建羁绊，它使人和人之间除了赤裸裸的利害关系，除了冷酷无情的‘现金交易’，就再也没有任何别的联系了。……总而言之，它用公开的、无耻的、直接的、露骨的剥削代替了由宗教幻想和政治幻想掩盖着的剥削。”[②] 在资本的控制之下，现代社会的人与物均被高度异化。怎样彻底瓦解资本的逻辑，马克思认为必须把“资本”连根拔起，因为现代社会资本产生的根源在于“私有财产”，共产主义就是对于“私有财产”的扬弃。马克思尽管提出了解决问题一劳永逸的方法，然而，却不可能在当下社会立即实现。因为，放弃了资本也就意味着放弃了资本的正面作用，放弃了经济发展的原动力，这是现代社会所无法接受的。因此，既不放弃经济发展的原动力，又要将资本置于一定的约束与规训之下却又不被其运行逻辑所裹挟。“驯服资本的逻辑”比瓦解资本的逻辑更具可行性。“如果现代社会既不想放弃‘资本的增殖’这一经济发展的原动力，又不想堕入到‘欲望的狂欢’之中，那么，现代社会就必须恪守‘资本的界限’。”[③] 当今时代即学者们所说的“后改革开放时代”。“就是要制约、驾驭和驯服资本增值的逻辑，实现财富的合理分配和社会的公平正义，让资本为民生服务。”这是我们认识现代中国社会保障问题的逻辑前提。

马克思通过对于“资本”的分析，深刻而犀利地揭示了现代社会的本质。现代社会的本质是资本主义。尤其重要的是，马克思所揭示

① ［美］伊曼纽尔·沃勒斯坦：《沃勒斯特精粹》，南京大学出版社 2003 年版，第 137 页。

② 《马克思恩格斯选集》（第 1 卷），人民出版社 2012 年版，第 402—403 页。

③ 王庆丰：《资本的界限——现代社会的合理性边界》，《求是学刊》2016 年第 1 期。

的现代社会的本质，是我们分析和认识21世纪以来社会问题的逻辑起点。因为“在资本全球化的今天，资本的逻辑已经成为我们无可争议的生存处境”。“在‘后改革开放时代’，当代中国只有超越‘资本的文明’，才有可能真正建立起一种‘超越资本’的文明。”① 这是我们分析一切当今中国社会问题的时代语境。

## 二 马克思揭示了资本主义社会保障的工具性价值

马克思论述了资本主义社会保障工具性价值的思想，进而揭示了资本主义社会保障的目的。如前所述，马克思认为，在“资产阶级社会里，资本具有独立性和个性，而活动着的个人却没有独立性和个性”。② 资本家就是人格化的资本，劳动阶级是附属于资本的被奴役阶级。“在生产过程中，资本发展成为对劳动，即对发挥作用的劳动力或工人本身的指挥权”。③ 而“在工厂手工业中，工人是一个活机构的肢体。在工厂中，死机构独立于工人而存在，工人被当做活的附属物并入死机构”。④ 按照资本唯利是图的本性以及资产阶级的资本本性，根本不会去理会劳工的死活。但是，为了缓和阶级冲突、为了维持劳动者及其家属的最低生活，同时也是为了延续劳动力自身的再生产，资本家也不得不采取一些社会救济政策来救济、抚恤伤残职工以及处于贫困线下需要救济的人。“只要资本的力量还薄弱，它本身就还要在以往或随着资本的出现而正在消逝的生产方式中寻求拐杖”。在这里，马克思认为，社会保障就是在资本力量相对薄弱时候，缓解社会矛盾、帮助资本家渡过难关的一支“拐杖”。“而一旦资本感到自己已强大起来，它就抛开这种拐杖，按它自己的规律运动”。马克思揭示了资本主义社会保障的工具性价值。马克思说“需要救济的赤贫形成现役劳动军的残废院形成产业后备军的死荷重。……它和相对

① 王庆丰：《超越“资本的文明”：“后改革开放时代”的中国道路》，《社会科学辑刊》2013年第1期。

② 《马克思恩格斯选集》（第一卷），人民出版社2012年版，第415页。

③ 《马克思恩格斯选集》（第二卷），人民出版社2012年版，第198页。

④ 《马克思恩格斯选集》（第二卷），人民出版社2012年版，第227页。

过剩人口一起形成财富的资本主义生产和发展的一个存在条件”；“社会的财富越大……相对过剩人口（多余人口）或产业后备军也就越大。但是同现役劳动军相比，这种后备军越大，常备的过剩人口或者说，其贫困与其所受的劳动折磨成反比的工人阶层也就越大。最后，工人阶级中贫苦阶层和产业后备军越大，官方认为需要救济的贫民也就越多。**这就是资本主义积累的绝对的、一般的规律**。”[①] 马克思毫不留情地揭露了资本主义社会保障制度的本质，以及资本家实施社会救济的真正原因是自己实现剩余价值的需要。可见，资本主义社会保障制度的实质就是资本主义存在和发展的条件，是资本主义经济社会得以正常运行的工具。在资本主义社会，社会保障难以摆脱被支配的工具性地位，这是我们认识资本主义社会保障制度时不应丧失的马克思主义的意识形态视角。

### 三　马克思剖析了资本主义社会保障基金的真正来源

任何社会的社会保障制度或措施，总是需要相应的资金支持，这些资金从哪里来？在《哥达纲领批判》中，马克思在阐述社会产品分配时指出在分配之前应作三项扣除：“第一，用来补偿消耗掉的生产资料的部分；第二，用来扩大生产的追加部分；第三，用来应付不幸事故、自然灾害等后备基金或保险基金。”[②]

马克思在《资本论》第三卷里写道：“虽然在资本家个人看来，好像他真正能够把全部利润当做收入来消费掉。但他会在这方面碰到限制，这些限制以保险基金和准备金的形式，以竞争规律等形式出现在他面前，并且在实践中向他证明，利润并不只是个人消费品的分配范畴。”[③] 马克思认为，资本家不能将利润完全用于个人消费，而是将利润的一部分，必须充当保险基金，以避免“各种使他遭到损失的意外和危险”。马克思的论述至少包含了三方面的含义：一方面说明了社会保障制度的功能就是为了消除各种意外和风险；另一方面也说明了建立社

① 《马克思恩格斯选集》（第二卷），人民出版社2012年版，第77页。

② 《马克思恩格斯选集》（第三卷），人民出版社2012年版，第361—362页。

③ 《马克思恩格斯选集》（第二卷），人民出版社2012年版，第652页。

会保障制度的必要性，不仅要“为丧失劳动能力的人”设立基金，而且还要设立“用来应付不幸事故、自然灾害等的后备基金或保险基金”。第三，社会保险基金的本质来源是“利润的一部分”。从而揭示了资本主义社会保障资金来源就是工人所创造的剩余价值。马克思同样指出共产主义社会里社会保障资金来源是人民群众所创造的社会财富。

### 四　马克思论述了未来社会建立社会保障的必要性

拉萨尔在“德国工人党纲领批注”中提出的观点：“……第三，结论：而因为有益的劳动只有在社会里和通过社会才是可能的，所以劳动所得应当不折不扣和按照平等的权利属于社会一切成员。”① 马克思对此进行了逐条的、严厉的批判：“什么是劳动所得呢？是劳动的产品呢，还是产品的价值？……什么是‘公平的’分配呢？难道资产者不是断定今天的分配是‘公平的’分配吗？……属于社会一切成员？也属于不劳动的成员吗？”在对此进行了深刻批判的基础上，马克思提出了“社会扣除理论”。马克思这样写道：

“如果我们把‘劳动所得’这个用语首先理解为劳动的产品，那么集体的劳动所得就是社会总产品。现在从它里面应当扣除：

第一，用来补偿消耗掉的生产资料的部分。

第二，用来扩大生产的追加部分。

第三，用来应付不幸事故、自然灾害等的后备基金或保险基金。……

剩下的总产品中的其他部分是用来作为消费资料的：把这部分进行个人分配之前，还得从里面扣除：

第一，同生产没有关系的一般管理费用。

第二，用来满足共同需要的部分，如学校、保健设施等。和现代社会比起来，这一部分将会立即显著增加，并将随着新社会的发展而日益增加。”②

---

① 《马克思恩格斯选集》（第三卷），人民出版社2012年版，第358页。

② 《马克思恩格斯选集》（第三卷），人民出版社2012年版，第361—362页。

马克思的扣除理论所揭示的趋势已经被世界上社会保障制度发展实践所证实：当社会保障制度发展到一定阶段和一定水平以后，就会进入到以社会福利制度为制度主体的时代。这就意味着随着社会的不断发展，社会福利也会水涨船高，国家用于这一部分的投入也会越来越多。

“第三，为丧失劳动能力的人等等设立的基金，总之，就是现在属于所谓官办济贫事业的部分。”① 实际上，三是社会救助基金。马克思所说的这部分消费资料里所做的扣除，也就是为社会弱势群体建立的社会救助制度，这项制度既是最早产生的社会保障措施，也是现代社会保障制度重要的组成部分。

“……也就是说如果我们把工资和剩余价值必要劳动和剩余劳动的独特的资本主义性质去掉那么，剩下的就不再是这几种形式，而只是它们的为一切社会生产方式所共有的基础。”

马克思的“社会总产品扣除”理论，为一切社会所共有的社会保障制度勾画出了制度框架（社会救助、社会福利、管理费），也指出了一切社会形态都有建立社会保障制度的必要性。

马克思在其博大精深的思想体系中，包含着极为丰富的社会保障思想，我们也注意到，近年来有学者已经就此问题进行了较为系统和深入的研究，然而现有研究还存在一些需要注意的问题。

## 第三节　马克思主义社会保障思想研究中存在的问题

马克思主义哲学，是时代精神的精华，研究马克思主义社会保障思想，不是要追溯其原初语境，而是要按照马克思主义的科学方法论，直面时代问题，在建设有中国特色社会主义新的历史基点上，以马克思主义为时代坐标，以科学的方法指导中国特色社会保障事业的发展。许飞琼认为，当下对马克思社会保障思想的研究存在以下方面

① 《马克思恩格斯选集》（第三卷），人民出版社 2012 年版，第 362 页。

的误区：一是认为马克思是否定社会保障制度的；二是认为马克思并未论述过社会主义的社会保障；三是混淆马克思的商业保险理论与社会保障思想。[①] 除此之外，社会保障理论与实践研究中，马克思主义社会保障思想研究中尚存在以下几个方面的问题。

## 一 马克思主义社会保障思想被边缘化

在西方社会保障思想研究视域中，一般认为占据主导地位的主要有三大理论流派。20 世纪是西方社会保障理论活跃与繁荣的时期。先后出现了民主社会主义学派、自由主义学派以及“中间道路”学派。[②] 占据主导地位的西方社会保障的三大理论流派分别是国家干预主义理论流派、经济自由主义理论流派以及中间道路学派。[③] 也有学者认为是两大理论思潮：西方社会保障理论的产生和发展，始终围绕着国家干预主义和经济自由主义两大思潮的兴衰而发展演变。[④] 但是，无论是两大理论流派说还是三大理论思潮说，无一例外，马克思的社会保障思想在主流的社会保障理论视域中是不被重视的。

170 多年以前，基于对资本主义深刻批判的基础上，马克思、恩格斯创立了马克思主义，没有对于资本主义的深刻批判，就不可能有马克思主义的诞生；100 多年前，列宁得出如下结论：“帝国主义是资本主义的特殊历史阶段。这种特殊性分三个方面：（1）帝国主义是垄断的资本主义；（2）帝国主义是寄生的或腐朽的资本主义；（3）帝国主义是垂死的资本主义。”[⑤] 宣布了资本主义即将寿终正寝。然而，时至今日，一百多年过去了，资本主义没有消亡，依然是国际政治经济舞台上的“主角”。现代社会的本质依然是资本主义的。我们

① 许飞琼：《论马克思的社会保障思想及其时代意义》，《政治学研究》2013 年第 3 期。

② 陈志刚：《西方社会保障理论主要流派论析》，《湘潭大学社会科学学报》2002 年第 5 期。

③ 徐丙奎：《西方社会保障三大理论流派述评》，《华东理工大学学报》（社会科学版）2006 年第 3 期。

④ 郭殿生：《西方经济学中的社会保障理论批判》，《税务与经济》2005 年第 6 期。

⑤ 《列宁选集》（第二卷），人民出版社 1995 年版，第 704—719 页。

的时代正在上演着资本的狂欢。[①] 以社会保障制度为主体的社会福利制度[②]，在缓解现代社会问题、延续资本主义的经济繁荣与社会稳定中发挥了极为重要的作用。

与马克思主义在社会意识形态领域里的主导地位形成鲜明对比的是，“马克思的社会保障思想”处于被边缘化的境地。在已出版的社会保障学教科书中，马克思主义社会保障思想，一般只在讲授苏联国家保险模式时被寥寥数语带过，甚至于马克思的社会保障思想基本不做阐述。究其实质而言，目前学术界关于社会保障的理论思潮是一种“以西方社会保障为主体”的研究范式，由于西方社会保障制度起步早、法律法规相对完善等原因，事实上学术界存在着“西方中心论”，以及工业主义滥觞对社会保障研究的影响，马克思的社会保障思想以及马克思主义的基本原理，并没有在社会保障学的研究中获得应有的重视。因此对于马克思以及马克思主义经典作家的社会保障思想的来龙去脉、追本溯源方面的研究还存在较大的空间。既不能归之于自由主义，也不能归结为保守主义，更不能被冠之以第三条道路的马克思主义，在整个西方社会保障思想的研究中处于边缘化境地，马克思主义的指导地位被虚置。

## 二　马克思主义对社会保障的意识形态视角被消解

对于马克思对于现代资本主义社会保障制度批判与解构的关注，远远超过了马克思本人对于社会保障思想原创性建构的重视。在对资本主义深刻批判的基础上，1848 年《共产党宣言》发表，从而向全世界宣告了马克思主义的诞生，并且宣称：“资产阶级的灭亡和无产阶级的胜利是同样不可避免的。”[③] 时至今日，资本主义不但没有消

---

① 王庆丰：《资本的界限——现代社会的合理性边界》，《求是学刊》2016 年第 1 期。

② 在西方和在中国，社会保障与社会福利两个词的概念内涵是不相同的，西方一般认为社会福利包括了社会保障制度，而在中国，社会福利是作为社会保障制度的组成部分的，在这里，在讲到西方社会保障制度时，我们沿用西方对这两个词的概念内涵界定，即社会保障包含在社会福利制度之中，并且是社会福利制度的主体，因此，在后面的行文当中，将中国的社会保障制度等同于西方的社会福利制度。

③ 《马克思恩格斯选集》（第一卷），人民出版社 2012 年版，第 413 页。

亡，而且在国际舞台上仍执牛耳。被高福利所“浸润”的资本主义看起来更像社会主义，发展中的社会主义正在奋力追赶，试图与发达资本主义操控下的市场经济接轨，经过社会保障体系的“润滑”，劳资之间的矛盾似乎正在悄然“缓解”，社会主义阵营瓦解让“马克思主义过时论”和“意识形态终结论”甚嚣尘上，资本主义似乎因社会保障的调节将再续千年福祉的“神话”；“在混沌中我们正失去一种解读世界的视角，一种从马克思主义意识形态角度分析问题的能力。”①

目前而言，西方经典社会保障理论被奉为圭臬，一般强调马克思对资本主义社会保障制度的批判与解构，而忽视了马克思本人对于社会保障思想的原创与建构。马克思主义的意识形态视角被消解。马克思对于资本主义的批判入木三分，而对于资本主义的社会保障的批判同样深刻犀利：“济贫院是穷人的巴士底狱，穷人哪怕被饿死，也不会到济贫院里去。”从对济贫院的批判到对资本主义社会保险制度的剖析，无一不体现出马克思主义哲学的批判精神。即使到了后来资本主义国家逐渐改善了工人的社会福利待遇，但是马克思的批判并未终结，而是更加鞭辟入里：资本家在自己得到火腿的时候，也会扔给工人一根香肠。更进一步揭露了资本主义社会保障制度的阶级属性与虚伪性。马克思所处的时代，正是资本主义历史上最野蛮、血腥的时期，他的愤怒是工人阶级强烈要求的体现，这种深入骨髓的批判，应该置于特定的历史条件中去理解。

基于此，通常认为，马克思的科学社会主义是基于对资本主义批判的基础上产生的，因此，马克思对于资本主义萌芽时期的社会保障制度主要是以批判与解构，而不是相反。但是，资本主义社会的种种弊端，并不是由于社会保障制度本身的造成的，而恰恰是资本主义制度本身，由于资本主义制度内在的不可克服的矛盾，才使得附属于资本主义制度上的社会保障表现得不尽如人意。笔者认为：不能认为资

---

①　陈玉照、刘鹏：《社会保障：一个并非超越意识形态的领域——社会保障“超意识形态论”批判》，《华东经济管理》2012 年第 4 期。

本主义社会保障制度是资本主义资本宰制逻辑的帮凶，恰恰相反，正是因为有了社会保障制度的存在，资本主义社会才有了存在下去的可能性，才使得资本主义社会不至于过分狰狞，这是问题的一个方面。问题的另一方面在于：破与立原本就是不可分割的矛盾统一体，事实上，马克思在对英国济贫制度批判的过程中，就已经孕育着对未来社会里社会保障制度的建构，在《哥达纲领批判》一文中，就尖锐批判了资本主义制度社会保障制度的虚伪性、欺骗性。进而深刻论述了未来社会建立社会保障制度的必要性。

### 三　马克思主义基本原理对社会保障宏观指导被忽视

马克思的社会保障思想对于社会科学的深刻影响力，既要了解马克思的社会保障思想产生时候的原初语境，又不能照搬马克思在他所处的时代，就资本主义社会保障所做的个别观点与一般性结论。这是马克思社会保障思想重要的理论价值。“马克思主义的方法论，如辩证法、唯物史观、阶级分析方法等本身对自然界和社会发展具有极强的解释力，至今仍有着很强的生命力。”① 从方法论的角度来说，马克思社会发展的基本原理中具有丰富的社会保障思想：例如马克思的社会主体性原理、马克思的所有制理论、马克思的按劳分配原则、按需分配原则，马克思主义关于人的解放理论，马克思的社会发展的阶段性原理、马克思的社会发展动力原理、马克思的社会发展多样性原理等等。马克思的这些基本原理对于社会基本制度建设，尤其是社会保障作为一项基本制度安排的现实启迪以及方法论意义等，对于社会保障制度建设具有重要意义，在社会保障学术界没有得到应有的重视，而对于马克思或者后来的马克思主义者社会保障思想的研究，目前主要还是注重马克思对于资本主义社会保障的批判及其原初话语、个别观点。这是今后中国社会保障研究中需要注意的重要问题。

---

① ［英］戴维·麦克莱伦：《卡尔·马克思传》第三版，王珍译，中国人民大学出版社 2005 年版。

### 四　马克思与马克思主义者的社会保障思想尚未厘清

马克思、恩格斯、列宁以及马克思主义者的社会保障思想与马克思主义社会保障思想的关系还需要进一步厘清与研究。将“马克思主义社会保障思想”混同为“马克思、恩格斯的社会保障思想”。俞吾金认为：“差异性分析”与“本质认同”正好代表了思维中的两个不同路向。“本质认同”这种惯常的思维方法并不能取代“差异分析”。不同事物、不同问题的特性正体现在它们相互之间的差异中。就马克思主义的社会保障思想而言，就应该在研究对象上进行厘清、界定：马克思本人的社会保障思想、恩格斯的社会保障思想、列宁在苏联经济社会实践中改造后的社会保障思想，以及后来首先出现在苏联的国家保障模式的建立，是否完全依据了马克思的理论指导？抑或是已经被身为无产阶级革命家的列宁在实践中改造过的马克思主义理论。这种改造是否还存在着与马克思的理论初衷一脉相承的继承关系，目前关于马克思社会保障思想的研究中的诸如此类问题，均少论及。

社会保障学在中国是一门新兴学科，从理论与实践的创建来说，仅仅不足 40 年，一方面说明这一学科在中国的研究还有很大的空间，另一方面说明对马克思主义社会保障思想的研究还处于初级阶段。尽管对于马克思主义、毛泽东思想以及中国特色社会主义的社会保障思想均有涉猎与研究，但是迄今为止，系统研究马克思主义社会保障思想以及中国化马克思主义社会保障思想的著作实为罕见。有鉴于此，在以马克思主义为指导、构建中国特色的社会保障理论体系时，还要注意研究马克思主义基本原理对于社会保障的指导意义以及马克思主义社会保障思想的当代价值。

## 第四节　马克思主义指导中国社会保障价值理念建构论纲

正如学者许飞琼所说：“一方面，我们不能依靠马克思经典著作中的片言只语来推断马克思对资本主义社会保障的看法，而是需要置身于马克思整个理论体系及其所处时代来发掘并理解其社会保障思想；另一方面，我们也不能指望100多年前的马克思对今天的社会保障体系建设给出圆满的答案，而是要从他对人类社会发展大规律的科学判断及对未来社会公有制设想与分配主张中寻求指导。”[①] 马克思的社会保障思想在当代具有不可磨灭的时代价值，对于指导构建中国社会保障制度与理论具有重要的意义。

## 一 马克思的资本二重性原理启示我们要让资本为民生服务

当今，经济全球化是中国现代化已然面临的时代场域，经济全球化其实就是资本的全球化。资本的逻辑依然是我们这个时代的不二选择。有人将当代中国称之为“后改革开放时代”，简言之，改革开放前三十多年，是鼓励资本增值、建构市场经济逻辑，从而建构资本增殖逻辑的时代，而“‘后改革开放时代’就是要制约、驾驭和驯服资本增殖的逻辑，实现财富的合理分配和社会的公平正义，让资本为民生服务”。[②] 而以社会保险、社会福利、社会救助等制度为代表的社会保障制度，就是解决当下中国民生问题的制度载体。这也就是为什么全国两会召开期间，“社会保障”这一热点问题多年来连续高居“社会热点问题排行榜”榜首的原因所在。中国特色社会主义就是要寻求一条超越“资本的文明”的道路。“超越‘资本的文明’、驯服资本必须从两个层面对资本进行规范和制约：一是精神伦理层面，一是社会制度层面。这两个层面的建构是当代中国所必须解决的问题。”[③] 而社会主义核心价值观的建立，对于当代中国社会的发展而言可谓切中时弊、适逢其时，社会主义核心价值观从国家、社会、个人三个不同的层面提出了中国特色社会主义所需要的伦理道德规范，社会主义核心价值观既是对于中国优秀传统文化的创新性继承，也是

① 许飞琼：《论马克思的社会保障思想及其时代意义》，《政治学研究》2013年第3期。

② 王庆丰：《超越“资本的文明”：“后改革开放时代”的中国道路》，《社会科学辑刊》2013年第1期。

③ 王庆丰：《超越“资本的文明”：“后改革开放时代”的中国道路》，《社会科学辑刊》2013年第1期。

对于资本主义文明的积极“扬弃”。因此，当代中国社会保障价值理念建构需要以社会主义核心价值观为价值引领。

## 二　马克思社会发展阶段性原理要求中国社会保障必须从国情出发

首先，正确认识社会性质以及所处的发展阶段是认识一切社会问题的前提。马克思在《哥达纲领批判》中说：“在资本主义社会和共产主义社会之间，有一个从前者变为后者的革命转变时期。同这个时期相适应的也有一个政治上的过渡时期，这个时期的国家只能是无产阶级的革命专政。”① 中国共产党十一届三中全会提出至今依然处于社会主义初级阶段。“社会主义初级阶段理论”是马克思的社会发展阶段性原理与中国具体实践相结合产生的科学论断，是对于马克思社会发展阶段理论的创新，科学回答了在中国这样一个脱胎于半殖民地半封建社会的落后国家在没有经过商品经济的充分发展而直接进入到社会主义之后所必须经历的历史阶段问题。

迄今，依然处于社会主义初级阶段，不仅依然要面临从农业文明转型到工业文明的历史任务，而且还要经历从不完善的市场经济过渡到完善的市场经济、从传统社会向现代社会、后现代社会转型的多重复杂的历史阶段，这就使得其面临的情况更加复杂，面临的社会建设任务更加艰巨，这是当下全面建成小康社会、建设有中国特色社会主义社会所要面临的时代语境。这就要求在完善中国特色社会保障制度以及建构中国社会保障价值理念时，坚持从中国国情出发的原则。

其次，坚持基本国情，要求社会保障制度的发展水平，必须与本国经济社会发展水平相适应，既不能超越于经济发展阶段，也不能落后于经济社会发展阶段，否则的话，社会保障水平过高，会成为经济发展的沉重负担，并且会影响到制度的可持续发展；相反，社会保障水平过低、滞后于经济社会发展水平，就无法满足人民群众的基本生

① 《马克思恩格斯选集》（第三卷），人民出版社2012年版，第373页。

活需要，也会带来严重的社会问题。

最后，坚持基本国情，还需要给予国民社会保障预期以适度、理性、科学的引导，不能造成国民对于社会保障水平的非理性预期。原因在于：社会主义初级阶段的基本国情，将会是一个比较漫长的阶段，在这个阶段之内，作为国家承担主要责任的社会保障制度，所能达到的保障水平就是“保基本”，也就是说，社会保障制度仅仅只能满足社会成员基本的生活需要，“保基本”是其很长一段时间内的基本理念。当然，随着经济社会的发展，基本生活水平也会水涨船高，这是不言而喻的。而对于社会成员过高的、非理性的预期，就只能给予个人通过自己的努力去实现了，而国家则对于这种努力留有充足的发挥空间。至于基本生活水平的测度，则需要政府根据当时当地的社会平均工资的一定比例进行测算。

## 三　马克思社会发展道路选择多样性原理要求不能照搬西方社会保障模式

马克思的社会发展理论在当代仍然具有重要价值，它是关于社会发展规律的普遍性与发展道路特殊性相统一的理论。[①] 这一基本原理在中华人民共和国成立后对于中国基本道路的选择、社会主义建设道路的选择方面都发挥了指导作用。“毛泽东主席的最大功劳就是将马克思列宁主义的普遍真理同中国革命的具体实践结合起来。”[②]

就具体的社会保障制度道路而言，这一社会发展道路选择多样性的原理，依然对于中国社会保障制度模式的选择具有一定的启示与借鉴意义。一般来说，社会保障制度都是由政府负责建立的制度安排，根据政府在社会保障中的作用机制不同，目前世界上出现的社会保障模式可以分为国家保险模式、社会保险模式、福利国家模式以及强制储蓄模式。中国社会保障制度，虽然经过了 30 多年的发展，但是制度至今尚未定型。由于中国社会主义初级阶段的基本国情、中华民族

① 王维平、庄三红：《马克思主义基本原理当代价值研究》，中国社会科学出版社 2011 年版，第 235 页。

② 《邓小平文选》（第二卷），人民出版社 1994 年版，第 313 页。

独特的文化传统、超级庞大的人口基数、社会发展的不平衡性、中国特色社会主义制度等因素，使得中国社会保障制度的发展，不可能移植世界上任何一个国家和地区的社会保障模式，而只能是将马克思主义基本原理与中国具体实践结合起来，以满足人民的基本需要为目的，以中国的传统文化为理念精华，积极吸收和借鉴人类文明包括西方文明的优秀成果，走出一条具有中国特色的社会保障道路。就像社会保障制度中的养老保险制度，我们既不可能照搬高福利、高税收的福利国家模式，也不可能照搬新加坡的强制储蓄模式，而必须根据马克思主义的基本原理与中国的具体实践相结合，创造性地走出一条具有中国特色的社会保障道路来。就目前而言，养老保险制度以及医疗保险制度方面提出的社会统筹与个人账户相结合的筹资方式、以及新型农村社会医疗保险制度模式，都是在社会保障制度方面的创新性探索。

### 四 马克思社会发展主体性原理要求中国社会保障必须坚持以人为本

马克思的学说究其实质就是关于人的全面发展以及人的解放的学说。“追求‘每个人的自由发展’是马克思主义的精华。由注重‘物’到注重‘人’是当代世界人类文明发展的基本价值取向……”① 马克思的社会主体性原理表明：从古及今，历史是由人来创造的，社会是由人来推动和不断进步的，要推动历史不断进步，就要不断使人成为实现主观和客观相统一、理论和实践相统一、自由和必然相统一的主导力量，人是社会实践的主体也是社会实践的目的。

中国共产党十七大提出的科学发展观，其核心就是“以人为本”，以人为本既是对于马克思的社会主体性原理的理论创新，也是对于“以物为本”的超越和“扬弃”，集中体现了马克思关于人在社会历史实践中的主体地位，而且提出了处理人与人之间、人与社会之间以及人与自然之间相处的基本原则。社会保障制度关系到人与人之间、

① 常修泽：《当代“人”的发展问题论纲》，《改革与战略》2008 年第 8 期。

人与集体之间、人与社会之间的自助、互助、他助与公助，关系到人与人之间的关系、人的消费伦理、生态伦理等方面，因此，马克思的社会发展主体性原理要求我们在社会保障制度建制之中必须坚持以人为本。

## 五　马克思的国家保险理论要求中国社会保障坚持政府的主导地位

马克思在《共产党在德国的要求》一文中明确提出："建立国家工厂，国家保证所有的工人都有生活资料，并且负责照管丧失劳动能力的人。实行普遍的免费的国民教育。"不仅如此，恩格斯在《反杜林论》一文中更加明确地提出：在资本主义生活方式被消灭了以后"无产阶级将取得国家政权，并且首先把生产资料变为国家财产"。"……国家真正作为整个社会的代表所采取的第一个行动，即以社会的名义占有生产资料，同时也是它作为国家所采取的最后一个独立行动。"① 这种国家负责的思想在恩格斯的《共产主义原理》一文中得到进一步的阐发，在第十八个问题"这个革命的过程是怎样的？"中回答道："首先无产阶级革命将建立民主的国家制度，从而直接或间接地建立无产阶级的政治统治。"然后，恩格斯又系统回答了民主的国家制度的职能和采取的措施，其中包括对于儿童免费教育的规定："所有的儿童，从能够离开母亲照顾的时候起，都由国家出钱在国家设施中受教育。"② 恩格斯对于废除私有制提出了全面的、系统的措施。最后，恩格斯总结道："自然，所有这一切措施不能一下子都实行起来，但是它们将一个跟着一个实行，只要向私有制一发起猛烈的进攻，无产阶级就要被迫继续向前迈进，把全部资本、全部农业、全部工业、全部运输业和全部交换都越来越多地集中在国家手里。"③ 可见，恩格斯是极力主张由国家来实行全方位的管理职能、负责管理工人的社会保险在内的一切事务的。对

---

① 《马克思恩格斯选集》（第三卷），人民出版社 2012 年版，第 667—668 页。

② 《马克思恩格斯选集》（第一卷），人民出版社 2012 年版，第 304—306 页。

③ 《马克思恩格斯选集》（第一卷），人民出版社 2012 年版，第 306 页。

工人的保险事业实行完全国家化。由此可见，在马克思与恩格斯看来，国民教育事业、残疾人福利事业以及工人的社会保险事业等社会保障，应该“实行完全国家化”。马克思与德国社会保障制度实践擦肩而过，然而，这一国家（政府）负责的社会保障原则却在德国以及后来的苏联国家保险模式之中得到了充分的体现。

列宁是马克思主义理论的继承者、发展者，是马克思主义基本原理与具体民族国家实践相结合的光辉典范，列宁在苏联首创的国家保险模式也成为当时社会主义国家的标志。由于国家保险模式个人不缴费、待遇水平过高，本身存在着不具备可持续性发展的缺陷，随着20世纪90年代苏联的解体，由其所创立、并被东欧社会主义国家以及新中国成立初期所仿效的这一保险模式，也寿终正寝了，苏联的国家保险型社保模式不再被学术界所推崇。

客观而言，就社会生产力发展阶段而言，苏联时期以及中华人民共和国刚刚成立时期，生产力均处于极端低下的水平，并不能为社会保障制度的建立提供雄厚的物质基础。但是苏联以及新中国计划经济时期社会保障实践均有一个既定的理念误区是：既然社会主义是比资本主义更加先进的社会制度，那么，社会主义的社会保障制度也应该比资本主义社会保障制度更加完善，社会保障的福利水平也应该更高，而不顾苏联以及社会主义的中国实际上没有经过商品经济的充分发展阶段，因此，不可能为过于“慷慨”的社会保障制度提供坚实的物质基础，社会保障水平也会由于超越了经济发展阶段，一方面引发社会不公，另一方面也使得社会保障制度发展缺乏可持续性。因此，在社会保障制度的草创时期，为机关事业单位人员以及国有企业员工所建立的社会保障制度就没有个人承担缴费责任这一制度设计。

人们往往在总结国家保险型模式失败的原因的时候，将国家保险型社会保障模式难以为继的原因归结为指导思想的失误。然而，不得不承认的是，无论是世界上出现的哪一种社会保障模式，国家（政府）始终在制度创建与发展当中居于主导地位。“尽管苏联已经解体，东欧社会主义国家也已经易帜，社会主义在20世纪80年代后因多种原因遭受了挫折，但由国家通过立法建立社会保障制度却成为整个世界的共识。”[①] 这一点至今对于社会保障制度建设中政府主导地位的发挥，具有重要的指导意义。

## 六 马克思的辩证扬弃观要求以科学态度对待中西社会保障理论

人类的思想文化长河是从不间断的，马克思与恩格斯高举辩证批判的利剑，对于德国古典哲学、英国古典政治经济学以及英国法国的空想社会主义进行了辩证的扬弃，取其精华、弃其糟粕，进而形成了博大精深的马克思主义理论体系。这种辩证扬弃观对于我们今天形成具有中国特色的社会保障理论与价值理念，具有重要的启示意义。

首先，采取兼容并包、兼收并蓄的科学态度，积极扬弃西方社会保障理论与模式。既要鉴别与批判，又要继承与创新，即“扬弃”。马克思主义是人类文明发展史上结出的累累硕果，但是，正像任何一种思想都不可能是无根之木、无源之水一样，任何一种理论都是对一切人类文明成果的“扬弃”，需将马克思主义社会保障思想置于整个人类社会发展史的角度去研究。马克思的社会保障思想更是对前人社会保障酵素的超越与创新，在研究马克思主义社会保障思想的时候，既要研究其与经典社会保障思想之间的源流关系，又要格外关注马克思对以往社会保障思想做出创造性继承，进而在全面了解马克思社会保障思想来龙去脉、理论全貌的基础上，对马克思社会保障思想推陈出新，进行理论创新，坚持“洋为中用”，辩证对待并批判继承西方经典社会保障理论与实践。

社会保障作为古已有之而制度化于近代西方的一种制度文明，在中国社会保障模式建构过程中，坚持马克思主义与时俱进的理论品质，做到“洋为中用”。即正确进行文明学习借鉴。“文明因交流而多彩，文明因互鉴而丰富。任何一种文明，不管它产生于哪个国家、哪个民族的社会土壤之中，都是流动的、开放的。这是文明传播和发

① 许飞琼：《论马克思的社会保障思想及其时代意义》，《政治学研究》2013 年第 3 期。

展的一条重要规律。"[①] 在构建中国社会保障文化时，需要以马克思主义为灵魂，以中国传统优秀文化为主体，汲取借鉴西方社会保障中的文明精华。发扬西方社会保障理论中对于人类社会发展具有普适性的价值理念，而摒弃其以资本为主导、为资本服务的阶级属性，建构社会主义的社会保障理论体系。

其次，继承发扬中国优秀传统文化的现代价值。汲取中国古人的生存智慧，使现代社会保障制度与优秀传统文化实现有机结合。由于现代意义上的社会保障制度起源于西方，加上西学东渐以来欧风美雨的强劲风潮，社会保障理论西方化以及"超意识形态"化倾向，使得西方社会保障的价值理念、制度模式大行其道。然而，中国传统文化中丰厚的社会保障思想却被长期忽视。像古代传统文化中"民为贵、社稷次之、君为轻"的"民本思想"、以"孝"为核心的"尊老思想"以及"家庭本位"观念，对于现代社会保障的深层意蕴需要得到进一步的发掘。在马克思主义理论指导下，为异彩纷呈的社会保障制度奉献出独具特色的中国模式，为解决人类社会的现代风险贡献出独树一帜的中国伦理智慧，因此，需要坚持"古为今用"，继承发扬优秀传统文化的现代价值。

## 七 马克思的意识形态视角要求理性分析西方社会保障理论与实践

### （一）坚持马克思主义的意识形态视角，理性看待当今西方社会保障制度的发展与改革

由于市场经济这一资源配置方式一统天下，成为人类无可选择的选择，是现代社会的动力机制，社会保障就成为社会运行的稳定机制。市场机制在资本主义与社会主义社会并行不悖，社会保障制度在几乎所有的国家大行其道。劳资之间的关系似乎正在悄然和解，社会主义社会似乎也在一路狂奔向资本主义高福利靠拢。然而，问题的实

① 习近平：《从延续民族文化血脉中开拓前进 推进各种文明交流交融互学互鉴——在纪念孔子诞辰2565周年国际学术研讨会暨国际儒学联合会第五届会员大会开幕会上的讲话》，《党建》2014年第10期。

质在于，资本主义福利国家不可能超越其阶级本质，所实行的福利政策不过是资本主义国家功能在社会保障领域的贯彻，难以改变社会保障“被支配”的地位和命运。坚持马克思主义的意识形态视角，理性看待当今西方社会保障制度的发展与改革。因为资本主义社会的本质依然是以资本为主导的逻辑。“当前，中国正致力于发展中国特色社会保障事业，一方面，需要借鉴、汲取西方资本主义社会保障方面的有益经验；另一方面，必须高度警惕其阶级本性和破坏性作用，不能丧失在社会保障领域意识形态的批判视角。”①

### （二）坚持马克思主义的意识形态视角，形成具有中国特色的马克思主义社会保障理论体系

对马克思主义的社会保障思想进行深入、全面、系统的研究，并对马克思的社会保障思想进行科学系统的梳理和发掘，以马克思主义的方法论作为指导，立足于中国社会保障建设实践，形成具有中国特色的马克思主义社会保障理论体系，是坚持马克思主义社会保障思想指导地位的基本保证。今天，社会主义初级阶段的基本国情、全世界第一人口大国的严峻形势、已经汹涌澎湃的“银发浪潮”，无一不对中国起步较晚的社会保障制度提出了严峻考验，人口众多、社会保障总体不足的现实决定了中国社会保障制度理论与实践建构的艰巨性、复杂性。科学系统地研究中国化马克思主义社会保障理论，诠释马克思主义社会保障思想在中国的新发展、新成果。理论上，将是对人类解决现代社会风险提供重要的方法论指导，在实践上，对于解决日益严峻的社会保障问题意义重大。

以马克思主义为指导，要求我们实事求是，因地制宜，既不能照搬马克思关于社会保障的原初语境，更不能以西方社会保障研究范式为唯一样本，而是坚持马克思主义的基本原理，并将其与中国具体实践相结合，当前，要以社会主义核心价值观引领中国特色社会保障制度构建，探索适合中国人的社会保障模式。

---

① 陈玉照、刘鹏：《社会保障：一个并非超越意识形态的领域——社会保障“超意识形态论”批判》，《华东经济管理》2012 年第 4 期。

## 八 以社会主义核心价值观引领社会保障价值理念的建构

社会主义核心价值观是社会主义意识形态的主体，马克思主义是社会主义核心价值体系的灵魂，是中国共产党执政理念的高度浓缩，在各种价值目标中处于统摄和支配地位，对于全社会的各种理论、意识、思潮起着重要的引领、凝聚与整合的作用。中国特色社会主义的社会保障制度作为方兴未艾的一项系统工程，又是社会正常运行的稳定机制，以社会主义核心价值观引领社会保障制度价值理念的建构，应该成为需要遵循的一条重要原则。

制度是价值观的外在载体，价值观是制度设计的内在依据。社会保障是社会主义核心价值观的重要制度载体，因为社会保障自产生以来，即承载着消除贫困、保障公民权利、降低社会不平等和增进社会福祉、促进人性完善的积极作用。① 因此，作为制度的社会保障其伦理内涵与制度理念与社会主义核心价值观是一脉相承的。马克思说：如果从观念上来考察，那么一定的意识形式的解体足以使整个时代覆灭。② 马克思主义是社会主义核心价值体系的灵魂，与时俱进是其理论品质，社会主义核心价值观是在吸收人类文明的一切优秀成果的基础上产生的，指引着中国基本社会制度的健全和完善，分别从三个层面对于国家、社会以及个人提出了价值引领道德规约。社会保障是促进核心价值观培育的制度载体，以社会主义核心价值观引领社会保障价值理念建构，需要从国家、社会、个人三个层面进行价值引导。

## 九 马克思关于人的解放原理指明了社会保障制度的终极价值归宿

在漫长的人类思想发展史上，迄今为止，马克思主义第一次对于“人的本质是什么”做出了科学的界定。从个体角度来看，马克思关于人的本质的思想主要包括了三个方面的命题：人的本质是“劳动或实践”；

---

① 胡威：《社会保障制度及其政治价值原则研究——以社会正义为视角》，博士学位论文，吉林大学，2005 年。

② 《马克思恩格斯全集》（第 30 卷），人民出版社 1995 年版，第 540 页。

马克思批判了费尔巴哈把宗教的本质归结于人的本质。马克思这样说道："但是，人的本质不是单个人所固有的抽象物，在其现实性上，它是一切社会关系的总和。"① 人与动物的最大区别之一是人会劳动，人的劳动实践既是将人与动物区别开来的标志，也是人类不断走向文明进化的阶梯。马克思关于人的理论，系统阐述了人在社会经济发展过程中的地位和作用，马克思研究的不是原子式的独立个体，而是处于社会关系总和中的人，并且提出了处理人与人之间、人与社会之间以及人与自然之间关系的基本原则。马克思对于人的本质的科学论述，就将人置于特定的社会关系之中，为真正意义上"以人为本"的实现，奠定了理论基础。

马克思主义认为，从人类社会的发展进程来看，人类社会分别经过了以"人身依附"关系为代表的"人的依赖性"社会、以资本为主导的"物的依赖性"为基础的社会，以及未来将要进入的以"人的自由全面发展"为基础的共产主义社会。中国特色社会主义是以马克思主义为指导的社会主义，马克思提出了共产主义是人的本性的回归，因此，中国制定一切社会制度以及社会政策的最重要的原则就必须是"以人为本"。马克思主义社会发展理论的核心与终极归宿是人的全面解放——人的自由全面发展。作为制度安排的社会保障制度就要将"以人为本"作为制度理念的逻辑起点和坐标原点。——起因于人的觉悟，以制度为载体与过渡，归宿为人的自由全面发展。这是马克思从宏观角度对于社会制度价值理念终极归宿的论述。

综上，马克思的社会保障思想不仅是对前人源远流长的社会救济理论的批判性继承，而且在社会保障思想发展史上具有里程碑式的意义。马克思论证了社会保险制度建立的必要性，批判了资本主义社会中社会保障制度的虚伪性，阐述了社会保障资金的来源；深刻论述了资本主义社会保障的本质；在解构、批判资本主义社会救济制度的基础上，提出了建构未来理想社会保障制度的理念原则。学术界以19世纪末期德国社会保险制度的建立作为现代社会保障制度建立的基本标志，对马克思及其后来的马克思主义者的社会保障思想的重视程度

① 《马克思恩格斯选集》（第一卷），人民出版社2012年版，第135页。

有待提高，尤为重要的是，马克思的社会保障思想在方法论方面的重要价值也没有得到应有的关注和深入的研究。

## 小结

恩格斯在 1890 年致保尔·恩斯特的信中说："……至于您用唯物主义方法处理问题的尝试，我首先必须说明：如果不把唯物主义方法当作研究历史的指南，而把它当作现成的公式，按照它来剪裁各种历史事实，那它就会转变为自己的对立物。"① 马克思、恩格斯所创立的历史唯物主义既是历史观，也是方法论，是人类历史发展规律的科学总结，也是探索人类历史发展规律、研究人类社会发展过程的科学方法，与时俱进是马克思主义最重要的理论品质。对于当下方兴未艾的中国社会保障制度建设进程来说，不应该仅仅停留在马克思所提出的关于社会保障的个别观点与具体结论上，而是要运用马克思主义的基本原理与方法，指导中国社会保障的各项实践，在实践之中检验马克思主义的理论、创造性地发展马克思主义的理论，在将马克思主义的基本原理与中国实践相结合的基础上，建构中国化的马克思主义社会保障理论，一句话，把马克思主义基本原理而不是西方中心主义的话语作为社会保障研究的方法论指南，以此小结。

① 《马克思恩格斯选集》（第四卷），人民出版社 2012 年版，第 595 页。

# 第六章　当代中国社会保障价值理念嬗变的学理分析

任何一项社会制度都是受一定的价值理念支撑的，价值理念构成制度设立、改革与变迁的深层核心要素。所谓制度的价值理念是人们对于制度赖以产生、存在和发展的价值立场的认同和信念，是关于制度的缘起、功能、原则、宗旨、目标等问题的哲学思考与理性总结，是指导和规定制度建立、发展与改革取向的明确或隐含的价值准则，也是该制度所要实现的价值目标以及理应坚持的基本原则。基于某种价值理念而产生的制度安排，蕴含、折射并反映着特定的价值理念，而特定价值理念的形成与嬗变，同样会对制度产生价值导向作用。①

## 第一节　社会保障价值理念的内涵、地位及属性

纵观中国社会保障的历史演进，其价值理念也在不断革新与完善。研究和把握中国社会保障价值理念的嬗变及其取向，对于完善中国社会保障制度、建构中国特色的社会保障价值理念及理论，具有重要意义。

### 一　价值理念内涵：由单一到多元

社会保障制度实践与价值理念是一体两面的：制度是价值理念的载体，价值理念是制度的灵魂。中国社会保障制度是一个包括社会保

① 徐瑞仙：《社会保障公平价值理念的理性回归》，《天水师范学院学报》2009 年第 3 期。

险、社会救助、军人保障以及社会福利、家庭保障等方面在内的系统。

**（一）从纵向来看，组成社会保障体系的不同制度，其制度理念是随着社会的发展与时代的进步而与时俱进的**

例如社会救助制度是最早产生的社会保障形式，社会救助制度经历了由实物救助—现金救助—权利救助—能力救助的发展历程。社会保险制度起初仅仅覆盖工薪者阶层，随着制度建构由单一向多元、由简单到复杂、由残缺到健全，并且随着社会保障社会化的发展以及工业化进程的推进，社会保险制度将最终覆盖所有劳动者阶层。社会福利制度的实践发展历程同样体现了由补缺型的社会福利向以普遍性的、提高国民生活质量为目标的福利型社会福利过渡。总体而言，社会保障体现出从保障最低生活→保障基本生活→保障优雅生活、美好生活过渡的特征与趋势。随着社会保障制度体系的逐渐健全，与社会保障制度实践一体两面的价值理念内涵也愈益丰富完整，体现出由单一向多元的嬗变历程。

**（二）从横向来看，组成社会保障体系的不同制度，其制度理念是互不相同或有所侧重**

例如在社会保险制度中，养老保险制度坚持公平与效率相结合的制度理念，失业保险制度则是关爱弱者、分散风险，医疗保险注重扶危济困的理念，生育保险制度偏重妇女生育权、侧重关爱女性不因生育而使得收入降低进而造成事实上的男女不平等，工伤保险注重人道主义救助等。

**（三）就制度总体框架而言，社会保障制度的内涵与外延是不断补充与完善的，因此其价值理念也具有与时俱进的特点**

当前，我国社会保障制度已经由以社会救助制度为主体的“补缺型”时期过渡到了以社会保险制度为主体的“保基本”时期，现在正在向以社会福利制度为主体的时期过渡；这既是中国社会保障制度发展的基本趋势，也是社会保障制度由低水平阶段单一型、补缺型向高水平阶段多元型、综合型制度过渡的标志。

## 二　价值理念地位：由从属到独立

哈贝马斯曾经说过：现代社会已经分化为经济与社会两个领域，两者都具有合法性和自己的界限。[①] 市场经济是目前人类发现的最有效率的资源配置方式，是马克思视域中实现资本增殖的方式，社会保障是现代社会的制度安排，是消除社会不公的制度设计。如果说市场经济是经济发展的动力机制的话，那么，社会保障则是社会健康运行的稳定机制。将市场经济归属于经济学范畴天经地义，然而，将社会保障完全归结为经济学范畴则就是一种范式错误。因为经济领域是靠非人格化的市场机制调节的，而社会领域是靠道德和文化价值调节的。[②] 社会保障价值理念也经历了一个由从属到独立的嬗变过程。

1949 年中华人民共和国成立前，当时并没有真正意义上的社会保障，1949 年后在充当临时宪法的《中国人民政治协商会议共同纲领》中仅出现了一次的“劳动保险”，1952 年出台了《中华人民共和国劳动保险条例》，当时的“劳动保险”服从服务于高度平等的政治意识形态，构成了新政权诞生后百废待兴的养老、伤残、生育、医疗等事业的基本制度框架。计划经济下的“国家——单位保障”，并未实现真正意义上的公平与平等，但在同一阶层、同一制度板块之间则是高度的“平均主义”。社会保障价值理念被当时人们强烈要求平等的政治意识形态所裹挟，加之政治权力对资本力量的过度压制造成了对于经济效率的忽视与浪费，这一时期，总体而言，农村是以“五保供养”制度为代表的社会救济制度，而城镇则是机关事业单位以“供给制”、企业单位以“职工退休”等为主体框架的劳动保险制度。当时的制度架构是“一体两翼”的制度架构：以劳动保险制度为主体，以“五保供养”制度及“机关离退休”制度为两翼，这一时期社会保障价值理念是“低效率的平均主义”。要建立社会保障制度，资金来源是首先需要解决的问题。当时农村低水

① ［德］尤尔根·哈贝马斯：《包容他者》，上海人民出版社 1987 年版。

② 汪行福、李拴民、周建：《给市场经济一张人道的面孔——中国社会保障的规范与制度选择》，中国文史出版社 2005 年版。

平的“五保供养”制度，其资金来源是农村集体所有制下的“农村集体公社”；而机关事业单位职工退休费用的资金来源是国家，企业职工退休后退休费用由原有企业承担，但是，由于计划经济体制下的国有企业不存在破产的风险，（即便破产，也有国家最后兜底。）所以这些企业退休职工退休费的最终责任人还是国家。这种国家大包大揽的资金筹资模式，缺乏了相应的资金积累及长期规划，在共和国建立初期，由于就业职工数量大大高于退休职工、新诞生的政权暂时没有养老负担而将“资金来源不具有可持续性”的弊病一再遮蔽，随着时间的推移及第一批、第二批到龄退休职工的逐步出现，这一国家承担最后责任的筹资模式的退休金制度，在经过了30多年的发展之后由于资金的难以为继而出现相应的问题了。因此，这一时期社会保障制度，高度的均质化社会使得人们的收入差距极小，基尼系数很低，贫富分化现象尚未出现，计划经济的运行使得社会保障的价值理念呈现出“低效率的公平”。

20世纪80年代中期国有企业改革开始，社会保障改革与之同步，其制度理念定位是“配套国企改革”；20世纪90年代市场经济体制改革大幕拉开，社会保障价值理念又被市场化潮流所裹挟。“效率优先、兼顾公平”成为经济领域中的金科玉律，社会保障也被确定为是“市场经济的五大支柱之一”，其理念也约定俗成地遵循了市场经济的“效率优先、兼顾公平”。

20世纪90年代末开始，社会保障被作为一项基本制度加以建设，2002年中国共产党在十六大上提出“全面建设小康社会”，将“社会建设”置于尤为重要的地位，社会保障制度作为一项基本制度的相对独立地位进一步确立，随着社会建设作为相对独立领域建设步伐的加快，社会保障进入“关注社会公平的新时代”。党的十七大提出“更加注重社会建设，着力保障和改善民生”。党的十八大提出“公平正义是中国特色社会主义的内在要求”。公平、正义、共享成为社会保障的核心价值理念。

由从属于政治领域的“低效率的公平”到遵循市场经济的“效率优先、兼顾公平”再到社会领域中“公平、正义、共享”理念的倡导与推崇，社会保障的价值理念经历了一个由从属到独立的理性嬗变。

### 三 价值理念属性：从工具理性到目的理性

工具理性（Instrumentalrationality）在学术界具有不可置疑的优先地位，同时也是价值理性（Value rationality）实现的前提条件。没有工具理性的实现，价值理性的实现只能是镜花水月般的人文愿景。就社会保障制度而言，其价值理念应该具有层序性特征。在制度草创阶段，工具理性具有不可争议的优先地位，这本身无可厚非，然而，市场经济将“利己主义”战神召唤到人间，当全社会日益被淹没在“利己主义的冰水”之中的时候，对于工具理性的极端追求，必然会使制度丧失了应有的伦理价值。从理论层面而言，社会保障绝非仅仅是一个手段或工具，它内在地关涉理性价值的追求问题，体现着国家作为一个伦理实体存在的价值导向。社会保障如果缺乏相应的伦理指向，它将成为缺乏灵魂的盲动，使处于宇宙之轴地位的人降格到工具层面，甚至蜕变为规训穷人的工具和怀柔弱者的手段。[①] 因此，当制度逐渐成熟以后，实现工具理性向价值理性的过渡抑或是实现工具理性与价值理性的统一，就应该成为社会保障这一现代社会基本制度安排需要反思之处。

## 第二节 社会保障价值理念的主体、客体、功能

### 一 价值理念主体：由精英掌控到民众参与

前已述及，政府是现代社会保障制度的“领衔主演者”，政府是社会保障制度及相关政策的决策者和制定者。在精英理论家看来，一个现代政府里，政治精英往往对于政治体系及政治决策的过程都起着关键性的作用。而且政治精英对于政治生活的这种决定性作用是一个

---

① 李建华、张效锋：《社会保障伦理：一个亟待研究的领域》，《哲学研究》2009 年第 4 期。

普遍的“铁律”。如此一来的话，政治精英们的观念就对于社会保障政策的走向起着重要的作用。但是，不能否认的是，随着社会的进步、网络的普及以及由此带来的国民权利意识的觉醒，政治精英们在制定相关政策尤其是与民众利益相关的社会政策的时候，一个越来越普遍的趋势是：政治精英们不得不对于基层民众的利益吁求予以关注并慎重考虑，尤其是在坚持“以人民为中心”的社会主义国家。而21世纪中国社会保障制度政策的出台尤其是取消“双轨制”及“延迟退休”政策的出台，就充分体现了这一点。

21世纪以来，中国社会保障制度建设依然是风生水起，社会保障受到了前所未有的舆论聚焦，2015年“延迟退休”的议题加剧了“谁为我养老”的集体焦虑。以网民为代表的草根阶层与以高校部分教授为代表的知识精英对此态度迥异，网络民调呈现一边倒式反对延退，反映出人们对当下养老问题的高度关注、对风险的顾虑以及不同群体截然不同的认知。也反映出人们对于历史上形成的体制内、外养老保险制度“双轨制”的不满，其实也是当下中国被唤醒了权利意识的国民对于社会公平这一核心理念的高度关切。社会保障制度是政府对公共资源的再次分配，在分配过程中，社会阶层之间的政治博弈在所难免。如果说，早期社保制度框架的形成是不同阶层之间力量博弈结果的话，那么，随着市场经济体制的“转轨”，强烈的路径依赖则进一步固化了阶层之间的利益差距。一般来说，除了以弱势群体为主要对象的社会救助制度之外，在社会保险成为制度主体之后，体制内阶层（一般意义上的社会精英群体大多也属体制内）最先被纳入到该制度中，是该制度的最早受益者，这一点在养老保险制度中体现得最为清晰。但是，随着经济社会的发展，随着利益边缘化阶层公民意识的自觉，他们对于社会公平的诉求日趋强烈，从政治学的角度来分析，任何一个理性的执政者都不可能对于这种诉求置若罔闻，为了社会稳定以及自身的执政合法性，都必然会倾听来自基层民众的呼声。况且，中国共产党领导下的社会主义，“以人为本，全心全意为人民服务是其根本宗旨”。党的十八大以后，中国更是进入了一个“以人民为中心”“人民至上”的时代。“社会保障制度主导价值理念逐渐由单向度的政治精英构建向双向度的政治精英与普通民众互动建构转变。”①

## 二 社会保障客体：从社会排斥到社会包容

众所周知，社会保障制度是以政府为主要责任主体的制度安排，政府是社会保障制度的供给者，也是社会资源的权威分配者，因此，政府不应该在社会保障资源配置过程中体现出对于特定社会阶层的拒绝与排斥，而是应该接纳与包容。中国共产党领导下的中国特色社会主义，更是将全心全意为人民服务作为其立党立国的根本宗旨。政府是全民的政府而不是特定阶层的政府。这是社会保障资源配置以及社会保障制度供给的应然状态，实际的运行状况是，政府在社会保障制度的建制过程中，曾经一度被市场经济的运行逻辑所裹挟：在社会保障资源分配过程中，对于政府 GDP 贡献较大的阶层，往往在社会保障政策的谈判当中更有发言权，进而能够更好地表达自己的利益诉求，而对于在市场这一领域中处于不利地位的社会阶层而言，其应该是制度优先予以“补偿”的对象，然而事实却恰恰相反。由政府主导的社会保障制度，同商业保险一样，往往在参保对象方面表现出“逆向选择”和“嫌贫爱富”。在缴费性项目的覆盖对象方面选择上表现出明显的“保强弃弱”，这就使得社会保障制度偏离了其应然的价值理念。“现代人的双重印记与排斥和包容这两个维度是密切相关的。”② 社会保障制度的发展历程就体现了对于非工薪阶层尤其是农业劳动者从制度排斥到制度包容的过程。借用哈贝马斯在《包容他者》中对于包容的定义：“这里所谓的包容，不是把他者囊括到自身之中，也不是把他者拒绝到自身之外。所谓‘包容他者’，实际上是说：共同体对所有的人都是开放的，包括那些陌生的人或想保持陌生的人。”③

---

① 付舒：《社会保障价值理念嬗变的学理分析》，《理论月刊》2014 年第 2 期。

② ［德］尤尔根·哈贝马斯：《包容他者》，曹卫东译，上海人民出版社 2002 年版，第 151 页。

③ ［德］尤尔根·哈贝马斯：《包容他者》，曹卫东译，上海人民出版社 2002 年版，第 2 页。

就目前而言，加快社会保障制度建设，需要增加意识形态投资。按照安东尼·唐斯的说法：意识形态是一种有关美好社会的文字幻想，一种建构此种社会的信仰形式。减少其他社会阶层对于弱势群体的冷漠、敌视与排斥，实现包容、共享的社会保障，需要改变的不仅仅是被包容者的心态，更需要改变其他社会阶层的教养心态，以真正实现社会发展的公平、正义、包容、共享。

## 三 社会保障功能：从社会控制到公民权利

迄今，西方发达国家现代社会保障制度经过了以社会救助为主体、以社会保险为主体以及以社会福利制度为主体的发展阶段。作为临时性的措施，社会救济制度的理念原本基于人类的善爱之心：扶危济困、救死扶伤、关爱弱者；16 世纪的英国，被托马斯·莫尔批判为是“羊吃人”的“圈地运动”，造成了大量失去土地的农民，带来了失业人员以及城市流浪人口的数量激增，成为英国社会稳定的隐患。在这个背景之下，1601 年，英国伊丽莎白一世时期出台了《济贫法》（*The Poor Law*），由政府出面干预贫困并承担济贫责任，制度化的济贫制度开始形成，由于当时的济贫制度制定了极为严格的条件和惩戒措施：除了老年人居家接受救济、儿童寄养在别人家里的规定之外，《济贫法》当时规定流浪汉或身体健康的穷人要在教养院或被关进监狱里面接受救济。

### （一）济贫制度时期

1834 年英国议会通过了《济贫法（修正案)》，为了与 1601 年颁布的《济贫法》相区别，史称《新济贫法》，新济贫法废除了“家内救济”，而是规定贫民要成为被救济者，就必须被收容在“习艺所”里面，并且要从事繁重的苦役，《济贫法》的颁布标志着制度化的社会保障制度之产生。当时的济贫制度充当了英国政府实现社会控制的手段和工具。由于必须从事繁重的苦役，且生活条件极为恶劣不堪，所以人们把济贫院称为“蒙着面纱的监狱”或“穷人的巴士底狱”，这也是造成部分穷人宁愿饿死也不愿意接受救济的原因。这种深含惩戒性社会控制功能的制度理念一直延续到以社会保险制度为主体的社会保障时期。

### （二）社会保险制度时期

1883—1889 年，以德国在 19 世纪末三项社会保险法律的出台作为标志，其建立者“铁血宰相”俾斯麦的话，暴露了当时社会保险制度的建制理念“我花钱建立社会保险制度，就买得了不受你们搅扰的权利”。社会保险制度被当作“消除革命的必要成本”，充当了“大棒之外的一根胡萝卜”，此时的社会保险措施，一定程度上去除了其在济贫时期的惩戒性质，以医疗保险、工伤保险以及养老保险制度为制度主体，作为统治阶级自认为对于工人阶级的“恩赐”进而含有了“怀柔”的色彩，然而，作为武力镇压工人运动、消除政权不稳定的“必要成本”和工具。其工具性价值的功能并没有完全消失。

### （三）社会福利制度时期

如果说 19 世纪中期诞生的马克思主义，催生了现代意义上德国社会保险制度的产生的话，那么，1949 年马歇尔在《公民权利理论》中提出的“公民权利”，则一定程度上为英国等福利国家的诞生提供了理论依据。马歇尔的公民权理论提出的所有公民都具有平等的权利，这就为所有公民向国家索要社会福利提供了理论基础。正是由于有了以公民权利为基础的价值理念的奠基与指引，在“二战”之后，作为世界上第一个福利国家的英国，完成了由“帝国主义”走向“福利国家”的华丽转身。随着世界上第一个福利国家的出现，社会保障也开始由居高临下的社会控制、注重妥协的社会安抚向公民权利的社会福祉范式之转向。从人道主义理念基础上的社会控制工具，到公民权利基础上的社会福利制度的确立，在社会福利思想史上具有分水岭意义。可以这样说，作为公民权利的社会福利观的形成，将现代社会福利与传统社会福利从根本上区分开来。① 社会保障日益成为现代公民社会的基本制度安排，社会福利一旦成为公民的基本权利，这种权利就不允许被僭越或者被剥夺。

---

① 钱宁：《从人道主义到公民权利——现代社会福利政治道德观念的历史变》，《社会学研究》2004 年第 1 期。

# 第三节　社会保障价值理念的演变规律

## 一　价值理念演变：从自发到自觉

“摸着石头过河”，是中国社会保障制度草创时期的基本做法：试点先行、制度跟进，作为制度改革初期的“试错”行为值得肯定，这种做法具有理论的合理性及实践的必然性。然而，当改革进入深水区、制度发展到成熟阶段，好改革的基本上都改完了，即改革进入深水区后，剩下的就会是“难啃的硬骨头”，在这种情况之下，“摸着石头过河”的做法显然就无法满足制度定型的需要进而失去其应有的价值。中国共产党的十八届三中全会提出：“加强顶层设计和摸着石头过河相结合，整体推进和重点突破相促进，提高改革决策科学性，广泛凝聚共识，形成改革合力。”标志着我国以社会保障制度为代表的社会建设事业已经逐步开始从自发向自觉、从制度草创到制度设计的进化。

## 二　价值理念嬗变：从感性到理性

社会保障的责任主体不外乎几个主要的方面：政府、市场、社会、单位、家庭以及个人等，价值理念也曾经经过了一个从极端到理性的嬗变过程。纵观西方社会保障制度与理论的发展历程，可以说经过了一个从极端到理性的发展历程。[①] 社会保障制度究其实质而言，无非是在政府与市场、公平与效率、公利与功利、个人与集体、投资与储蓄等价值范畴之间做出抉择：是相信政府还是相信市场？是政府负责还是个人自助？是选择公平还是选择效率？如果说在社会保障制度产生之前主要是个人自助理念占据主导地位的话，随着工业化对于社会风险的放大，个人自助理念已经失去了存在的经济基础以及社会基础。因此，随着社会保障制度在全世界的建立，其价值理念就主要

① 方菲：《从极端到理性的回归——中国社会保障理念的嬗变及其道路选择》，《长白学刊》2008 年第 4 期。

是在政府与市场之间进行抉择。沿着政府与市场这两条主线，西方社会保障理论流派可以划分为依靠政府的——政府干预主义，以及相信自由市场的——自由主义。以这两对范畴为关键词，西方社会保障理论思潮基本上可以划分为三大理论流派。①

随着资本主义经济社会的不断发展，随着资本主义内在矛盾的暴露，许多棘手的社会问题既不能单纯依靠政府来解决，更不能完全让市场去打理，因为政府这一“利维坦”，存在自身难以克服的缺陷——政府悖论，而市场经济的缺陷更是尽人皆知——市场失败。因此，单纯依靠政府或者完全依靠市场经济都不能解决复杂的社会问题，因此，应该既要相信政府这只“看得见的手”的作用，也要充分发挥好市场这只“无形的手”的功能，实现政府与市场机制的双向互动。正是在这种理念变迁的基础上，在社会保障实践需要的催生下，主要资本主义国家发展进入了20世纪80年代前后，随着经济进入“滞涨”，政府无能为力，市场束手无策，主要资本主义国家开始采取折中综合性的政策措施，以解决逐渐出现的新问题。因此，“第三条道路”的政策主张开始在西方主要资本主义国家应运而生。

在社会保障领域中，价值理念经历从工具理性到价值理性的嬗变、或者说实现工具理性和价值理性的统一，是一个必然规律。根据马克思的观点：凡是有某种关系存在的地方，这种关系都是为我而存在的；动物不对什么东西发生“关系”，而且根本没有“关系”；对于动物来说，它对他物的关系不是作为关系存在的。因此，价值就是人通过实践而建构的“为我而存在的关系。”价值理性尤为强调的是人的主体地位，人是所有价值关系的主体，人是价值理念、价值体系的创造者、倡导者和实现者。作为制度的社会保障，一以贯之的理解是：其制度主体不外乎政府、企业、个人，即政策制定者、政策执行者以及政策规制对象。

① 徐丙奎：《西方社会保障三大理论流派述评》，《华东理工大学学报》（社会科学版）2006年第3期。

## 三　政府执政方式：从控制到管理到治理

中国共产党十八届三中全会提出，将实现国家治理体系和治理能力现代化作为深化改革的目标，标志着中国政府治理理念的重大突破：从“统治型”到“管理型”，再到“治理型”政治理念嬗变过程。政府是社会保障制度的责任主体，就世界上迄今所出现的所有社会保障模式而言，无论是福利国家模式还是国家保险、社会保险模式，抑或是强制储蓄模式，政府都在其中扮演着主要的角色，原因当然在于政府是公权力的拥有者，有权力对于公共资源进行分配。但是，政府又绝不应该是社会保障制度的唯一主体，原因在于：一是政府本身存在“政府悖论”。政府既是经济增长的原因，又是经济人为消退的原因。因此，政府又被称为“必要的恶”（necessary evil），政府在一切领域中都存在的高成本、低效率，在社会保障领域中也不例外。二是政府是由官僚所组成的，官僚也是理性“经济人”，也会优先考虑其特殊利益，这就决定了他们所制定出来的社会保障资源分配制度有可能优先考虑自己的利益。三是就算政府一心一意为选民服务，但是，由于其理性的盲点或知识的有限性，也难以保证他们所制定的社会保障制度与政策能够完全代表选民意愿，促进社会公平正义。正是由于政府存在以上方面的问题或不足，所以，鼓励其他社会组织、非营利组织或民间团体、企事业单位参与社会保障的管理、运行、筹资、监控，就具有一定的合理性与可能性。

政府、市场以及社会，是现代社会的三种基本制度安排，也是现代社会的基本主体结构架构。对于管理与治理之间所涉及的政府、社会与市场之间的不同关系，郑杭生等人将其归纳总结为：管理型表现出权威来源的为主性、运作过程的主辅性、民主参与的半民主性以及权力行使的管控性；治理型表现出权威来源的多样性、运作过程的双向性、民主参与的民主性以及权力行使的平等性。①

① 郑杭生等主编：《多元利益诉求时代的包容共享与社会公正——社会建设和社会治理创新中的“中山经验”》，中国人民大学出版社 2014 年版，第 2—3 页。

## 四　社会保障治理模式：从人治到法治

社会保障制度的萌芽早在封建社会就已经存在，例如广为人知的西汉时期颁布的“王杖诏书令”，其中就明文规定：“仲秋之月，縣道皆案戶比民。年始七十者，授之以王杖，餔之糜粥。八十九十，禮有加賜。王杖長［九］尺，端以鳩鳥為飾。鳩者，不噎之鳥也，欲老人不噎。”可见，西汉时期就有了对于年长者赏赐王杖、并享受相关待遇的规定，明确以政府法令的方式对于老年人体现优待和尊重的风尚。这是古代最早的尊老养老的政策法令，但是，受制于当时极端低下的劳动生产率以及社会经济的发展程度，这种奇迹般出现的养老制度的萌芽缺乏得以长久维持以及传承创新的制度保障，因此，封建社会的社会保障措施往往取决于君主的个体德性、觉悟程度、统治理念以及他们是否施行“仁政”与“王道”的统治理念，这也是为什么最早产生了社会保障思想酵素之一的中国，却并不是现代意义上社会保障制度诞生地的原因之一。而与此不同的是，迄今为止，西方发达国家现代社会保障制度所走过的历程一般却是立法先行、制度跟进，尤其以福利国家模式为代表，社会保障法律相对比较成熟。其原因在于：西方主要资本主义国家现代化、市场化起步较早，较早形成了相对完备的制度文明与法治化环境；这些资本主义社会的同质化程度较高，以及资本主义生产力水平较高等因素；而这一切为社会保障制度提供了坚实的经济基础及相关的制度配套等因素密不可分。

中国社会保障制度草创时期一般采用的是试点先行，制度推进，再在全国普遍推广的做法，即“摸着石头过河”的做法，党的十八届三中全会明确提出了“加强顶层设计和摸着石头过河相结合，整体推进和重点突破相促进”的战略部署。社会保障制度是体现各阶层公共利益的制度安排，社会保障治理能力现代化既是政府治理体系现代化中的关键环节，也是薄弱环节。十八届四中全会提出“加快完善体现权利公平、机会公平、规则公平的法律制度”。这就要求国家在立法的过程中，超越阶层自利性以及强势利益集团的绑架，制定出更加公平正义的法律来。2011 年，《中华人民共和国社会保险法》颁布实施，2013年《中华人民共和国军人社会保障法》以及《老年人权益保障法》同年颁布实施，这是中国社会保障法治史上具有里程碑式意义的事件，随着制定《社会福利法》与《社会救助法》被提上议事日程，可以预见，中国社会保障制度的法律正在逐渐出台和完善，“有法可依”即将成为现实。

**小结**

总体而言，社会保障价值理念的嬗变会经历一个从实然到应然、由从属到独立、由工具理性向目的理性、由社会控制的手段向公民权利的内容、由管理向治理等取向转化的过程，这是就社会保障制度的总体价值取向而言。从社会保障制度所涵盖的内容来说，不同的制度在不同的时期其制度取向与价值理念的发展与嬗变也是一个与时俱进的过程。

# 第七章　中国共产党对民生保障事业的实践探索与理念创新

习近平总书记在中国共产党的十九大报告中提出“中国特色社会主义最本质的特征是中国共产党领导，中国特色社会主义制度的最大优势是中国共产党领导”。[①] 要研究中国特色社会保障制度的价值理念，就需要将中国共产党成立以来关于社会保障的实践探索与理念创新进行系统归纳和全面梳理。本章将从中国共产党领导的新民主主义革命开始，直到中国特色社会主义进入新时代，按照不同时期、党和国家不同领导集体对于社会保障制度在中国的实践探索及理念演进进行归纳梳理，期望为新时代中国特色社会主义社会保障制度价值理念的建构提供有益的借鉴和启示。

中国共产党产生之前，南京国民党政府尽管也有政府的救济措施，但并没有现代意义上的社会保障制度。中华人民共和国成立后，社会救济及劳动保险制度相继建立，社会保障制度依次经历了以社会救济制度、劳动保险制度为主体的阶段，在社会保险制度真正做到“应保尽保”、实现了“全覆盖”之后，社会保障制度就将发展到以提高国民福利水平为主的社会福利阶段。

---

① 习近平：《决胜全面建成小康社会　夺取新时代中国特色社会主义伟大胜利——在中国共产党第十九次全国代表大会上的报告》，《党建》2017 年第 11 期。

# 第一节 毛泽东时期“全心全意为人民服务”的理念

毛泽东领导新民主主义革命时期，严格来说还没有现代意义上的社会保险制度，但是，已经有了社会救济措施及主要针对军人及军属的优抚措施，这是社会保障制度发展的初级阶段。这一时期救济水平较低、制度不甚健全、体系相对残缺，但是，这一时期的制度起步，也为之后中国社会保障制度的健全和完善奠定了初步的制度框架并勾画了制度底色。

## 一 人民群众是党的一切工作的基本动力和根本目的

土地革命战争时期，1934 年 1 月，在江西瑞金召开的第二次全国工农兵代表大会上，毛泽东做了《关心群众生活，注意工作方法》的讲话，说道：“我郑重地向大会提出，我们应该深刻地注意群众生活的问题，从土地、劳动问题，到柴米油盐问题。”毛泽东从革命战争的胜利与关心群众生活之间的关系讲起，通过具体事实，娓娓道来：江西长冈乡的青壮年一百个人里面有八十个当红军去了，而福建的才溪乡一百个人有八十八个当红军去了，并且才溪乡人数虽然不多但公债也销得很多，原因何在呢？毛泽东通过具体事例说明：是因为这两个乡政府真正关心群众生活。毛泽东写道：“要得到群众的拥护吗？要群众拿出他们的全力放到战线上去吗？那末，就得和群众在一起，就得去发动群众的积极性，就得关心群众的痛痒，就得真心实意地为群众谋利益……”① 群众才是我们打败一切反动派的“铜墙铁壁”。“同志们，真正的铜墙铁壁是什么？是群众，是千百万真心实意地拥护革命的群众。这是真正的铜墙铁壁，什么力量也打不破的，完全打不破的。”② 由于关心群众的衣食住行、关心群众的饥寒饱暖，

① 《毛泽东选集》（第一卷），人民出版社 1991 年版，第 137—138 页。

② 《毛泽东选集》（第一卷），人民出版社 1991 年版，第 139 页。

一切依靠群众，一切为了群众，毛泽东深深懂得“人民群众是历史的创造者”这个马克思主义基本原理，旧中国是农业经济的汪洋大海，农民是国民的主体，因此，毛泽东一以贯之地认为：近代以来的中国问题就是农民问题，而农民问题的核心和关键就是土地问题。对于土地政策的调整，其实就是对于以土地为基本保障的农民民生问题的解决，因此，深入农村，发动农民进行土地制度的革命性变革——土地革命，农民获得土地、得到了土地这个“命根子”之后，经济上翻了身，就会焕发出高度的革命热情。正是由于得到了农民的支持和拥护，毛泽东、周恩来及其领导下的工农红军，才能在敌众我寡、敌强我弱的情况下，连续取得前四次“反围剿”作战的重大胜利，赢得了老百姓对工农红军及中国共产党的衷心拥护。“唤起农工千百万，同心干，不周山下红旗乱”，就是这一段历史事实的生动写照。

全面抗战爆发后，日本帝国主义的侵略使得中日之间的民族矛盾迅速上升到主导地位，在此情况之下，中国共产党及时提出建立抗日民族统一战线，并极力促成抗日民族统一战线，实现了第二次国共合作，同时注重加强与工农群众之间的血肉联系，注重改善工人农民的生活，从小事做起、从点滴做起，照顾到工人、农民、小职员、士兵及下级军官等各阶层民众的生活。

1937 年 7 月，在《反对日本进攻的方针、办法和前途》中讲道：“宣布改良人民生活的纲领，并立即开始实行。苛捐杂税的取消，地租的减少，高利贷的限制，工人待遇的改善，士兵和下级军官的生活的改善，小职员的生活的改善，灾荒的救济：从这些起码之点做起。这些新政将使人民的购买力提高，市场繁荣，金融活泼，绝不会如一些人所说将使国家财政不得了。”① 毛泽东将包括“宣布改良人民生活的纲领”以及全国军队的总动员、全国人民团结起来筑成抗日民族的统一战线、国防教育、经济政策等八个方面，称之为实现坚决抗战、取得抗战胜利的“八大纲领”。

毛泽东在《动员一切力量为争取抗战胜利而斗争》中提出了著名

---

① 《毛泽东选集》（第二卷），人民出版社 1991 年版，第 347—348 页。

的“抗日救国十大纲领”[①]，其中的第七条是“改良人民生活：改良工人、职员、教员和抗日军人的待遇。优待抗日军人的家属。废除苛捐杂税。减租减息。救济失业。调节粮食。赈济灾荒。”这些条款涉及了抗战过程中与各阶层老百姓生活相关的方方面面。

1939年11月，在《中共中央关于深入群众工作的决定》中，进一步重申了依靠群众、深入群众的重要性：“共产党必须进一步依靠群众，必须深入群众工作，才能克服投降与反共危险，巩固统一战线，争取继续抗日……”[②] 正是由于共产党坚决依靠群众、相信群众，真正替老百姓办实事，才真正赢得了老百姓的支持和拥戴，共产党成长为抗战的主力，这就为抗战胜利奠定了坚实的群众基础。

农民问题、土地问题，一直是民族民主革命的核心问题，抗战胜利前夕，1945年4月，毛泽东在党的七大上所做的报告《论联合政府》中，专门讲到了关于抗战胜利后的土地问题：“‘耕者有其田’是把土地从封建剥削者手里转移到农民手里，把封建地主的私有财产变为农民的私有财产，使农民从封建的土地关系中获得解放，从而造成将农业国转变为工业国的可能性。”[③]

毛泽东在抗战尚未完全取得胜利的情况下，就已经充分认识到日本帝国主义即将被打败之后的中国，工业现代化的任务将被提上议事日程：接下来的任务就是“造成将农业国转变为工业国的可能性”。

中华人民共和国成立后，1950年，毛泽东在中国共产党第七届三中全会上做了《为争取国家财政经济状况的基本好转而斗争》的书面报告，提出要获得财政经济情况的根本好转，需要“完成土地改革”“合理调整现有工商业”以及“节俭国家机构经费”等三个条件。为实现这一目的，除了对于土地改革、财政经济以及加强国防等方面的工作进行部署之外，中华人民共和国成立之后，失业者就业及灾民的救济工作，是刚刚诞生的新政权的一项重要工作。社会救济工

---

① 该文是毛泽东为中共中央宣传部起草的关于形势与任务的宣传鼓动提纲。这个纲领被1937年8月召开的洛川会议所通过，就是后来的“抗日救国十大纲领”。

② 《中共中央文件选集》（1939—1941年），中共中央党校出版社1986年版，第207页。

③ 《毛泽东选集》（第三卷），人民出版社1991年版，第1074页。

作是当时社会保障制度工作的主体。

1956 年 11 月，又在《国家预算要保证重点建设又要照顾人民生活》中指出："人民生活的改善，必须是渐进的，支票不可开得过多。过高的要求和暂时办不到的事情，要向人民公开地反复地解释。"① 体现了统筹兼顾、渐进式改善人民生活的理念。而这种合理适度、统筹兼顾的原则，更充分的体现是在 1956 年中国进入社会主义初级阶段之后。1956 召开的党的第八次代表大会，毛泽东提出了论八大关系，后来发展为著名的《论十大关系》。

## 二　毛泽东时期确立了实事求是的基本精神

"实事求是"是毛泽东思想活的灵魂，是毛泽东时期制定一切政策的基本精神。随着革命战争由国内革命战争发展到抗日民族解放战争，随着阶级矛盾转变为民族矛盾，毛泽东适时地对于土地革命的路线和政策进行了调整：1940 年 12 月为中共中央起草的党内指示《论政策》一文中，在讲到农民及土地问题的时候说："现在的政策，一方面，应该规定地主实行减租减息，方能发动基本农民群众的抗日积极性，但也不要减得太多。地租，一般以实行二五减租为原则；到群众要求增高时，可以实行倒四六分，或倒三七分，但不要超过此限度。利息，不要减到超过社会经济借贷关系所许可的程度。"② 这就对于国内革命战争时期的土地革命纲领路线进行了调整，将"依靠贫雇农、联合中农、限制富农，保护中小工商业者，消灭地主阶级"的土地革命纲领路线进行了调整，不再实行"消灭地主阶级"这一政策，而是调整为"农民交租交息、地主减租减息"。这一调整是由当时民族矛盾居主导地位、需要尽快建立抗日民族统一战线这一具体情况决定的。所以说，实事求是乃毛泽东时期制定一切政策的基本原则。

① 《毛泽东文集》（第七卷），人民出版社 1999 年版，第 159 页。

② 《毛泽东选集》（第二卷），人民出版社 1991 年版，第 767 页。

## 三　毛泽东时期确立了合理适度、统筹兼顾的基本原则

毛泽东在《论政策》一文中明确提出："关于劳动政策。必须改良工人的生活，才能发动工人的抗日积极性。但是切忌过左，加薪减时，均不应过多。在中国目前的情况下，八小时工作制还难以普遍推行，在某些生产部门内还必须允许实行十小时工作制。"① 为了达到发展生产、繁荣经济的目的。在1949年9月通过的《共同纲领》第二十六条中，将"公私兼顾、劳资两利、城乡互助、内外交流"的十六字政策作为中华人民共和国经济建设的根本方针。"凡已实行土地改革的地区，必须保护农民已得土地的所有权。凡尚未实行土地改革的地区，必须发动农民群众，建立农民团体，经过清除土匪恶霸、减租减息和分配土地等项步骤，实现耕者有其田。"②

经过七年的社会主义改造，1956年新民主主义革命任务宣告完成，中国进入社会主义，这时候既需要总结生产资料私有制社会主义改造的经验，又需要处理好国民经济与社会生活中更为复杂的各种关系、各种矛盾，针对这种情形，毛泽东发表了著名的《论十大关系》，在这篇文章中，毛泽东郑重地提出了、明确了新中国需要统筹兼顾、全方位发展，尤其要处理好重工业和轻工业、经济建设和国防建设等十对矛盾、十个方面的关系："在国家、生产单位和生产者个人的关系问题上，三者的利益必须兼顾，不能只顾一头，既要提倡艰苦奋斗，又要关心群众生活；"强调作为新中国"主人翁"的工人阶级福利改善的必要性："工人的劳动生产率提高了，他们的劳动条件和集体福利就需要逐步有所改进。"合理适度、统筹兼顾，成为当时及之后处理国民经济发展及社会保障增长幅度之间关系的一个重要原则。

① 《毛泽东选集》（第二卷），人民出版社1991年版，第766页。

② 《中国人民政治协商会议共同纲领》（1949年9月29日中国人民政治协商会议第一届全体会议通过）。

## 四　毛泽东时期草创了社会保障制度的基本框架

中华人民共和国成立后，在1949年颁布的、在当时充当着临时宪法的《中国人民政治协商会议共同纲领》中规定："中华人民共和国劳动者在年老、疾病或者在丧失劳动能力的时候，有获得物质帮助的权利，国家举办社会保险、社会救济和群众卫生事业，并且逐步扩大这些设施，以保证劳动者享受这种权利。""人民政府应按照各地各业情况规定最低工资。逐步实行劳动保险制度。保护青工女工的特殊利益。实行工矿检查制度，以改进工矿的安全和卫生设备。"这是新中国成立后，首次以国家基本法的形式对"劳动保险"制度所做的明文规定，也是以新的国家基本大法的形式确定了实行劳动保险制度及其相关保护青工女工安全等的原则规定。《共同纲领》同时规定："革命烈士和革命军人的家属，其生活困难者应受国家和社会的优待。参加革命战争的残废军人和退伍军人，应由人民政府给以适当安置，使能谋生立业。"① 由此奠定了共和国军人理应受到社会优待的基本理念，也为之后建立军人优抚制度确定了基本原则。

《共同纲领》初步勾画出的社会保障制度框架大致体现了以下几个方面的含义：一是"工薪劳动者"是这一保险制度的主体；二是该制度的基本架构是以养老、医疗、失业制度为主干："年老、疾病或者在丧失劳动能力的时候"，与此相对应的制度分别是养老保险、医疗保险及失业保险；三是对于军人及军属也做了规定"革命烈士和革命军人的家属，其生活困难者应受国家和社会的优待。参加革命战争的残废军人和退伍军人，应由人民政府给以适当安置，使能谋生立业"；四是国家保护青工及女工的特殊利益，并且实行工况检查制度。这就初步规划了新政权诞生后养老、医疗、失业及优待军人、抚恤军属这一社会保障制度的基本框架。

① 《中国人民政治协商会议共同纲领》（1949年9月29日中国人民政治协商会议第一届全体会议通过）。

### 五 毛泽东时期确立了"政府主导"的责任模式

毛泽东时期规定了举办社会保险、社会救济和群众卫生事业的责任主体是"国家"（政府），逐步扩大这些设施，以保证劳动者享受权利。体现了国家是这些制度的创办者，并且这些制度的深度和广度及福利水平的提高是水涨船高、逐步提升的。中华人民共和国的成立，是一个在延续了2000多年封建帝制、又经过了30多年新民主主义革命之后诞生的崭新政权，其最伟大的历史意义是实现了真正意义上的人民民主专政，人民对于政治平等的渴望被空前激发。正因为这个深刻的社会历史背景，从中华人民共和国成立到改革开放前夕，一方面中国社会建设方面确实取得了很大的进展，另一方面，就社会保障事业而言，计划经济下的社会保障制度及水平，处于低水平起步及创建阶段。从1966年开始的"文化大革命"，使社会保险的各项制度均遭到破坏，这一现状的改变是在1978年十一届三中全会召开之后。但是，政府主导的原则，被中国共产党一直以来所继承和发扬，成为社会保障制度建设的一项基本原则。

## 第二节 邓小平时期的共同富裕与效率优先理念

邓小平是中国经济改革的总设计师，他的社会治理、社会保障思想，体现在其著作与讲话中，同时更多地体现在当时中国共产党的政策实践中，改革开放之后20多年社会发展实践，证明了邓小平时期社会建设与社会保障实践是适应当时经济社会发展需要的。邓小平除了坚持了毛泽东时期对于社会保障制度的基本理念之外，在社会保障制度框架内、逐步开始完善社会保障制度的主要内容，坚持了社会保障中政府主导的责任理念，适应当时社会主义市场经济体制转轨的要求，邓小平提出的"共同富裕"理念，成为改革开放后影响最为深刻的时代诉求与价值理念。

尽管我们承认，没有对于资本主义的批判，就不可能有科学社会主义的诞生，但是，在马克思主义的原初话语中，“社会主义”的对立面并不是资本主义，而是资本主义的“个人主义”，而共产主义的对立面也不是资本主义，而是“私有财产”。作为一个马克思主义者，邓小平在当时中国社会发展的实践中提出了“让一部分地区、一部分人先富起来，然后先富带动后富，最后实现共同富裕”，这一思想理念几乎为所有人熟知，但是，邓小平非常注重和强调的其实是“共同富裕”，这是对于马克思主义“社会主义”本质的继承和发扬。邓小平继承了毛泽东在社会保障方面的主要思想，并且还根据时代的变化，做出了新的贡献，以下几个方面的内容成为那一时期人们印象最深的时代理念。

### 一　以“经济建设为中心”的发展理念

1978 年十一届三中全会以后，经济体制改革的序幕首先在农村拉开，改革开放伊始，计划经济体制居主导地位，与此相适应的是平均主义观念。对此应有理性的认识：一方面，在一个半殖半封社会建立的人民民主专政的新政权，首先满足的是人民对于政治平等及经济平均的渴望，另一方面，作为对于资本主义“生产的无政府性”的扬弃，社会主义实行高度的计划经济。这种相对极端的计划经济体制一定程度上阻碍了资源的合理配置与正常流通，也束缚了社会生产力的发展，原本是以追求社会公平正义为价值目标的社会主义，其优越性并没有体现出来，反而是造成了另外一种形式的社会不公：那就是能力较弱者对能力较强者的侵占、贡献较小者对于贡献较大者的剥夺，束缚了社会生产力，挫伤了人们的劳动积极性与创造性，显然，这并不符合社会生产力的发展规律。

在这种时代背景之下，1992 年召开的党的十四大，明确了邓小平中国特色社会主义理论在全党的指导地位，提出了经济体制改革的目标是建立社会主义市场经济体制。邓小平的“以经济发展为中心”、“让一部分人、一部分地区先富起来……”中国人民在中国共产党的领导之下，开始书写关于中国发展的“春天的故事”……这个战略构想与发展理念的提出，极大地冲击了计划经济体制及平均主义的观念，调动了人民群众生产的积极性，空前激发了社会活力。后来中国经济能够连续保持几十年的快速发展，验证了这一战略提出的正确性及历史的合理性。

1992 年年初，邓小平在“南方谈话”中，提出了关于“社会主义本质”的完整定义：“社会主义的本质，是解放生产力，发展生产力，消灭剥削，消除两极分化，最终达到共同富裕。”① 南方谈话的发表，标志着对于资本主义、社会主义与市场经济关系的正确认识：“计划多一点还是市场多一点，不是社会主义与资本主义的本质区别。计划经济不等于社会主义，资本主义也有计划；市场经济不等于资本主义，社会主义也有市场。计划和市场都是经济手段。”② 正如学界有人略带诙谐地说：邓小平的理论归结起来就是“一二三”：“一块石头”、“两只猫”、“三条鱼”。“一块石头”意指邓小平提出来的“摸着石头过河”，俗称的“摸论”，“是对脚踏实地、尊重实践、从实践中摸经验摸规律，努力做到实事求是的一种形象说法，也是推进改革健康有序发展的一种重要改革方法。”③“两只猫”也叫“猫论”或“不争论”，即邓小平的“对内不折腾”：“不管黑猫白猫，抓住老鼠就是好猫。”即不管是计划经济还是市场经济，只要有利于社会生产力的提高，都可以拿来为我所用。“三条鱼”就是“三个有利于”，即“是否有利于发展社会主义社会的生产力、是否有利于增强社会主义国家的综合国力、是否有利于提高人民的生活水平”。在 1992 年年初邓小平在南方考察后发表的重要谈话，后来成为人们衡量一切工作是非得失的判断标准。“摸着石头过河”，体现了在中国这样国情较为复杂的国家、在社会主义模式没有现成样板可以复制的情况下，中国共产党人以实事求是的态度，勇敢面对现实问题、在中国进行社会主义建设的伟大实践。

“市场经济体制”与“社会主义制度”在中国大地上历史性结合

① 《邓小平文选》（第三卷），人民出版社 1993 年版，第 373 页。

② 《邓小平文选》（第三卷），人民出版社 1993 年版，第 373 页。

③ 栗战书：《遵循“四个坚持”的改革经验》，《人民日报》2013 年 11 月 26 日。

的伟大创举，社会主义市场经济开始在中国取得合法性地位，国人的利益诉求终于获得了合法性释放的途径。“社会主义的目的就是要全国人民共同富裕，不是两极分化。”① 市场经济体制改革大幕随即在中国开启，作为人类迄今为止发现的最有效率的资源配置方式，市场经济体制的改革极大地提高了资源配置效率进而使得经济发展的活力被极大释放。

“三个有利于”的标准，是根据生产力与生产关系辩证关系原理提出的三个标准，是由当时中国生产力发展相对落后的迫切需要决定的，这是当时解决一切社会问题的前提和条件；综合国力标准，即国家富强，“富强”作为一个价值标准似乎并不完全必要，但是，增强社会主义国家的综合国力，却是由于当时中国的现实国情所决定的：国强民富，国泰民安，富裕未必一定强大：只有富且强，才是国泰民安的前提条件。这是由近代以来帝国主义侵略导致中国国家积贫积弱、落后挨打的经验教训得来的，综合国力标准即国家富强，是基础和依托；人民生活水平标准，有利于提高人民的生活水平，是目标和归宿，生产力发展、国家综合实力提高，最终都要落实和体现在人民生活水平的提高上。体现了中国共产党一以贯之的以人为本、“人民民主专政”的基本政治原则。

### 二　邓小平“共同富裕”的战略构想

共同富裕思想的理念渊源。人类与贫困斗争的历史几乎与人类自身历史一样长久，尽管如此，但古今中外从来都不缺乏富有的人，如何让所有的人都免于匮乏或不再贫困？即如何瓦解私有财产、实现共同富裕，是马克思主义的理论诉求，也是社会主义的本质。也是从古至今尤其是近代以来中国人孜孜以求的理想，因此，免于物质匮乏和普遍贫困、免于多数人的物质匮乏和普遍贫困，实现共同富裕，也是一个跨越时空的具有恒久价值的理念。

早在前 6 世纪孔子在《礼记·礼运》篇中，记载了这样的话：

① 《邓小平文选》（第三卷），人民出版社 1993 年版，第 110—111 页。

“大道之行也，天下为公。选贤与能，讲信修睦，故人不独亲其亲，不独子其子；使老有所终，壮有所用，幼有所长，矜寡、孤独、废疾者皆有所养；男有分，女有归。货恶其弃于地也，不必藏于己；力恶其不出于身也，不必为己。是故谋闭而不兴，盗窃乱贼而不作。故外户而不闭，是为大同。”描绘出了一个人人相亲相爱、人人相互扶助，家家安居乐业、没有贫富差距、没有绝对贫困的理想社会。

到了东晋时期，著名文学家陶渊明所写的《桃花源记》中的“桃花源”，更是成为人人向往的“美好社会”的代名词。在那里，既没有阶级剥削，也没有贫富差距，人们自给自足、自得其乐，与当时阶级压迫严重的黑暗社会形成了强烈对比，应该是作者与时人及后世人所普遍向往的一种“美好社会”。

自近代以降，农民领袖洪秀全创立了“拜上帝教”，并且后来颁布了《天朝田亩制度》，幻想建立一个“有田同耕、有饭同吃、有衣同穿、有钱同使，无处不均匀、无人不保暖”的理想“天国”。由于近代以来民族矛盾与阶级矛盾相互交织，由于农民阶级的局限性、由于太平天国运动最后被中外反动势力联合绞杀，也使得《天朝田亩制度》并未真正完全实行，但这并不妨碍农民阶级对于他们心目当中公平合理的“天国”的追寻和向往。

中国旧式民族民主革命的先行者孙中山先生，在民族矛盾与阶级矛盾十分尖锐、中华民族面临“列强环伺、瓜分豆剖”的危机情况下，提出了“振兴中华”的口号，这一口号成为20世纪以来中华民族的时代最强音。孙中山先生不但提出了“天下为公”的政治理念，而且试图通过他的资产阶级共和国方案——“三民主义”，将其付诸实践。对于接受了西方资产阶级共和国方案与民主共和理念的孙中山先生而言，消除当下社会贫富差距最根本的途径在于“平均地权”，因为他认识到：土地私有制是一切社会不平等的根源。然而，由于孙中山先生所代表的中国资产阶级的软弱与妥协，由于近代中国社会矛盾的错综复杂，尽管认识到了“平均地权”是进行社会革命、消除社会不公与贫富差距的途径所在，但是在实践上却并不能、也做不到触动封建土地所有制，正因为如此，作为旧民主主义革命代表的孙中山，并未实现真正意义上的民族革命、政治革命与社会革命，并未在真正意义上触动封建土地所有制、进而并未实现“平均地权”。

辛亥革命取得胜利后又迅速夭折，中国进入了黑暗与动荡的封建军阀的专制统治时期：土地兼并更为严重，农民距离“耕者有其田”的梦想更加遥远。其“为毒之烈，较前清尤甚”。“天下为公”的政治理想并未实现。

由于以孙中山为代表的资产阶级革命派自身的局限性，加之孙中山先生的英年早逝，以“平均地权”为代表的“社会革命”并未完成，1927 年以后上台的中国国民党，在中华人民共和国成立之前的 22 年的统治历史中，也没有真正实行“平均地权”、进而进行彻底的社会革命，使得人们对于这个政权的忠诚与耐心均丧失殆尽，历史给了国民党统治二十多年的时间，然而在这二十多年内，国民党并未实现以推翻封建土地所有制为代表的“社会革命”，之后该政权就被人民群众完全抛弃了。

历史的经验一再告诉我们一个铁的事实：得民心者得天下。当时农民占国民绝大多数是一个不争的事实，当时的中国是一个农业经济的“汪洋大海”，“得民心者得天下”，在当时“两头小中间大”的社会条件下更准确的说法可能是“得农民者得天下”，如何才能赢得农民的支持？——让农民获得土地！土地是祖祖辈辈“面朝黄土背朝天”的农民安身立命之所在，是其生存所系和生活所依，因此，又可以说，“分土地者得农民”。事实上，这个看似简单的土地问题，却实实在在地是近代以来关乎民心所向的大问题。从近代中国历史发展的逻辑来看，当反帝反封建的革命任务完成后，以“平均地权”为代表的社会革命，才能够被历史地提上议事日程。而在新民主主义革命时期，社会革命与民主革命相向而行。中国近代以来的历史舞台上，真正触动了中国封建土地所有制的，既不是旧民主主义革命领袖孙中山先生，也不是后来的南京国民党政府，而是中国共产党，在中国近现代历史上，也只有中国共产党做到了这一点。正如毛泽东诗词中所说的“收拾金瓯一片，分田分地真忙”。这个功劳该是谁的就是谁的。给大多数农民以“应得”的土地，才有可能为解决其生存之需、进而达到温饱和小康创造前提。

有人说：近代中国人面临的是“二个挨字”的命运：挨打和挨饿，落后就要挨打，贫困就要挨饿。完成民族民主革命就是要摆脱“挨打”的命运，而完成社会革命，解决农民的土地问题，就使农民摆脱“挨饿”的命运。平均地权、农民获得土地，这就意味着久经磨难的中华民族终于摆脱了“挨打挨饿”的命运，中国人民从此“站起来”了，这也为中华民族实现“富起来”的伟大飞跃奠定了前提和基础。当然，也有人说：无论中国是落后还是先进，其实还有第三个命运，那就是“挨骂”，如何摆脱“挨骂”的命运，其实就是提高中国在国际舆论中的话语权的问题。就社会保障制度而言，中国为全世界消除贫困做出了伟大贡献，中国古代社会的优秀传统文化经典中所蕴含的与人类终极归宿相一致的价值理念，迄今没有得到彰显和发扬。“伟大时代需要伟大理论，伟大理论引领伟大时代。”建构中国特色的社会科学理论体系和话语体系，应该是当代学者不可推卸的责任。

### 三 “先富”带动“后富”实现共同富裕

随着改革开放的深入进行及经济社会的不断发展，收入差距逐渐拉开，贫富差距在20世纪90年代开始显现并日趋严重，作为中国改革开放总设计师的邓小平，对于贫富分化与共同富裕这个问题有着高度的关注与深刻的思考，尤其是在20世纪90年代以后。他说：“经济发展到一定程度，必须搞共同富裕。我们要的是共同富裕，这样社会就稳定了。”“中国情况是非常特殊的，即使百分之五十一的人先富裕起来了，还有百分之四十九。也就是六亿多人仍然处于贫困之中，也不会有稳定。”① 在不同的场合，邓小平不止一次地表达了对于中国社会出现巨大贫富差距时候深深的忧虑：“少部分人获得那么多财富，大多数人没有，这样发展下去总有一天会出问题。分配不公，会导致两极分化，到一定时候问题就会出来。这个问题要解决。”

① 冷溶等主编：《邓小平年谱》，人民出版社2004年版，第1312页。

“要利用各种手段、各种方法、各种方案来解决这些问题。”① 不仅多次提出解决这个问题的重要性，而且，邓小平还提出了解决这个严重问题的具体时间，不是在遥远的未来，而是在即将到来的20世纪末，可见，邓小平认为这个问题的解决已经严重到了刻不容缓的地步。“什么时候突出地提出和解决这个问题，在什么基础上提出和解决这个问题，要研究。可以设想，在本世纪末达到小康水平的时候，就要突出地提出和解决这个问题。”② 不但如此，邓小平甚至就如何解决地区之间的贫富差距提出了具体的途径：“到那个时候，发达地区要继续发展，并通过多交利税和技术转让等方式大力支持不发达地区。不发达地区又大都是拥有丰富资源的地区，发展潜力是很大的。总之，就全国范围来说，我们一定能够逐步顺利解决沿海同内地贫富差距的问题。”③

学术界一般在说到邓小平的“鼓励一部分人先富起来，然后先富带动后富，最后实现共同富裕”这一思想的时候，往往只强调前一部分，进而认为“一部分人先富起来”的理念是后来产生巨大贫富差距和社会不公的思想根源。客观而言，一部分人先富起来，既有历史的必然，也有存在的合理性。重点在于：让一部分能够先富起来的人“先富”起来并没有错，但是，先富起来之后呢？“先富”者是否有意愿、一定能够带动“后富”者、进而实现社会的共同富裕呢？是否有制度保障这种战略构想的付诸实施呢？社会保障制度作为社会资源再分配的主要方式，在初次分配无法保证社会产品公平分配的前提下，社会保障资源实现社会公平和社会正义的这一价值理念必须加以强化，而不是被市场经济的“胜者全得博弈”的逻辑所裹挟。这是经济保持近四十年高速增长之后，我们必须思考并研究解决的价值理念问题。

对于诞生于1921年的中国共产党而言，1949年中华人民共和国成立，意味着中华民族站起来了。“让一部分人先富起来，先富带动

① 冷溶等主编：《邓小平年谱》，人民出版社2004年版，第1312页。

② 《邓小平文选》（第三卷），人民出版社1993年版，第374页。

③ 《邓小平文选》（第三卷），人民出版社1993年版，第374页。

后富，然后实现共同富裕”。这是中国改革开放总设计师邓小平当时的制度初衷，自从20世纪90年代之后，中国经济确实获得了长足进展，到2010年，中国GDP位居全球第二，更多的富人产生了，然而，问题在于：先富起来的人有没有动机和意愿带动尚未富起来的人呢？促使他们带动“后富”的根本原因是什么？如果这些先富起来的人并没有带动“后富”者的动机和愿望，政府怎样以制度约束及理念倡导才能够真正促成社会财富在全社会相对公平的分配呢？

虽然，先富者富裕不是贫困者未富的直接原因，但是如果物质财富方面先富起来的大多数人，并没有在精神方面成为具有扶贫济困品质的“贵族”，连作为一个普通意义上现代公民所具有的照章纳税、依法纳税这种最起码的思想意识和法律观念都不具备，那就更遑论有意愿带动“后富者”脱困！这样看来，在没有相应的制度约束与理念指引的前提下，“先富带动后富，最后实现共同富裕”，就有可能成为施政者的一厢情愿。

### 四　“效率优先、兼顾公平”对社会保障理念的裹挟

从1980年到2002年，社会保障遵从了经济体制领域内的“效率优先而公平不足”。[①] 改革开放以来，中国经济的发展举世瞩目，并且迄今保持了连续40多年的高速增长，被世界经济学界引为“中国奇迹”，然而，市场经济体制结构方面本身的缺陷及贫富差距现象也逐渐显现，市场经济体制并不完善，贫富差距被迅速拉开，社会不公现象愈演愈烈，调节利益关系成为经济快速增长过程中迫切需要解决的问题之一。

1994年，党的十四届三中全会通过了《关于建立社会主义市场经济体制若干问题的决定》，明确提出“建立合理的个人收入分配和社会保障制度的目标”，规定了新的改革方向：建立脱离于单位所有制之外的、社会化的保障体系。当时的国有企业面临着转换经营机制

---

① 杨燕绥、赵建国、韩军平：《建立农村养老保障的战略意义》，《战略与管理》2004年第2期。

和建立现代企业制度的艰巨任务，因此，社会保障制度改革首先是从国有企业开始的，当时社会保障的制度定位是成为“社会主义市场经济体制的五大支柱之一和国企改革的配套工程”，既然社会保障制度是一个附属于社会主义市场经济体制运行逻辑的配套工程，那么，经济体制领域内所强调的“效率优先、兼顾公平”就自然而然地成为社会保障制度的价值理念与运行逻辑。甚至于在以“效率优先、兼顾公平”为价值准则的情况下，“兼顾公平”就往往成了“不顾公平”。“实际上，从提出和倡导让一部分人先富起来时的改革便开始了近二十年的强化效率和弱化公平的历程。”①

事实上，公平与效率本身是一对相辅相成的对立统一体，既相互对立，又相辅相成，不能完全被割裂开来，就其本质而言，只有实现公平，才能提高效率，而提高效率也是为了实现更大程度上的公平。

应该说，效率与公平本身并没有对错好坏之分，只不过这一对范畴却有其不同的适用范围，或者说在不同的领域具有不同的价值优先排序。在市场经济的运行机制下，效率是市场经济的核心要义，市场经济本身就是竞争经济、效率经济，没有效率就不是真正意义上的市场经济；然而，市场经济并不会自动实现社会公平，甚至于，与市场经济随形如影的常常是“赢家通吃”或“胜者全得博弈”，造成“马太效应”等社会现象。这种结局不是实现了社会公平，有可能是加剧了社会不公；在社会保障领域，由于社会保障制度本身就属于对于社会公共资源的二次分配及三次分配，是对于市场经济运行逻辑的“政府干预”，是对于市场经济运行结果的“纠偏”，社会保障是二次分配，慈善事业属于三次分配，其最终目的都是为了更大程度上实现社会公平。由此可见，在社会保障领域中，应该有相对独立于经济领域的价值理念，“社会公平”具有优先的价值排序，而不是被市场经济的“效率优先”逻辑及其理念所裹挟。

1992 年，邓小平在“南方谈话”中提出了“三个有利于”的标

① 曾湘泉：《价值理念、收入分配差距与社会保障制度构建》，《中国人民大学学报》2002 年第 3 期。

准，将中国共产党的“为人民服务”、以人为本推进到了一个新境界。实际上是对“以人为本”的标准进行了可行性的量化与测度：首先是生产力标准，这是由当时中国生产力发展的迫切需要决定的，是前提和条件；其次是综合国力标准，增强社会主义国家的综合国力，国泰则民安，国强则民富，这是由近代以来帝国主义侵略是导致国家积贫积弱、人民民不聊生的历史因素决定的，是基础和依托；最后是人民生活水平标准，有利于提高人民的生活水平，是目标和归宿，生产力发展、国家综合实力提高，最终都要落实和体现在人民生活水平的提高上。

## 第三节 江泽民时期“就业是民生之本”的理念

20 世纪 90 年代以后，市场经济改革的大幕在中国大地徐徐拉开，实现了社会主义与市场经济在中国首次结合的伟大创举，市场经济体制改革的推进对于社会保障制度提出了新的要求，以江泽民为核心的党的第三代中央领导集体对于健全和完善中国社会保障制度提出了一系列新的重要论述，为社会保障制度的完善起到了重要的引领作用。

2000 年，以江泽民为代表的中国共产党第三代领导人将中国共产党一以贯之“为人民服务”理念推进到了新高度，提出了“三个代表”重要思想，这是在继承和发扬毛泽东、邓小平等“人民利益标准”“生产力标准”之外，强调了“先进文化”的新标准，因为发展是执政兴国的第一要务。当经济发展到了一定程度的时候，人们在精神方面的需求以及对于自身文化等素质提高的诉求将被置于重要的位置。“发展可以最终以文化概念来定义，文化的繁荣是发展的最高目标。”对中国共产党一以贯之的以人为本之内涵与境界进行了新的扩展与提升。“三个代表”重要思想作为党和国家事业兴衰成败的检验标准，这是吸取和总结其他社会主义国家兴衰成败的历史经验和教训所得出的真理。在社会保障方面的重要论述主要体现在以下几个方面。

## 一　社会保障是社会主义市场经济体制的重要组成部分

在党的十四届三中全会上通过的《中共中央关于建立社会主义市场经济体制若干问题的决定》，提出继续在市场经济领域中坚持“建立以按劳分配为主体，效率优先、兼顾公平的收入分配制度，鼓励一部分地区一部分人先富起来，走共同富裕的道路”。在这个《决定》中，15 次讲到“社会保障”，这应该是中国政府在官方文件中较早明确提出、并且多次对“社会保障”这一概念进行了强调。“在那些市场调节力所不及的若干环节中，也必须利用计划手段来配置资源。同时，还必须利用计划手段来加强社会保障和社会收入再分配的调节，防止两极分化。”[①] 十四届三中全会明确强调“建立多层次的社会保障制度，为城乡居民提供同基本国情相适应的社会保障，促进经济发展和社会稳定。这些主要环节是相互联系和相互制约的有机整体，构成社会主义市场经济体制的基本框架”。[②] 将社会保障制度作为构成社会主义市场经济体制的基本框架，突出了社会保障制度极为重要的地位。

## 二　就业是民生之本的理念

2002 年 9 月，江泽民在全国再就业会议上明确提出了“就业是民生之本”的重要理念。“扩大就业，促进再就业，关系改革发展稳定的大局，关系人民生活水平的提高，关系国家的长治久安，不仅是重大的经济问题，也是重大的政治问题。”[③] 将就业作为当时全党全国各项工作的重中之重。江泽民在全国再就业工作会议上强调：“我国是社会主义国家，我们党的宗旨是全心全意为人民服务，千方百计解决好群众的就业问题，就是为人民办实事，就是贯彻‘三个代表’要求的重大实践。各级党委和政府一定要把就业再就业工作，始终作

① 《江泽民文选》第一卷，人民出版社 2006 年版，第 201 页。

② 《中共中央关于建立社会主义市场经济体制若干问题的决定》，中国共产党第十四三中全会 1993 年 11 月 14 日通过。

③ 《江泽民文选》(第三卷)，人民出版社 2006 年版，第 506 页。

为关系改革发展稳定的大事，务必抓紧、抓实、抓好。”①

### 三　坚持底线思维关注民生“短板”

提出了“两个确保”与“三条保障线”的制度措施，在社会保障方面颁布了重要的具体措施。从 1998 年开始，为保障企业离退休人员和国有企业下岗职工的基本生活，中共中央提出了“两个确保”的工作目标：一是“确保”企业离退休人员基本养老金按时足额发放；二是“确保”国有企业下岗职工基本生活。即“两个确保”；而“三条保障线”就是指建立“下岗职工基本生活保障、失业保险和城镇居民最低生活保障制度”。针对当时失业、下岗人员增加的社会现象，江泽民等中央领导人明确提出：“要继续巩固‘两个确保’，搞好下岗职工基本生活保障、失业保险和城市居民最低生活保障制度的衔接，切实做到应保尽保。”② 这些重要举措，成为中国在面临市场经济体制改革及国有企业深化改革双轮驱动之下，降低失业率、保障下岗职工基本生活极为重要的制度措施。“两个确保”及“三条保障线”对于降低市场经济震荡、消除国企打破“铁饭碗”后的阵痛、进而保障城镇职工和城市居民基本生活，维护社会稳定，发挥了极为重要的作用。

### 四　“社会统筹与个人账户相结合”的筹资模式

“城镇职工养老和医疗保险金由单位和个人共同负担，实行社会统筹和个人账户相结合。进一步健全失业保险制度，保险费由企业按职工工资总额一定比例统一筹交。普遍建立企业工伤保险制度。”1991 年颁布的国发〔1991〕33 号文规定：“改变养老保险完全由国家、企业包下来的做法，实行国家、企业、个人三方共同负担，职工个人也要缴纳一定的费用。”四年之后的国发〔1995〕6 号文《国务院关于深化企业职工养老保险制度改革的通知》，首次提出了“基本

---

① 《江泽民文选》（第三卷），人民出版社 2006 年版，第 507 页。

② 《江泽民文选》（第三卷），人民出版社 2006 年版，第 509 页。

养老保险费用由企业和个人共同负担。实行社会统筹与个人账户相结合”这一筹资模式，体现的是筹资主体的多元并举，其实质是要实现公平与效率相结合，自我保障与社会互济相结合，坚持了社会保障制度资金来源多渠道、责任主体多元化的改革方向，增强制度的可持续性。——“社会统筹与个人账户相结合”，成为中国社会保障制度在筹资模式方面的创新之一。

1998 年之前的社会保障事业是由不同的机构各自管理的，根据不同的行业与不同的机构，各自管理各自所属企事业单位的社会保障，由于各行业之间各自为政，当时的社会保障本质上属于“行业保障制度”或“企业保障制度”，而不是真正意义上的“社会保障”制度，直到 1998 年，中华人民共和国劳动和社会保障部成立以后，才结束了这种“多龙治水”的状况，建立了由全国统一负责的社会保障管理机构——“劳动和社会保障部”，统一了社会保险的基本政策。也基本统一了全国社会保障的管理机构，这样就提高了社会保障事业的管理层次与水平，形成社会保险基金筹集、运营的良性循环机制。这成为社会保障实现真正意义上的“社会”保障而不是“行业”保障或“企业”保障的重要标志。

## 第四节　胡锦涛时期的社会保障实践与理念

2003 年，以胡锦涛同志为总书记的党中央，总结中国发展实践，借鉴国外发展经验，适应中国发展要求，提出了科学发展观这一重大战略思想。基本内涵为“坚持以人为本，树立全面、协调、可持续的发展观，促进经济社会和人的全面发展”，第一要义是发展，核心是以人为本，基本要求是全面协调可持续，根本方法是统筹兼顾，以人为本处于核心地位。而在社会保障政策方面，自党的十六大以来，实行一系列加快社会保障制度建设的政策和措施，初步形成了“广覆盖、保基本、多层次、可持续”的社会保障制度体系。

### 一　进一步强化社会保障的重要地位

“社会保障是社会和谐稳定的‘安全阀’。”① 温家宝在2008年指出：“要把完善社会保障体系作为安邦兴国的根本大计。社会保障制度是保证国家长治久安的根本性制度。”② 胡锦涛在党的十七大报告中明确提出：“加快建立覆盖城乡居民的社会保障体系，保障人民基本生活。社会保障是社会安定的重要保证。”标志着社会保障制度的发展已经进入到了一个新的发展阶段，从单纯建立城镇职工基本养老保险制度的时期，发展到了“覆盖城乡居民的社会保障体系”的时期，随后，一系列加快构建城乡社会保障制度体系的政策措施密集出台，尤其是对于农村居民的社会保障制度建设加大了多方面投入的力度。

### 二　“覆盖城乡居民”、补齐制度“短板”

21世纪之前，如果说，社会保障制度体制内行业之间待遇的不公平，仅仅表现在社会保障待遇的多与少之间的差别的话，那么，社会其他阶层与农民阶层之间社会保障待遇的差距则表现为有与无之间的差别。农民人数众多而针对农民的社会保障制度又相对缺乏，农民的社会保障制度的供给与需求之间存在巨大的制度缺口，农村社会保障制度的滞后，“三农”问题成为制约中国社会经济发展的“巨人的短腿”，针对这种社会不公现象，政府逐步对于农民进行制度性的“反哺”，进而出台了一系列重要的“惠民”政策。2006年10月，中共中央十六届六中全会通过的《中共中央关于构建社会主义和谐社会若干重大问题的决定》强调：“各级政府要把基础设施建设和社会事业发展的重点转向农村。”还强调：“要加快推进新型农村合作医疗，逐步建立农村最低生活保障制度，有条件的地方探索建立多种形式的农村养老保险制度，解决好被征地农民的就业和社会保障。”同年，

① 胡锦涛：《全面贯彻落实科学发展观，推动经济社会又快又好发展》，《求是》2006年第1期。

② 温家宝：《关于深入贯彻落实科学发展观的若干重大问题》，《求是》2008年第21期。

许多政策相继出台：全国取消了农业税，这在中国社会发展史上具有十分重要的意义；《国务院关于解决农民工问题的若干意见》出台，明确强调“以人为本、公平对待，尊重和维护农民工的权益”，将农民工开始纳入社会保障制度。2009 年，“新型农村社会养老保险”试点在全国开始，这几项制度的出台，标志着国家对于“三农”问题的高度关注以及惠农政策的逐步实施。“覆盖城乡居民”、补齐制度“短板”成为这一时期社会保障制度的一个重要理念。

### 三　促进社会保障规范化、法治化进程

2004 年的宪法修正案提出，宪法第十四条增加一款，作为第四款：“国家建立健全同经济发展水平相适应的社会保障制度。”至此，“建立健全同经济发展水平相适应的社会保障制度”正式被写入宪法。2010 年 10 月颁布的《中华人民共和国社会保险法》（简称《社会保险法》）是中国特色社会主义法律体系中的重要组成部分，2011 年 7 月正式实行。同年，《自然灾害救助条例》与《流动就业人员基本医疗保险关系转移续接暂行办法》颁布，这几项法律或条例的出台，标志着社会保障制度向着法治化、规范化、制度化迈出了一大步。《社会保险法》的出台，是社会保障法治建设史上具有里程碑式意义的事件。这部《社会保险法》对于构成社会保障制度主体的五大险种提供了相应的法律依据。

## 第五节　习近平新时代“以人民为中心”“人民至上”的民生理念

党的十八大以来，以习近平总书记为核心的党中央，提出和实践了一系列改善民生的重要论述和实践措施。中国古代优秀传统文化中的民本理念是习近平关于民生重要论述的理念渊源，马克思主义的群众史观，是习近平关于民生重要论述的方法论基础，人民主体性是习近平关于民生重要论述的核心理念，几代共产党人改善民生的社会实践，是习近平关于民生重要论述的现实依据。习近平关于民生重要论

述的核心要义，就是明确了“发展为了谁”“发展依靠谁”以及“怎样发展”的根本性问题，就是坚持以人民为中心、确立了人民的主体性地位。习近平新时代民生事业及民生实践，彰显了中国共产党人的初心与使命，巩固了中国共产党的执政地位，诠释了中国特色社会主义的本质内涵。

习近平关于民生的重要论述，是习近平总书记在领导中国特色社会主义现代化建设的过程中，站在新的历史起点，面对新形势、新任务、新挑战，创造性地提出的一系列关于民生问题的看法、观点、思路和政策的综合。[①] 习近平在中国特色社会主义民生实践中以及在党的十九大报告中，提出了一系列改善民生的新理念、新战略、新观点与新举措，形成了独具特色的社会主义民生思想，既是对于中国传统文化中民本思想的扬弃与超越，也是对于马克思主义经典作家民生思想的继承和发展，丰富了中国共产党的民生理论，引领了中国特色社会主义的民生事业，把中国化马克思主义民生思想提升到了一个新境界。研究和学习习近平关于民生的重要论述，对于推进新时代中国特色社会主义民生事业，具有重要的理论价值与现实意义。

## 一　习近平关于民生重要论述的理念渊源[②]

### （一）中国传统文化中“以民为本”的价值理念是习近平关于民生重要论述的文化渊源

民生问题既是一个历久弥新的古老问题，也是一个超越时空的世界性问题。何谓民生？最简单的理解是“人民的生计”。[③] 也就是事关人民的生存、生活与发展的一系列问题。

在任何一个社会里，人民都是最基本的社会群体。中国古代大量的优秀传统文化典籍中，蕴含着丰富的“民本”理念，甚至于将

---

① 刘刚：《习近平的民生思想》，《中共青岛市委党校学报》2016 年第 5 期。

② 本部分内容笔者已于 2018 年 6 月在《天水师范学院学报》第 3 期上以《习近平民生思想的理念渊源、核心要义及当代价值》为题目公开发表，在收入本书时，做了部分的调整和修改。

③ 《现代汉语词典》，外语教学与研究出版社 2002 年版，第 1346 页。

“民生”与“国计”相提并论，是谓“国计民生”。一般来说，“民本”就是“以民为本”，在古代儒家文化典籍《尚书·五子之歌》中，就有“皇祖有训，民可近，不可下，民惟邦本，本固邦宁”。《礼记·礼运》里就“民生”问题提出了设想：“选贤与能，讲信修睦，人不独亲其亲，不独子其子，使老有所终，壮有所用，幼有所长，鳏寡孤独废疾者皆有所养。”这为我们描绘出了一个原始的共产主义社会，即“大同社会”。《穀梁传》从重民的思想出发，力主仁德之治，明确指出“民者，君之本也”，对那些只顾个人享乐，不顾百姓死活的君主，予以讥斥。认为那些昏君暴主败亡出奔，则“民如释重负”进行讥讽和斥责。而对那些爱护百姓，在志民生的圣主明君，则予以赞美。（由于中国古代除“民”注重群体属性而“人”侧重个体属性外，“民”与“人”经常通用，因此“民本思想”又常常多指“人本思想”。而西方及后来的语境当中的“以民为本”与“以人为本”却是具有不同含义的。）民本思想的基本含义就是“人民才是国家的根本和基础”，即人民是国家、社会的价值主体。

然而，“任何一个时代的统治思想始终都不过是统治阶级的思想。”① 无论是“民为邦本，本固邦宁”理念，还是孟子的“民为贵，君为轻，社稷次之”，抑或管仲所提出的“夫霸王之所始也，以人为本，本理则国固”，这些思想以及在这种思想指引下的重视民生的种种措施，其本质都是为了成就霸业或维护现存统治，而以民为本，只不过是达到这一目的之手段。

对于中国古代丰富的民本思想与理念，需要坚持辩证唯物主义的立场与方法进行分析，一方面，由于阶级社会的根本局限性，中国古代的民本思想是站在统治阶级的立场，为了维护统治阶级的等级秩序而提出的，人民处于被统治、被奴役的从属地位，民本思想能否在实践中付诸实施，取决于等级社会的明君贤相，人民在阶级社会里的客体、从属、依附性的地位不可能发生根本性的变革，民本思想只具有工具理性价值而不具备价值理性的意义。另一方面，民本思想与理念

① 《马克思恩格斯选集》（第一卷），人民出版社 2012 年版，第 420 页。

体现了统治者对于劳动人民的重视、善待与安抚，彰显了重民、爱民、贵民、保民的价值理念，一定程度上均起到了缓解阶级矛盾、减轻人民负担进而避免王朝衰败的结果，因此，具有积极的历史作用。

习近平非常重视中国传统文化中的民本思想，对其进行了积极的“扬弃”，超越与创新了传统意义上的民本思想，赋予民本思想以崭新的时代内涵。在关于治国理政的思想中以及执政实践中，习近平坚持以人为本、以民为本的核心理念，继承发扬了马克思主义人民群众的历史主体地位，以马克思主义历史唯物主义的群众史观为世界观和方法论，提出了新时代解决民生问题的战略目标、战略部署以及现实路径。

**（二）马克思主义视阈下以人为本的人学理论是以习近平为代表的中国共产党人民生实践的思想基础**

人民是指推动历史发展的绝大多数社会成员的总和，其主体就是从事各种社会劳动的广大群众。其含义等同于群众、大众、民众，合起来称“人民群众”。马克思主义视域下的“以人为本”就是以人民为本体、本位、主体和目的，人民是一个历史的、政治的范畴，也是一个集合概念、群体概念，从来没有哪一个个人能够被称之为“人民”，个人充其量只是“人民”中的一分子。“人民是什么？在中国，在现阶段，是工人阶级，农民阶级，城市小资产阶级和民族资产阶级。”[①] 而能否以“人民”为本、以最广大社会群体为根本，是判断一个政党阶级属性的基本标准。中国共产党诞生以来的民生实践就是以马克思主义以人为本的人学理论为思想基础的。

毛泽东为追悼张思德而做的演讲《为人民服务》一文里，将中国共产党及其领导下的人民军队的奋斗宗旨概括为五个字，那就是——“为人民服务”。当然，这里面“为人民服务”一方面是对中国共产党的领导干部、人民军队及普通党员的基本要求，同时也需要指出的是：在阶级被消灭以后，“人民”，既是被服务的客体，同时也是服务的主体，强调为人民服务实际上就是要求全社会形成一种“人人为

① 《毛泽东选集》（第四卷），人民出版社1991年版，第1475页。

我，我为人人”的生动活泼的局面，强调人民的主体地位，这样就能够避免：在强调公务员以及共产党员的“公仆意识”“服务意识”之外，消除了等级社会的“官本位”“权力本位”之后又凸显出来一个“被服务的对象”人民。其实，这里面一个重要的价值意蕴在于：以人为本的本质含义是在承认以人为本的原初含义、第二层含义的基础上的内涵扩展，体现了马克思主义的世界观与方法论，也体现了“以人为本”的价值内涵与价值意蕴。

习近平时期对于民生的关注程度前所未有，在党的十九大报告中提出“必须多谋民生之利、多解民生之忧，在发展中补齐民生短板、促进社会公平正义，在幼有所育、学有所教、劳有所得、病有所医、老有所养、住有所居、弱有所扶上不断取得新进展……”[①] 2017 年度的一系列民生数据，昭示着中国特色社会主义进入了“民生至上”的新时代：“我国国内生产总值迈上 80 万亿元人民币的台阶，城乡新增就业 1300 多万人，社会养老保险已经覆盖 9 亿多人，基本医疗保险已经覆盖 13.5 亿人，又有 1000 多万农村贫困人口实现脱贫。‘安得广厦千万间，大庇天下寒士俱欢颜！’340 万贫困人口实现易地扶贫搬迁、有了温暖的新家，各类棚户区改造开工数提前完成 600 万套目标任务。各项民生事业加快发展，生态环境逐步改善，人民群众有了更多获得感、幸福感、安全感。”[②] 党的十九大报告将民生目标的“五有”明确拓展为“七有”，标志着中国共产党对于民生内容的新拓展、对于民生建设目标的新高度。

### （三）群众史观是习近平民生重要论述的世界观与方法论基础

马克思把人的自由全面发展作为自己哲学的终极使命。马克思主义唯物史观即科学的群众史观是习近平关于民生的重要论述的世界观和方法论基础。[③] 马克思主义确立了人民群众在创造历史活动中的主体地位。人民群众是物质资料生产者，因而人类历史也是人民群众创

① 《习近平谈治国理政》（第三卷），外文出版社 2020 年版，第 18 页。

② 习近平：《国家主席习近平二〇一八年新年贺词》，《人民日报》2018 年 1 月 1 日第 1 版。

③ 刘开法：《习近平的民生观研究》，《前沿》2013 年第 6 期。

造历史的活动。肯定了人民群众在创造历史中的决定性作用。马克思主义的诞生，为人类历史的发展提供了一个石破天惊的新坐标：无产阶级可以不再是被奴役和被压迫的对象。一部马克思主义诞生、发展的历史，就是一部无产阶级在先进政党领导下，不断摆脱被奴役、不断追求自身解放的历史。“代替那存在着阶级和阶级对立的资产阶级旧社会的，将是这样一个联合体，在那里，每个人的自由发展是一切人的自由发展的前提。”① 这就使得人的主体地位得以真正确立。马克思主义经典作家，关注人的生存，将人的生存与发展置于现实的经济基础之上，将人的生存与发展与社会生产活动密切联系起来。马克思本人在选择职业时，毅然选择了“最能为人民谋福利的职业”，“如果我们选择了最能为人类福利而劳动的职业，那么，重担就不能把我们压倒，因为这是为大家而献身。”正如习近平在纪念马克思诞辰200周年大会上的讲话中所说的：“马克思主义之所以具有跨越国度、跨越时代的影响力，就是因为它植根人民之中，指明了依靠人民推动历史前进的人间正道。”②

## 二　习近平关于民生重要论述的核心要义

习近平关于民生的重要论述切实体现了以人为本的本质内涵。以人为本是领导者和管理者们一改作为民之父母官的常态，视黎民百姓为衣食父母，而自己不过是服务和造福于民生的仆人。③ 以人为本有三重含义，首先，以人为本的初始含义是强调对于人的尊重与善待；第二层含义是强调人与人之间是平等的，不因出身、职业、性别或其他因素而有所差别；马克思主义赋予以人为本以最高诉求：不仅要善待、关爱、重视人，也不仅承认人与人之间是平等的，而且要求国家公务员是人民的公仆，而不是人民的官老爷，要求全体公务员需要切实履行“为人民服务”的基本宗旨，这是以人为本的最高价值诉求。

---

① 《马克思恩格斯选集》（第一卷），人民出版社2012年版，第422页。

② 习近平：《在纪念马克思诞辰200周年大会上的讲话》，《人民日报》2018年5月5日第1版。

③ 张奎良：《马克思视域中的以人为本》，《马克思主义与现实》2004年第3期。

习近平在其政治实践中，切实体现了这一理念。2016 年，习近平到江西调研，到了贫困户张成德家，张成德的老伴拉着总书记的手激动地说："感谢您来看我们，您可是国家的当家人啊。"习近平说："是人民当家作主，我们是人民的勤务员，帮你们跑事的。"在河北，他在太行山深处的贫困村与村民炕头话家常；在甘肃，他在餐厅里为一位七旬老人端饭；在江苏，他花 30 元买了村民的手工香包、给八十岁的村民"捧场"。2019 年 8 月 19 日到 22 日，习近平总书记来到了甘肃考察，期间来到了武威市古浪县黄花滩生态移民区富民新村村民李应川的家里，同村民李应川拉家常的时候说道："我们是全心全意为人民服务的党，一心一意追求老百姓的幸福。路很长，我们肩负的责任很重。这方面不能有一劳永逸、可以歇歇脚的思想……共产党就是为人民服务的，就是为老百姓办事的，让老百姓生活更幸福就是共产党的事业。"以习近平为代表的中国共产党人的改善民生的实践历程，就是向马克思主义的以人为本的最高价值诉求不断迈进的历程。

习近平关于民生的重要论述，其核心要义就是明确提出了"发展为了谁""发展依靠谁"以及"怎样发展"的根本性问题，就是坚持以人民为中心，确立了人民的主体性地位。习近平在党的十九大报告中提出，中国特色社会主义进入新时代后，社会主要矛盾是人民日益增长的美好生活需要和不平衡不充分的发展之间的矛盾，必须坚持以人民为中心的思想，不断促进人的全面发展、全体人民共同富裕。并且提出了解决这一主要矛盾、满足人民日益增长的美好生活需要的奋斗目标、总体布局、战略思维、实现步骤、政治保证等。为新时代中国特色社会主义民生事业提供了思想指南和行动方略。

发展为了谁？——"人民对美好生活的向往，就是我们的奋斗目标。"习近平强调了民生工作的极端重要性、长期性和系统性。改善民生是一切工作的出发点和落脚点。党的十九大报告指出："全党同志一定要永远与人民同呼吸、共命运、心连心，永远把人民对美好生活的向往作为奋斗目标，以永不懈怠的精神状态和一往无前的奋斗姿态，继续朝着实现中华民族伟大复兴的宏伟目标奋勇前进。""保障和改善民生是一项长期工作，没有终点站，只有连续不断的新起点，要实现经济发展和民生改善良性循环。”民生改善是一项长期的、系统的、复杂的工程，民生工作没有终点站，只有“进行时”，没有“完成时”。

发展依靠谁？——“人民群众是我们力量的源泉。”① 党的十九大报告将“以人民为中心”确立为新时代坚持和发展中国特色社会主义的基本方略，坚持了人民的主体地位。党的十九大报告提出，“人民是历史的创造者，是决定党和国家前途命运的根本力量。必须坚持人民主体地位，坚持立党为公、执政为民，践行全心全意为人民服务的根本宗旨，把党的群众路线贯彻到治国理政全部活动之中，把人民对美好生活的向往作为奋斗目标，依靠人民创造历史伟业。”强调了改善民生的根本动力，就是中国共产党的初心。“不忘初心，牢记使命”。中国共产党人的初心和使命，就是为中国人民谋幸福，为中华民族谋复兴。这个初心和使命是激励中国共产党人不断前进的根本动力。党的十八届三中全会将完善和发展中国特色社会主义制度，推进国家治理体系和治理能力现代化作为全面深化改革的总目标。从统治到管理到治理现代化等理念的出现，不但是治理理念的重大创新，更是人民地位由被动从属到主动参与、由缺席到在场、由客体到主体地位的历史性进步。

怎样发展？——习近平提出了“底线”思维理念及总体思路——坚持统筹兼顾、谋划全局，补齐民生短板、打赢脱贫攻坚战。总体思路是“守住底线、突出重点、完善制度、引导舆论”。强调了民生工程的重要保障及实践路径。2013 年，习近平在湖南湘西十八洞村调研时首次提出精准扶贫重要思想。要求六个“精准”即“扶持对象精准、项目安排精准、资金使用精准、措施到户精准、因村派人安排精准、脱贫成效精准”。习近平在民生实践中也始终将人民群众的冷暖挂在心上，坚持整体思维、关注民生“短板”，尤其是关注农村的社会弱势群体。强调保障农民这一低收入群体的基本生活的重要意义。坚持在发展中保障和改善民生。增进民生福祉是发展的根本目

① 《习近平谈治国理政》（第一卷），外文出版社 2014 年版，第 5 页。

的。必须多谋民生之利、多解民生之忧，在发展中补齐民生短板、促进社会公平正义，在幼有所育、学有所教、劳有所得、病有所医、老有所养、住有所居、弱有所扶上不断取得新进展，将民生目标拓展为“七有”。深入开展脱贫攻坚，保证全体人民在共建共享发展中有更多获得感，不断促进人的全面发展、全体人民共同富裕。标志着党对于民生建设目标的新认识以及对于民生内容的新拓展。

提出了未来民生事业的战略规划和总体部署。“第一阶段，从二〇二〇年到二〇三五年，人民生活更为宽裕，中等收入群体比例明显提高，城乡区域发展差距和居民生活水平差距显著缩小，基本公共服务均等化基本实现，全体人民共同富裕迈出坚实步伐；第二个阶段，从二〇三五年到21世纪中叶，把我国建成富强民主文明和谐美丽的社会主义现代化强国。全体人民共同富裕基本实现，人民将享有更加幸福安康的生活。”党的十九大报告指出，加强社会保障体系建设，按照“兜底线、织密网、建机制的要求，全面建成覆盖全民、城乡统筹、权责清晰、保障适度、可持续的多层次社会保障体系”。

## 三　习近平关于民生重要论述的当代价值

### （一）习近平关于民生的重要论述与民生实践回应了人民群众不断增长的民生需求和民生期待，夯实了中国共产党执政的群众基础并巩固了其执政地位

党的十八大以来，以习近平为核心的党中央，在其执政期间相继颁布的一系列民生政策，满足了和正在满足着人民群众对于美好生活的需要。随着一系列合民心、顺民意的惠民政策的实施，提升了人民群众的幸福感与获得感，既增进了人民群众的民生福祉，也密切了中国共产党与人民群众的血肉联系，厚植了中国共产党执政的政治基础，进而巩固了中国共产党的执政地位。

### （二）习近平关于民生的重要论述与民生实践生动阐释了什么是中国共产党人的“初心”和“使命”

党的十九大报告中明确提出，“中国共产党人的初心和使命就是为中国人民谋幸福，为中华民族谋复兴。”这是对于中国共产党自诞

生以来始终如一之奋斗宗旨的宣示。中国共产党从20世纪20年代初诞生之时，就将民族独立、人民解放以及国家繁荣富强与人民共同富裕这两大历史任务当作自己孜孜以求的历史使命。经过28年的艰苦奋斗与不懈追求，1949年中华人民共和国诞生，标志着第一大历史任务已经完成，之后，国家繁荣富强、人民共同富裕的第二大历史任务被合乎逻辑地提上了议事日程。再经过半个世纪的发展，2010年，中国已经跃升为世界第二大经济体，国家综合国力与日俱增，人民生活得到极大改善。标志着在中国共产党的领导下，中国人民已经实现了从“站起来”到“富起来”的历史性飞跃。随着中国特色社会主义进入新时代，标志着中华民族即将实现从“站起来”到“富起来”再到“强起来”的历史性飞跃。“为中国人民谋幸福、为中华民族谋复兴”，始终是中国共产党人矢志不渝的历史使命和责任担当，始终是中国共产党人的“初心”和“使命”。

**（三）习近平关于民生的重要论述和民生实践，诠释了“社会主义”的本质内涵，有助于增强对中国特色社会主义的“四个自信”**

现代化是民族国家走向富强的不二法门，诞生于西方的资本主义现代化模式曾经一度被当作现代化的“样板”和“范本”，原因之一在于其完善而健全的社会福利体系——西方国家利用强大的经济实力成功化解了本国的“民生”问题，成为资本主义国家度过危机的“拐杖”。相比较而言，由于近代以来中国的特殊国情：“民族独立与国家富强”成为近代以来中华民族的两大历史任务，而救亡图存的必须性与民族独立的紧迫性使得社会建设事业、社会保障事业的重要性被悬置，新中国成立后，社会主义现代化建设才步入正常轨道，但是与一穷二白的经济基础相适应的只能是低水平、低层次、覆盖面参差不齐的社会福利体系。“文化大革命”十年，社会主义现代化进程被再次打断，与这一进程同时被中断的，还有刚刚起步不久的社会保障事业。1978年十一届三中全会以后，中国经济经过了40多年的中高速发展，中国特色社会主义制度所焕发的生机与活力日益显现，中国特色社会主义民生事业风生水起，这大大增强了中国人民对于高举中国特色社会主义旗帜的信心决心，增强了中国特色社会主义制度的说服力、吸引力、感召力与凝聚力。中国政府对于民生问题的高度关注以及人民群众幸福感、获得感的提升，诠释了“社会主义”的本质内涵，有利于增强人民对于中国特色社会主义的“四个自信”。2012年12月，习近平在河北省阜平县考察扶贫开发工作时强调：“消除贫困、改善民生、实现共同富裕，是社会主义的本质要求。”① 理论上进一步明确了社会主义的本质内涵。

综上，习近平关于民生的重要论述与民生实践，既是对于中国优秀传统文化中民本思想的积极扬弃，也是对于马克思主义群众史观的继承发展，还是对中国共产党历代领导集体民生保障实践与理念的丰富和完善，“以人民为中心、人民至上”的执政理念，是中国化马克思主义民生思想的最新成果，研究习近平关于民生的重要论述，具有重要的理论意义与实践价值。

## 第六节　中国共产党对于社会保障价值理念的创新

中国共产党成立以来，中国社会保障事业发生了翻天覆地的变化，从毛泽东时期到习近平时期，中国共产党在近百年社会保障实践历程中，对于社会保障事业做出的原创性贡献，迄今尚未得到发掘和梳理，本节将对此进行简略概述。当然，社会保障事业的进步是一个与时俱进的系统工程，对于社会保障事业实践与理念的创新也是一个与时俱进的过程，对此问题的研究需要要我们不断深入研究。

### 一　社会救助理念由“供养”到“增能”

在以社会救助为制度主体的社会保障时期，对于社会弱势群体以及对于老弱病残等需要救助者提供救助，就是社会保障制度的主要内容，社会救助的基本做法就是对这些群体进行分散或集中供养，当时能够为人们所接受的普遍共识是，对于需要救助的社会弱势群体进行

① 《习近平谈治国理政》（第一卷），外文出版社2014年版，第189页。

供养、赡养或抚养，就是最好的保障。根据马斯洛的需求层次理论，当人的低级需要满足之后，自然就会产生出更高级的需要。随着社会的进步以及人的主体性意识的逐渐觉醒，仅仅提供赡养或抚养的供养理论已经无法满足被供养者的需要，被供养者有了除物质需要满足之外的精神需要，这种精神需要只有通过提高其自身能力、参与社会、实现自我，才能得以满足。因此，社会救助的理念逐渐开始由社会供养向社会赋权增能演变。“社会增能指在社会关系中公民个人能力和群体行动能力得以提升的程度。”[①] 而在社会救助制度中，增能理论是指，对于残障人士等弱势群体的救助，不再仅仅包括物质给予、保障他们的基本生存，因为这种救助，虽然满足了其生存需要，但是，被供养者容易有心理方面的被疏离感和自尊心受挫感，以此形成被救济者自尊心理受伤害进而产生脱离主流社会的倾向，为了避免这种现象、真正体现对于残障人士或其他弱势群体的善待、尊重与关爱，需要尽可能地改变救助方式，让弱势群体提高自身生存技能，在提高自身能力的基础上，与社会相互融合并彼此接纳，这样才不至于使得他们脱离社会而受到人格尊严的伤害。

从社会供养理论到社会增能理论的提出，既是残障人士社会救助理念的嬗变，也是整个社会保障制度救助弱势群体价值理念变化的标志：标志着社会保障制度已经由单纯的供养到增能、由输血到造血、由粗放到精准、由“施财施物”到“赋权增能”、由物质援助到能力救助的变迁历程。中国政府创造性地提出了农村扶贫过程中，不但要真扶贫、扶真贫，而且要“扶贫”与“扶志”及“扶智”的齐头并进。阿玛蒂亚·森曾经说过：真正的贫困不是物资的匮乏，而是发展能力的不足。“我已论证过，可行能力剥夺作为处境劣势的一个标准，比收入低下更重要，因为收入只具有工具性意义上的重要性，并且收入的工具性价值还取决于很多社会的和经济的状况。”[②]

---

① 花菊香：《灾害社会救助中保障、凝聚、包容与增能之整合路径》，《社会科学》2010 年第 12 期。

② ［印］阿马蒂亚·森：《以自由看待发展》，任赜、于真译，中国人民大学出版社 2009 年版，第 126—130 页。

## 二 消除贫困由“大水漫灌”到“精准扶贫”

印度夏马尔大学教授卡玛奇亚表示，中国的脱贫攻坚战，不仅是中国消灭贫穷问题，更是为人类社会做出的巨大贡献，为包括发达国家在内的所有国家做出了榜样，这是中国方案和中国理念对世界的贡献。同样持有此观点的还有德国政治学家沃夫拉姆·阿多菲，他也认为：“中国政府是将减贫事业作为其使命和责任来对待和解决的，中国的减贫经验为世界提供了借鉴。”

2018 年 2 月 12 日，习近平总书记在打好精准扶贫攻坚战座谈会上的讲话中，用生动风趣的语言说道：“脱贫攻坚，精准是要义。”不搞大水漫灌，不搞“手榴弹炸跳蚤”。要精准滴灌，靶向治疗。必须坚持精准扶贫、精准脱贫。精准扶贫的核心要义就是要坚持扶贫对象精准、项目安排精准、资金使用精准、措施到户精准、因村派人精准、脱贫成效精准等“六个精准”。“六个精准”的扶贫理念是新时代习近平总书记在消除贫困问题上的原创性贡献，中国精准扶贫的政策及实践给全世界减贫事业贡献了崭新的中国方案与中国理念。

从实践上说，正如习近平总书记所说：“中华民族千百年来存在的绝对贫困问题，将在我们这一代人手里历史性地得到解决。”“到 2020 年现行标准下的农村贫困人口全部脱贫，是党中央向全国人民做出的郑重承诺，必须如期实现，没有任何退路和弹性。”标志着中国共产党不消除贫困决不收兵的决心和信心。

## 三 从“全面建设小康社会”到“全面建成小康社会”

“小康社会”作为战略构想，是改革开放的总设计师邓小平在 1979 年 12 月会见日本首相大平正芳时，根据我国经济发展的实际情况，第一次提出了“小康”的概念，并提出在 20 世纪末我国达到“小康社会”的构想。当时是作为中国式现代化、在规划中国经济社会发展蓝图时提出的初步构想。之后成为中国特色社会主义的奋斗目标。2002 年，党的十六大报告中明确提出了“全面建成小康社会的目标”：一是国内生产总值到二〇二〇年力争比二〇〇〇年翻两番；

二是社会主义民主更加完善，社会主义法制更加完备；三是全民族的思想道德素质、科学文化素质和健康素质明显提高；四是可持续发展能力不断增强，生态环境得到改善等……大会确立的全面建设小康社会目标，是中国特色社会主义经济、政治、文化全面发展的目标。经过了二个五年计划，到 2012 年党的十八大上，首次提出了全面“建成”小康社会，“建设”与“建成”仅一字之差，但含义相去甚远，标志着在经过了二十多年的建设、发展后，中国特色社会主义现代化已经基本达到或达到了小康社会的标准。党的十九大报告中提出：“我们既要全面建成小康社会、实现第一个百年奋斗目标，又要乘势而上开启全面建设社会主义现代化国家新征程，向第二个百年奋斗目标进军。”

全面建成小康社会是马克思主义中国化的最新成果，是将马克思主义基本原理与中国特色社会主义建设相结合的最新成果之一。2011 年，《中国全面建设小康社会进程统计监测报告》中，详细统计了 2000—2010 年中国全面建设小康社会及在六个方面的实现程度。这六个方面的指标分别包括了：经济发展、社会和谐、生活质量、民主法治、文化教育、资源环境等。“小康社会”的概念，在我国古代早就出现过，而且成为人们对于美好生活普遍向往的代称。但是，无论是“大同社会”还是“小康社会”仅仅都是一种美好的向往和抽象的理念，“全面建成小康社会”却将这种理念及美好诉求系统化、指标化、全方位化和可操作化，直到在 2020 年变成了现实，这是中国特色社会主义对于现代社会的重要贡献与理论创新。

## 四 社会保障由“保基本”向“美好生活”的过渡

社会保险制度是社会保障制度的主体，社会保险制度的基本理念是“保基本”，体现为对于养老、医疗、失业、工伤等制度的基本要求，随着经济社会的发展与社会主要矛盾的变化，以及小康社会的建成，社会保险中的养老保险制度的基本理念“保基本”将会嬗变为满足人们对于“美好生活”的需要；而医疗保险制度的基本理念将会由之前的保障人们的基本医疗需要向“健康中国”理念发展等。

随着中国特色社会主义进入新时代，随着中国社会主要矛盾的变化，国民对于社会保障的需求将会从“保基本”向“美好生活”过渡，中国社会保障制度发展阶段也将经历从“以社会保险制度为主体”向“以社会福利制度为主体”的阶段迈进，健全完善的社会保障体系将成为提升民生福祉、实现美好生活的制度安排。

中国共产党的社会保障实践探索及理念创新的历程启示：中国共产党成立以来，历代领导集体关于社会主义社会保障价值理念的嬗变既一脉相承，又是马克思主义与中国具体实践在不同时期的具体结合，既有中国共产党执政以来现实社会发展的迫切需要，同时也体现出社会保障制度本身发展由草创时期到迅速发展时期再到改革调整并不断扬弃的自身发展规律。

中国社会保障发展的历程对于当下社会保障制度的成熟与制度定型具有重要启示。这些实践探索与理论创新，将为未来形成有中国特色的社会保障模式及社会保障理论奠定坚实的基础，就目前而言，中国社会保障的理论研究还远远滞后于实践发展，即便是中国为全世界减贫事业做出的巨大贡献及时代价值，依然没有得到彰显和发扬，中国人的“活法”与文化意义还处于“有理说不出，说了传不远”的状态，因此，在当下社会保障学术领域中，中国特色社会保障需要中国言说与中国表达，中国人的生活方式亟须构建具有中国特色的社会保障价值理念。

# 第八章　当代中国社会保障的价值理念

综观近年来社会保障理论的研究趋向可以发现：我们只是在近代以来的资本主义制度文明中寻找切近的解困方案，既忽略了中华传统文明的丰富内涵，又消解了马克思主义的意识形态视角，将马克思主义基本原理与中国社会保障实践相结合，是实现社会保障价值理念创新之根本所在。实际上，“社会保障并非是一个超越意识形态的领域。”① 马克思主义是中国特色社会主义核心价值体系的灵魂。社会主义核心价值体系体现了社会主义意识形态的本质要求。“马克思主义是资本主义的病理学。”基于对资本主义批判的基础上，马克思揭示了其必然灭亡的历史命运。

“如果说，‘西方中心主义’是以资本主义的全球扩张为基本根据，那么，马克思主义则内在地包含着对‘西方中心主义’的批判和否定。”② 然而，由于西方资本主义国家在经济、政治、文化等领域中依然处于“执牛耳”地位，当下的“西方”依然是世界政治、经济、文化规则的制定者。因此，社会保障的理论体系与思维方式，依然难以摆脱“西方中心主义”的话语体系与运思逻辑，西方经典社会保障理论被奉若圭臬，西方理论与研究范式被用来衡量、剪裁和解读中国实践。“经济学帝国主义”甚嚣尘上，西方实证研究倾向蔚

---

① 陈玉照、刘鹏：《社会保障：一个并非超越意识形态的领域——社会保障“超意识形态论”批判》，《华东经济管理》2012 年第 4 期。

② 庄树宗：《政治合法性的祛魅：论破除西方中心主义的话语霸权》，《当代世界与社会主义》2013 年第 3 期。

然成风。“西方国家在基本国情、社会结构、制度模式、文化背景、风俗习惯等方面与中国存在诸多不同，如果简单地移植或照搬，则有可能南橘北枳、水土不服。”①

社会保障制度是一项“关乎国运、惠泽民众”的系统工程，是社会主义核心价值观的制度载体。要使传统文化成为滋养社会主义核心价值观的深厚土壤，必须使其与当今社会建立制度性的关联。以马克思主义为指导，吸收人类文明的一切优秀成果，汲取中国传统文化中符合现代人的价值理念，是当代中国社会保障价值理念建构的中国话语。以下几个方面，是当代中国发展语境中社会保障价值理念建构的重要内容。

## 第一节　社会保障价值理念建构的宏观层面

从宏观层面、中观层面及微观层面来考察，作为国家制度的社会保障其价值理念的建构，将会涉及国家层面的价值导向、社会的价值诉求，企业文化、家庭伦理，以及个人的价值观念与生活方式等方面。

就国家制度层面而言，社会保障是为了实现社会的公平正义及社会的整体和谐而创设的制度建构。人类对于公平正义的追求几乎与人类文明史一样漫长，而马克思本人就是以终身追求社会的公平正义、实现人的解放为己任。社会保障制度是人类文明之树上的香花美果，社会保障发展的历史更是人们追求社会公平与社会正义的历史。

### 一　公平正义是社会制度的首要价值

“公平”和“正义”原本是两个不同的概念范畴。“公平”，即英语中的 fairness，而“正义”则是 justice，在《现代汉语词典》的词义解释中，这两个词虽然词义相近，但又不尽相同，“公平”侧重于强调“不偏不倚，合乎情理”而“正义”一词则侧重于“公正的、

① 徐瑞仙：《对当今社会保障理论研究中几种倾向的反思》，《开发研究》2015 年第 1 期。

正当的、正确的、合乎道义的"。公平正义是人类社会孜孜以求的政治目标，尤其是正义问题则是中西政治哲学争论的焦点问题之一。美国哈佛大学教授、著名的政治哲学家约翰·罗尔斯（John Bordley Rawls）曾经说过："古代人的中心问题是善的理论，而现代人的中心问题是正义观念。"① 罗尔斯将"公平"与"正义"两个概念的基本内涵综合了起来，在他的代表作《正义论》（1971 年）一书中，提出了"作为公平的正义"（justice as fairness）的正义观念。确立了"正义"是社会制度首要善的原则："正义是社会制度的首要价值，正像真理是思想体系的首要价值一样。一种理论，无论它多么精致和简洁，只要它不真实，就必须加以拒绝或修正；同样，某些法律和制度，不管它们如何有效率和有条理，只要它们不正义，就必须加以改造或废除。"②

**（一）社会保障制度是实现公平正义的制度设计**

罗尔斯提出了对于社会制度而言，正义原则相对于其他价值原则而言所具有的先在性和不可逾越性，罗尔斯的正义论对于社会保障制度的价值理念提供了一种宝贵的思想资源与价值启示：正义是社会制度的首要原则，作为制度的社会保障同样也不例外；正义不是一种个人美德，而是关乎制度的价值标准，人都是在一定的制度下生活的，只有实现了制度的正义，才能对于人与人之间所产生的由于先天禀赋、家庭出身的不同而产生的社会不公进行调解，因为，正义总是体现为平等，只有在正义的社会制度之下，才能实现人与人之间的社会公平；人是制度的产物，正是在这个意义上，对于制度的道德评价，应该优先于对于个人的道德评价；先有制度的正义，才有人与人之间的公平、平等与正义。因此，正义是一切制度的首要原则，作为社会保障的基本制度，以公平正义作为制度的首要原则，是其题中应有之义。

---

① ［美］约翰·罗尔斯：《作为公平的正义——正义新论》，姚大志译，上海三联书店 2002 年版，第 444 页。

② ［美］约翰·罗尔斯：《正义论》，何怀宏、何包钢、廖申白译，中国社会科学出版社 1988 年版，第 5 页。

### （二）公平正义是社会保障制度的根本使命

社会保障国民收入再分配的制度属性，决定了社会保障制度必须以公平正义为价值理念。公平正义是一种价值判断，这种价值判断尤其与利益分配密切相关。对于利益的分配做到“合情合理、不偏不倚”，对于利益的调节也是“正当的、合乎道义”的。尽管对于社会保障的概念界定各不相同，但是，社会保障制度所具有社会再分配功能，却是社会保障制度的本质属性与基本功能。公平正义是社会保障制度的建制初衷与根本使命。① 社会保障以社会公平、分配正义为基本原则与核心理念。

现代社会保障制度的实质，是政府对于公共资源进行重新分配的制度。分配的规则必须首先要遵循作为制度的首要原则——正义。市场经济是现代社会的动力机制，而社会保障制度则是现代社会的稳定机制，二者缺一不可：如果说，现代市场经济以追求效率至上为天然逻辑的话，那么，作为稳定机制的社会保障制度，则应该以社会公平作为目标，公平是社会保障制度的核心价值理念。贫富差距过大以及“马太效应”“赢家通吃”等社会现象，对于市场经济规则来说，既是天经地义的、也是“公平”的。因为市场经济原本就不以良心与道义作为价值目标，正因为如此，甚至可以说，市场经济是不讲良心与道德的。就连经济学、科学本身也是不会顾及世界的价值和生活的意义问题的。而社会保障制度的建立和完善，既是对于市场机制缺陷的弥补，也是对于人的良心与德性的匡扶。“任何有关分配正义的理论都蕴涵着某种社会保障制度的设想，同时，任何社会保障制度总是渗透着相应的正义和公平观念的影响。”②

### （三）公平正义是社会保障的核心理念

中国社会保障制度实践中的社会不公现象，呼唤社会保障价值理念的公平正义。毋庸置疑，中国社会保障制度建设取得的成就是举世瞩目的，在短短四十多年的时间内就建立了覆盖世界上最多人口的社

---

① 郑功成：《中国社会保障改革与发展战略——理念、目标与行动方案》，人民出版社 2008 年版，第 17 页。

② 汪行福：《分配正义与社会保障》，上海财经大学出版社 2003 年版，第 205 页。

会保障制度，建立了相对健全完善的社会保障体系，将世界上人数最多的农民群体纳入到了社会保障的制度网络当中等。但是，客观而言，社会保障制度依然存在公平正义缺失的现象。

一是社会保障制度碎片化现象严重，社会保障制度统筹级别低，难以实现资源在更大范围内的调剂和使用，真正意义上的公平正义还需假以时日。以养老金制度为例，一个典型的例子是东部沿海新兴城市劳动力人口结构年轻化，养老金结余多，养老负担轻，而西北部城市尤其是三线企业所在地，以及东北老工业基地则老年人口多、养老负担偏重、养老金压力大；由于养老金制度统筹并未实现全国统筹，就使得社会保障资金并不能实现全国调剂、以丰补歉，使得真正意义上的社会公平难以实现。

二是城乡二元化社会保障制度格局依然存在，与二元化经济、社会格局一脉相承的是，在社会保障领域中同样存在着“二元化”甚至是“多元化”的社会保障制度格局，可为佐证者：农民工同工不同酬现象以及同等条件下不能享受城镇职工社会保障待遇的现象。

综上，社会保障价值理念的偏差和扭曲，需要真正确立公平正义核心价值理念的应有地位。在国有企业改革成为经济体制改革当务之急的时候，社会保障的价值理念被定位于配套国企改革，因而将社会保障的价值理念定位为“配套”工程，这种理念定位的不到位产生的结果就是社会保障制度覆盖面仅仅以国企为制度主体，其他所有制企业均为涉及，后来尽管其他所有制企业以及社会阶层都被逐渐纳入制度体系之中。但是造成的结果以及制度改革的路径依赖问题依然存在，成为进一步深化改革的阻碍力量。20 世纪 90 年代社会保障制度又被定位是“市场经济体制的五大支柱”之一，既然是市场经济的五大支柱，社会保障制度的价值理念也就顺其自然地遵循了市场经济的运行规则“效率至上、兼顾公平”，甚至于存在着在实践当中演变成为“不顾公平”的风险。由于价值理念的模糊与摇摆不定，社会保障制度的实际运行中出现了与商业保险一样的“逆向选择”，诸如“保富不保贫”、注重效率而忽视公平等现象，进而不是促进了社会公平，而是弱化了社会公平，这也是为什么近年来国家对于社会保障的投入越来越多，而民众的幸福感以及社会公平感却并未同向提升的原因所在。

### （四）公平正义是社会保障制度的灵魂

实现社会公平是社会保障制度的首要社会功能、核心价值关怀，因而是这项制度的灵魂。[①] 一般意义上来理解的社会公平，可以分为三个阶段，即起点公平、过程公平和结果公平。作为制度安排的社会保障，实现社会公平功能首先体现在保证参保对象的起点公平上，即不同的社会成员由于其家庭出身不同、经济背景不同、社会关系以及资质禀赋均不同，这样的话，就使得他们尚未参与社会竞争或市场竞争其结果就已经大相径庭，但是社会保障制度却可以将所有社会成员均纳入制度体系之中，使得他们能够享受同样的待遇，或者在遭受社会风险的时候同等地免除风险隐患，以便他们能够有相同的机会参与市场竞争，这在一定程度上保证了参保对象参与社会的起点公平，为实现社会公平奠定基础。过程公平就是对于不同的社会成员来说，当他们由于生病、工伤、年老、生育、自然灾害等原因丧失劳动能力的时候，通过社会保障制度安排给他们提供相应的帮助，保障他们的基本生活，使得他们能够在社会竞争过程中的社会公平。结果公平是通过社会统一筹集资金，从横向来看，就是使得健康者调剂医疗资金给患病者、就业者通过失业保险制度调剂资金给失业者、年轻者调剂资金给年老者、未生育者调剂资金给生育者、高收入者调剂收入给予低收入者等。而从纵向来分析的话，就是用自己一生当中收入高峰时候的收入调剂给年老丧失劳动能力时使用、自己健康时候储蓄相应的资金供给自己患病时候使用，从个人收入纵向方面，“熨平”一个人一生当中收入的“峰”与“谷”。无论是从横向还是纵向方面来看，社会保障制度的基本功能都有助于实现社会公平。公平正义应该成为社会保障制度的核心价值理念。

## 二　民生为大的民本理念

人是评判万事万物的主体，本身具有最高价值，其他物种皆不具

---

① 景天魁：《社会保障：公平社会的基础》，《中国社会科学院研究生院学报》2006年第6期，总第156期。

有超越人的需要的内在价值，人类的一切思想观念与行为方式都必须以人自身的发展与完善为轴心，以人自身的最终幸福作为出发点和归宿点。[①] 中国特色社会主义始终坚持以人民为中心、坚持以民为本的价值理念。

**（一）以民为本与以人为本理念**

以人为本与以民为本的思想在中西思想史上均具有源远流长的历史。本，就是根本、本源、主体的意思，以人为本与以民为本都体现的是对于"人"或"民"的尊重与善待，都是对于人的需要的实现和满足。对于"以人为本"还是"以民为本"的区别与联系，不同的学者提出了不同的观点，有些学者对于"以人为本"与"以民为本"之间的关系进行了辩证考察，指出不能将二者对立起来。[②] 但是也有学者从"以人为本"与"以民为本"的哲学基础、价值意义以及认识方法等方面论证了"'以人为本'不是'以民为本'"。[③] 还有学者提出："以人为本包含着以民为本，以民为本体现了以人为本。以人为本的核心是以民为本，而以民为本的本质是以人为本。"[④] 等。总体而言，以人为本在不同的时期具有不同的理论内涵，但是作为社会保障价值理念的"以人为本"或者"以民为本"，体现的都是对于人以及对于人民的重视、善待与关爱，是人之为人的体现。习近平2013年8月在全国宣传思想工作会议上的讲话中说道："坚持人民性，就是要把实现好、维护好、发展好最广大人民根本利益作为出发点和落脚点，坚持以民为本、以人为本。"[⑤] 将以民为本与以人为本并列起来了。据此，笔者认为，以人为本与以民为本尽管在哲学基础、价值内涵等方面有所不同，但是，就社会保障制度而言，无论是以人为本还是以民为本，体现的都是对于民生需要的满足，进而体现

---

① 李建华、张效锋：《社会保障伦理论纲》，《道德与文明》2010年第1期。

② 李延明：《"以人为本"与"以民为本"》，《近日中国论坛》2006年第9期。

③ 杨建毅：《"以人为本"不是"以民为本"》，《党政论坛》2010年第6期。

④ 刘宗法、朱建中、黄家顺：《坚持以人为本与以民为本的现实统一》，《江汉论坛》2004年第9期。

⑤ 《习近平谈治国理政》（第一卷），外文出版社2014年版，第154页。

的是对于人的尊重、善待和关爱。

**（二）中国古代的民本理念**

从中国历史上来看，以人为本的思想酵素在奴隶社会就已存在：《论语》记载：春秋战国时期，有一次，孔子下朝后仆人告知，马厩失火，孔子问：伤人否？孔子首先关心的是否有人员伤亡。这是历史上记载的“以人为本”而不是以物为本或以其他为本的思想。另外“民为本，君为轻，社稷次之”，这是更为明确地强调人、民众主体地位的经典阐述。先秦时期的思想家提出的“民为邦本、本固邦宁”的基本理念。悠悠万事，民生为大。“水火有气而无生，草木有生而无知，禽兽有知而无义，人有气有生有知亦且有义，故最为天下贵也。”[①] 另外孟子也提出了“得天下有道，得其民，斯得天下矣；得其民有道，得其心，斯得其民矣”。[②] 认识到民众的重要性以及民心向背对于政治统治的重要性，但是，这种思想以服务于专制制度为目的，是作为“官本位”的对立面而提出来的，虽然强调民的作用，但是显然是将民作为统治的客体，以抹杀人的主体性与个性为前提，这种理念的提出具有唤醒统治者重视民众的作用，但是却很难或不可能完全在当时的社会生活当中得到体现。因为，无论是在奴隶社会时期，还是封建君主专制制度时期，抑或是后来的一切专制制度时期，都是处在以人身依附关系为特征的社会发展的历史阶段，因此，民本思想或以民为本、以人为本的思想就只能是开明统治者的一种自我觉悟，这种觉悟有可能会使得统治阶级对于民众对于统治秩序的重要性有所认识，进而会实行一些有利于改善被统治阶级生活状况的良法与善治。然而，只要阶级社会存在，就不会消除人与人之间的“人身依附”关系，只要这种人身依附关系存在，就不可能实现真正意义上的以人为本或以民为本。

**（三）西方思想史上的“人本主义”与“以人为本”**

从西方思想史来看，有过两次比较重要的人本主义思想解放历

---

① 《荀子·非相》。

② 《孟子·离娄上》。

程。一次是产生于14世纪的文艺复兴运动以及后来的启蒙运动，生发出了西方历史上较早的人本主义思想，其核心理念是以对于人的价值的承认取代了对于神的尊崇，弘扬人的主体性，是西方社会现代性思想发展的一条主线，现代性的生成是理性逐渐取代神性的过程，“现代人打倒了神，然后把自己神化。”进而恢复了人的主体性，恢复了人作为历史主体的应有地位。“以人为本”是对于“以神为本”和“以物为本”扬弃，是资产阶级统治取代神权统治的理论反映，当然也是一种历史的进步。欧洲启蒙运动时期，人的主体性再次得到彰显，以“人”为本而不是以“神”为本，这一人本主义思想，是对于人的主体性的确认，然而，西方资产阶级的人本思想是以抽象的“人性论”为基础的，尽管这一理论在当时充当了资产阶级反对神学、进而实现资产阶级统治的思想武器，但其实质最终难以摆脱为资产阶级统治服务的局限性。将人从神学的桎梏下解放出来，是一种具有重要历史意义的进步。“然而这一理念，离开了某种制度，它也就仅仅是一种理念，是人类不失天真的一个理想，甚至仿佛是一个回荡在旷野中的人类软弱无力的呼声，缺乏现实的力量和现实的根基。它要转化为一种现实的生存状况，必须通过某种具体的制度才有可能。”①

**（四）中国特色社会主义的“民生为大”**

从中国共产党成立以来的实践历程来看，中国共产党一贯主张和践行民生为本的政治理念。通俗地来理解，民生就是“人民的生活”。关注民生、改善人民生活，是中国共产党一贯的主张。发挥人民群众的首创精神，依靠人民、信仰人民是中国共产党在新民主主义革命时期以及社会主义建设时期取得革命与建设成功的基本经验。

中国共产党在十七大报告中明确提出了以人为本的科学发展观，“科学发展观的第一要义是发展，核心是以人为本，基本要求是全面协调可持续，根本方法是统筹兼顾。”习近平在十八届中共中央政治局常委会上同中外记者见面时说：“人民对美好生活的向往，就是我

① 吴向东：《制度与人的全面发展》，《哲学研究》2004年第8期。

们的奋斗目标。”从而向全世界宣示了中国共产党新一届领导集体新时期以人为本、民生为大的坚定政治信念。

“中国民生为大的理念纠正了西方人权观念长期存在的一个偏差，即只重视公民政治权，不重视民生权。”① 当西方国家一再以人权标准来衡量、评价中国社会的民生状况的时候，事实上，他们忽略了一个重要的基本事实：中国在经济发展水平还不是很高的情况下，初步建立了世界上规模最大的、覆盖人数最多的、符合现阶段中国国情的社会保障体系。“民以食为天”“民生为本”以及“以人为本”等观念都是对于人民的尊重、善待和关爱。中国共产党的十八届三中全会提出的“以促进社会公平正义、增进人民福祉为出发点和落脚点”就是真正意义上的以人为本、以民为本，而这些民生思想，在现阶段就是要在经济发展水平不是很高的情况下，首先解决民众的基本生活问题、基本医疗需求等问题，建立与经济发展水平相适应的社会保障制度体系，而老有所养、病有所医的基本民生需求，在社会主义初级阶段具有压倒一切的必须性。西方思想家卡莱尔也说：“自由是个极好的东西。可是，当自由成为‘饿死的自由’时，就不是个好东西了。”② 中国社会保障制度涵盖了世界上最多的人口，迄今为止，中国为世界上消除贫困人口做出了最大的贡献。根据2016年“两会”期间公布的数据显示：截至2015年年底，全国减少农村贫困人口1442万人，到2020年年底实现农村人口现行标准下的完全脱贫，这为世界扶贫济困事业做出了巨大的贡献。

习近平在十八届中央政治局常委同中外记者见面时讲话中说的“人民对美好生活的向往，就是我们的奋斗目标”③ 这一讲话精神，是中国政府立党为公、执政为民的政治宣誓，不但说明中国政府对于民生问题的高度关注，而且人民群众对于美好生活的向往，原本就是

---

① 张维为：《中国震撼——一个“文明型国家”的崛起》，上海人民出版社2011年版，第129页。

② ［英］托马斯·卡莱尔：《文明的忧思》，宁小银译，中国档案出版社1999年版，第7页。

③ 《习近平谈治国理政》（第一卷），外文出版社2014年版，第3页。

一个不断更新、不断与时俱进的目标，以民为本、民生为大的理念是中国共产党孜孜以求的奋斗目标，社会保障制度是解决民生问题最基本的制度设计，坚持以人为本这一价值理念，是中国特色社会主义的本质要求。既是对于西方的人本思想、以人为本思想的积极“扬弃”，同时也吸收了中国古代“民本思想”的合理内核之后的一种理念创新。

就当前社会保障制度而言，在人口众多、资源有限的条件下，建立与经济发展水平相适应的社会保障制度，解决最广大人民群众的基本生活需要，并不对于子孙后代的生存与发展构成威胁，实现社会保障制度的更加公平、更可持续，坚持民生为大、以人为本，解决民众最紧迫的民生需要，在当下的中国具有压倒一切的必须性，也是今后很长一段时间内社会保障理应坚持和倡导的基本价值理念。

### 三　政治为主导的权力架构

马克思在其著作中论述了社会保障对于资本主义社会以及未来社会都是必要的思想，而且提出了国家负责的思想，这一思想被恩格斯在《共产主义原理》一文中进一步阐发：以生产资料公有制为基础的社会，要求对工人的保险事业实行完全国家化。在马克思与恩格斯看来，国民教育事业、残疾人福利事业以及工人的社会保险事业等社会保障，以及一切交换活动，都应该“实行完全国家化”。以政治学视角看，社会保障制度主要用经济手段、解决社会问题，进而达到政治目的。社会保障制度与政治、经济、社会、文化等因素密切相关。社会保障制度关涉到一个国家或地区政治（很大程度上就是国家）力量、资本力量以及社会力量之间的博弈。资本主义国家都有一个潜在的前提：资本主义的存在是天经地义的，以资本为主导是资本主义的天然逻辑。关于“资本主义”的确切含义众说纷纭，然而“以资本为主导”却能概括资本主义社会的本质特征。但是，马克思主义是否定“以资本为主导”这一逻辑前提的。在现代社会，资本力量、社会力量以及政治力量成掎角之势，互相制衡、互相妥协，究竟是资本的力量居于主导地位抑或政府的力量居于主导地位更加适合现代政府治理呢？

其实，与其说社会保障的基础性与经济水平有关，倒不如说它在更大程度上取决于国家的职能、国家与社会的关系、国家与个人的关系、市场与非市场的关系，以及需求的多样性与保障的层次性关系。[①] 中国历史上是一个中央集权的国家，“社会主义的优势在于能够集中力量办大事。”此话从一个侧面反映出中国政治力量居于优先地位的基本权力结构状况。这与资本主义社会“以资本为主导”——资本独大的格局形成鲜明对比。“中国有一个比较中性的、强势的、有为的政府，它有明确的现代化导向，能够制定和执行符合自己民族长远利益的战略和政策。”[②] 中国在认真汲取西方发达国家社会保障制度理念精华的同时，在社会保障方面以及在政治、经济、社会的方方面面，均表现出了超强的宏观调控能力。“在中国，资本力量在总体上是受政治力量和社会力量的某种限制。中国最富的100个人是不可能左右中共中央政治局的决策的，而美国最富的50个人应该足以左右白宫的决策了。”[③]

中华人民共和国成立70年来的实践探索，中国政府与时俱进、在推进国家治理体系与治理能力现代化方面卓有成效，这既为现代化提供了“中国版本”，同时也成为中国特色社会主义制度优势的有力支撑。当然，“是政策而非政体决定成败。与神的世界不同，人的世界没有完美的政体。每种现存政体都有其优势和缺陷，更有其存在的原因。”[④] 就中国社会的文化传统以及目前的中国国情而言，以政治为主导、以政府为主导的权力架构，应该是适合当下中国国情的权力结构模式的，在实践中显示了强大的解释力和适应力，在社会保障领域中，这一国家基本制度建设与发展的权力结构模式尤其显得十分必要。

---

① 中国社会保障体系研究课题组：《中国社会保障制度改革：反思与重构》，《社会学研究》2000年第6期。

② 张维为：《中国震撼——一个“文明型国家”的崛起》，上海人民出版社2011年版，第102页。

③ 张维为：《中国超越——一个“文明型国家”的光荣与梦想》，上海人民出版社2014年版，第110页。

④ 潘维：《信仰人民》，转引自鄢一龙等《大道之行——中国共产党与中国社会主义》，中国人民大学出版社2015年版，第5页。

## 第二节 社会保障价值理念建构的中观视域

### 一 百善孝为先的家庭伦理

家庭是社会的基本单元，是现代社会保障制度产生之前最重要的保障形式，现代社会保障制度是弥补家庭保障之不足的替代性制度安排，为了弥补工业化市场化对于家庭保障方式的冲击和家庭功能的弱化，现代社会保障制度应运而生。原本是人类文明之树上的“香花美果”，就是通过制度化的设计，在个人与家庭无法完全免除工业社会风险的情况下，通过政府承担责任，来实现人与人之间的自助、互助与公助，为了保障人们的基本生活、免除现代社会中的各种风险。就个人层面而言，是让人们生活得越来越有尊严；从社会层面而言，让整个社会更加和谐美好；从国家层面来说，维护国家的稳定有序。但是这种制度的存在，不可能取代以“孝”文化为基础的家庭保障。社会保障和家庭保障之间的关系，不应该此消彼长，而应该相得益彰、相互补充。在社会保障制度从以社会救助为主体的阶段发展到以社会福利为主体的阶段、从物质保障阶段发展到精神保障阶段之后，以孝道思想为伦理基础的家庭养老更会彰显其特殊的价值与意义。尤其是人类进入21世纪以来，世界经济风云变幻，全球老龄化问题日益突出，社会保障资金紧张、价值多元等现象，在西方社会注重个体、淡漠家庭观念意识冲击之下，强调这一家庭伦理尤其必要。

对于人口大国中国来说，除了要共同面对共性问题之外，养老问题的形势更加严峻，近年来在我国有弥漫之势的群体焦虑、意义虚无、尊老敬老意识淡漠、家庭观念淡化等现象，在这种严峻形势下，发挥家庭养老作为社会保障制度的补充功能，提倡“百善孝为先”的家庭伦理与道德规范、注重家庭养老保障制度的补充作用，具有重要的理论与实践意义。

中国传统上就十分注重家庭在社会经济生活中的地位，“家庭主义”（familism）在儒家思想中被广泛倡导和推崇。而“孝”思想在中国家庭伦理文化中更具有特殊重要的意义，“孝”字，是会意字，上面是“老”字头，下面是“子”，“老”在上，而“子”在下，上下代表着长幼有序、尊卑有别。且从字形上就含有老人抚养儿子，儿子孝敬老人的含义。百善孝为先是中国传统文化的精髓，孝是中华伦理精神的核心与根本，在中华传统文化中，乃诸德之首。

中国早在殷商时代就出现了孝的思想，到了周代，孝的思想依然存在，而且成为礼的重要组成部分。中国古代文化典籍《礼记·礼运篇》中就记载了孔子说的：“使老有所终，壮有所用，幼有所长，鳏寡孤独废疾者，皆有所养。”① 孔子认为，这样的社会就是大同社会。提出了以孝为核心的大同社会理念。而另一儒家思想经典《论语》中的“孝悌也者，其为仁之本与”则进一步体现了孝在家庭伦理中的重要地位。不仅如此，孔子还把孝与礼的思想结合起来，提出孝敬父母要做到：“生，事之以礼；死，葬之以礼，祭之以礼。”儒家思想的另一集大成者孟子，提出了“老吾老以及人之老，幼吾幼以及人之幼。”则将这种孝的思想发扬光大，不但要孝敬“吾老”，而且要推广至“人之老”，不但要“幼”“吾幼”，而且要发扬到“幼”“人之幼”。这一“孝”的思想，后来被孔子的弟子曾子等人进一步发扬光大，进而在相传为曾子所著的《孝经》中，提出了“以孝治天下”的思想。

相比较于儒家在中国古代社会的正统权威地位而言，当时的另一显学、非儒即墨的墨家思想，也是将这种孝的思想发扬成为具有普遍性意义的伦理道德规范。墨家学派创始人墨子提出了“饥者得食，寒者得衣，劳者得息”的观点。将这种孝的思想推广到了所有人，也就是说“孝”不仅仅是对于自己的父母，而是推而广之，是对于所有人的普遍的道德要求。可见，孝的思想已经超越了协调亲子人伦关系的伦理规范层面，而成为古代宗法社会伦理道德的基础。

无独有偶，古希腊的柏拉图在《国家篇》中提出了西方社会的四种道德，即“四主德”，分别是智慧、勇敢、节制、正义；柏拉图尤其强调“智慧”的地位，认为智慧是统治阶级才有的道德。以伦理

① 《礼记·礼运篇·大同章》。

文化为基本特征的中国传统文化当中，除了特别强调统治秩序的“三纲”之外，还有“五常”伦理，即“仁、义、礼、智、信”，将西方的“四主德”与中国的“五常”进行比较即可大致得出：仁者，二人也，爱人也，说的是人与人之间的关系；基本上与西方的“博爱”含义类似；而义，大致上就是西方伦理道德中的正义、公正；礼，中国与西方的内容与要求虽然不同，但均有相同的德目。信，就是西方道德伦理中的守信，中西方均有强调。“智”，就是西方的“智慧”，尤其被西方社会所尊崇，甚至于被看成是只有高等级阶层的统治者或者优秀人物才能拥有的道德。而只有“孝”，堪称是中华文化中最富有中国特色的伦理道德。正如肖群忠教授所分析的：“唯有孝，虽然是人类的天性，但是，这种天性的发展，却在各民族之间，显出极大的差别，西方文化、印度文化虽不能说没有养、爱、敬父母的伦理观念，但哪个民族文化也没有像中国人如此重视孝道。”① 中国传统文明中对于孝文化的重视以及与之相应的家庭养老方式、注重家庭伦理亲情的生活方式，应该是现代化之后人际关系趋向淡漠、业缘关系成为人与人之间最重要的关系之后，中国传统文化为化解现代社会诸多社会问题提供的重要思路，“百善孝为先”的家庭伦理应该成为在中观层面上现代社会保障这一制度文明需要倡导的基本理念之一。

### 二 和合共生的社会和谐理念

和合是中华文化最重要的精神内核，以孔子的“和为贵”为代表的儒家思想集中体现了中华民族的民族特质与生存智慧，以人伦关系为主轴的价值追求与行为规范，其基本要义就是注重强调人自己的身心和谐、人与人之间、人与社会之间以及人与自然界之间的和谐共处、和合共生。然而，自近代以降，西方思想随着西方工业现代化的惊涛拍岸浪涌而至，使得中国思想界经受了一场欧风美雨的文化洗礼，社会达尔文主义、霍布斯主义、物质主义、消费主义以及效率主

① 肖群忠：《论“百善孝为先”——孝在传统伦理文化中的地位及其与诸德之关系》，《甘肃社会科学》1997 年第 3 期。

义等思想均被中国思想界“拿来”，试图将其应用到中国的社会实践当中，成为中国人拯救民族危亡以及实现富国强兵的理论武器，由于近代以来中国所遭受到的侵略以及资本的逐利本性，中华大地上田园牧歌式的前现代社会烟消云散了，中国社会步入了西方所说的“霍布斯丛林”。注重竞争、注重效率、注重利益的西方社会的伦理规范逐渐取代了注重和谐、注重平等、注重内在修养的中国传统文化的主导地位。王岳川将这种中西文化精要之不同之处总结为“三和文化”与“三争文化”。“在西方现代化推到极限变成三争文明——竞争、斗争、战争之时，东方强调三和文明——和睦、和谐、和平，应当有互动互补之功。今天重新关注东方发现东方和谐思想，重新评价中国经典的中庸思想，是时代发展和东西方文化互相尊重的必然结果。”①

现代科技的发展证明了人类在自然界的强大，满足和陶醉于征服自然的巨大成功，人类在自然面前失去了应有的敬畏，因为无所不能，所以无所畏惧，人类没有实现解放自己，而是放纵了自己的欲望，导致了现代人不是真正实现了人的自由与全面发展，而是仅仅成为不断产生欲望、放纵欲望的“异化”的人、“单向度”的人。“当代不少人的精神疯狂不是根源于物质的匮乏，而在于精神的空洞化和价值基因的稀释化。”② 笔者在完成书稿的过程中，就关于社会保障这一引起群体性焦虑的社会热点问题所进行的民意访谈问卷的结果显示，绝大多数人对于养老问题表现得极为关注，尤其是对于“谁为我养老”这一问题的忧虑与担心，不是来自于对于退休后的养老金是不是足够支付自己的老年生活成本，而是担心自己在养老金分配体制当中所占的份额是否少于社会中的其他成员。待遇不好的下岗职工，期望政府对于自己的养老金待遇进行调整，甚至于希望重新洗牌，实现自己的“应得利益”。事业单位员工希望自己的养老金不能降低，只能升高，就连待遇优厚的公务员也在希望自己是否在下一轮改革开启时候更加多地分得一杯羹，全社会弥漫着群体性焦虑，我们不得不去

① 王岳川：《大国崛起需要“大文化”守正创新——王岳川教授文化访谈录（之一）》，《西南民族大学学报》2008 年第 9 期。

② 王岳川：《虚无与病态不应成为现代人的精神》，《中国投资》2012 年第 12 期。

追问：多少是个够？对于养老金制度而言，理性、科学、适度、公平以及保基本应该是中国社会养老金制度的基本理念。基本养老金制度只可能满足的是参保成员的基本生活需要，社会保障制度改革，尤其是养老金制度改革迄今已经30多年过去了，一则由于原有制度存在的社会不公与效率至上倾向，社会保障制度一定程度上没有起到促进社会公平的作用，反而存在着以效率为追求的逆向选择。二则由于意识形态投资的缺乏，养老金制度这种“保基本”的价值理念以及和合共生的价值理念至今没有在国民当中形成共识。

客观而论，不是说中国传统文化与现代社会的发展格格不入，而是由于西方中心主义话语逻辑的盛行而遮蔽了中国传统文化的精华理念，进而使得中国文化的现代价值没有得到应有的发扬和光大，没有被国人乃至于西方国家所阐发与认可。对此，王岳川提出了重新估量中国传统文化现代价值的理念——“发现东方”，以及将东方具有普适性价值意义的文化推广到全世界的——文化输出战略。

对于社会保障制度而言，其本质就是通过多元责任主体的共同参与，实现社会成员之间自助、他助、互助与公助，这是社会保障制度的本质内涵，实现“大家好才是真的好”，实现真正意义上的和合共生、和谐共处，这种理念，既是中国社会保障制度的内在文化底蕴，也是社会保障制度的重要理念。

## 第三节　社会保障价值理念建构的微观角度

### 一　尚俭不尚奢的消费伦理

社会保障本身是消费的重要组成部分，社会保障价值理念关涉消费伦理。保障社会成员的基本需要而不是过高欲求，是社会保障制度的基本目标。就个人消费伦理而言，无论是西方还是中国，关于“尚奢”与“尚俭”的争论历久弥新，“多少是个够?”以先秦时期的四大家即儒、墨、道、法等思想流派为例，尽管四大家的主张各不相同，但是，儒墨道法四大家几乎都以节俭为基本道德规范。儒家所倡导的“温良恭俭让”中，“俭”是重要的道德标准；墨家更是把节俭放在了决定国家存亡的高度："俭节则昌，淫佚则亡"；道家的"不侈于后世，不靡于万物，不晖于数度，以绳墨自矫，而备世之急。"①法家也认为节俭可以致富而奢侈则会陷入贫困："独以贫穷者，非侈则堕也。侈而堕者贫，而力而俭者富"② 等。由是观之，就总体而言，注重节俭而反对奢靡，是先秦时期中国传统消费伦理的基本主张。

20 世纪末期，在网络上以及在学术界都曾经流传着一个关于中国老太太与美国老太太的故事，并且被一再热炒，甚至于成为批判中国人消费理念的人人皆知的经典范本，故事的内容是：

> 有一位中国老太太与美国老太太在天堂相遇了，前者说：我终于攒够了买房的存款。而后者说：我终于还清了所有的住房贷款。故事的本意是要说：中国老太太虽然临终之时终于攒够了买房的存款，但是却没有享受到住房改善带来的实惠；而美国老太太虽然到死才还清房贷，然而却早已享受到了住房改善的实惠。
>
> "横看成岭侧成峰"，对于这个故事的解读版本也是各有说辞、饶有兴味：
>
> 版本一说，这个故事是要告诉国人：中国人是消极消费主义者，而美国人是积极消费主义者；前者由于消极消费而不能享受到现世的幸福，而后者的超前消费，才是现实生活的天堂。启示是：要做一个积极的消费主义者，才能享受现世生活的美满幸福。
>
> 版本二说，美国有健全的社会保障制度，可以制度化地化解人们的社会风险，消除人们的后顾之忧，因此人们对于未来预期乐观，因此可以放心消费。而中国的社会保障制度还不健全，绝大多数老年人并没有养老金与医疗保障等，他们的社会风险与后顾之忧都不能得到制度化消除，中国人必须为自己的社会风险

① 金涛主编：《老子庄子全注全译典藏本》，外文出版社 2012 年版，第 424 页。

② 韩非：《韩非子》，上海古籍出版社 1989 年版，第 158 页。

“埋单”，所以多数中国人对于未来预期悲观，因此他们不是不敢消费，而是不能消费。启示是：中国要大力构建健全的社会保障制度，以解除国民的社会风险与后顾之忧，提振消费信心，以此刺激消费。

版本三说，罗振宇在《中国为什么有前途》一书中的解读，可谓是另辟蹊径：“凡有一个美国老太太，就必须有一个中国老太太……不是每个人都可以选择美国老太太的活法，你在国际格局当中的位置决定了你的活法，这就是中国和美国之间的关系。”① 美国老太太与中国老太太生活方式的不同，不是由于其消费理念、“活法”的不同，而是由“二战”之后美国在国际格局当中形成的制定规则的主导地位决定的。在每一位超前享受生活的美国老太太身后，都会有一个汗流浃背超值付出的中国老太太。

按照目前中国与美国的 GDP 来衡量的话，中国人均 GDP 为 1 万美元，而美国人均 6 万多美元，中国现有人口 14 亿，如果中国人乃至于世界上每一位公民都按照美国人的生活水平去消费的话，地球上是否有那么多的资源供人类去挥霍呢？进一步讲，即便科技的进步使得中国人民乃至于全世界人民都达到和美国人一样的生活水平，全世界都开始一种“高耗能”生活，问题是：这是否就意味着人们都找到了属于自己的真正幸福生活呢？是不是国民物质生活水平与幸福指数一定会呈现正相关呢？从美国多年以来所发生的自杀案件、枪杀案件、吸毒致死案件的比例来看，答案显然是否定的。而这，才是现代人所真正应该思考的问题。中国人应该有中国人自己的社会福利保障制度，应该有自己的“活法”，应该有属于自己生活方式的价值理念与文化信仰。

在这个故事的背后还有一些深层蕴含的东西未被揭示，即：我们应该对于我们所在的自然及资源究竟应该秉持一种什么样的基本理

① 罗振宇：《中国为什么有前途》，中国友谊出版公司 2016 年版，第 8 页。

念？经济学曾经被誉为“社会科学皇冠上一颗最为璀璨的明珠”，是社会科学研究中的“显学”，经济学的研究对象是稀缺性，这关系到中西方一以贯之的不同消费伦理——“尚奢”还是“尚俭”？对于两者的争论历久弥新，如果说西方崇尚消费主义而中国以注重节俭为主流，也许有失偏颇，因为无论是西方还是中国，关于“尚奢”与“尚俭”的辩论都不绝于耳。然而，值得注意的是，自从西方“经济学帝国主义”大行其道，尤其是市场经济以来，增长成为目的，增长的极限究竟在哪里呢？“重占有”、尚奢侈、物质主义、消费主义，就成了西方关于消费的主流理念。而“经济增长”的硬性指标，又使得这一主流理念更具有理论的合法性，加之“西方中心主义”话语权的影响，这种理念在今天的中国也被广为追捧，并且有愈演愈烈之势，这与中国传统社会崇尚节俭的消费理念截然不同。迄今，市场经济体制君临天下，这使得关于“尚奢”与“尚俭”的争论还将继续，“尚奢”者依然会拿出扩大需求、刺激经济这一“撒手锏”来申讨“尚俭”。然而，现代文明本质上是一种耗能文明，这一点人类无法改变。社会保障就是对于资源的再分配，相对于人类无限扩张的欲望而言，资源永远是有限的、稀缺的。“西方技术有两面性，它是一把双刃剑，我们应该当心它会动摇人类文明大厦的基础，令它塌陷！”①

人需要与物、与自然以及人本身实现和解，单纯以经济指标研究社会保障以及其他社会问题，原本就是一种范式错误，社会保障的基本、适度、科学、理性的原则，应该给个体消费伦理建构提供基本的原则和价值导向。当然，尚俭不尚奢的消费伦理的构建，既需要国家层面进行理念的建构与价值的引领，还需要从中国的传统文化中汲取古人的生存智慧。“在市场经济条件下，消费伦理就是要在‘尚俭’与‘尚奢’之间寻找一种既适合市场经济发展要求的，又适应个体发展的合理的消费观。科学、文明、健康、适度是消费伦理合理建构

① 赵鑫珊：《裂缝和塌陷：当代人类状况》，上海辞书出版社2012年版，第15页。

的原则与基础。"[①] 这种消费伦理的倡导，实际上就是要坚持中国传统文化之中的一种重要的哲学思维方式——中庸之道。

## 二　中庸之道的思维方式

中庸之道，是中国传统文化中一种重要的哲学思维方式。其理论精髓可以概括为"执两用中、不偏不倚、适可而止、过犹不及"以及适度、适中等，中庸之道曾经被当作中国传统文化中的糟粕进而被加以批判，长期以来对于中庸思想存在着误读以及曲解，致使中庸之道的精神内核并未得到合理阐发。中庸思想由孔子首创并且经过历代大儒们的解读与发展，是整个中国传统文化的核心思想与重要理念。"中庸不是中间路线，而是本性之大道回归；中庸不是折中态度，而是良心之自然流露；中庸不是平衡关系，而是当下之恰如其分；中庸不是知识学问，而是智慧之最高境界。《中庸》里的大智慧，其为人生之最高享受，处事之最高法则，做人之最高品位，生命之最高境界，孔门之最高心法。"[②]

表面上看起来，中庸之道的哲学思维似乎与社会保障制度关系不大。但是，中庸之道是哲学思维方式，而社会保障制度关乎分配正义。任何一个社会的社会保障制度后面都有一整套复杂的意识形态在起作用。而且任何一项社会保障制度都会关系到一系列相互依存又相互对立的变量之间的关系。在纷繁复杂的利益纠葛当中，如何处理、协调好这一系列变量之间的关系，实现社会的和谐稳定，不仅需要知识，更需要智慧，不仅需要科学技术的进步，更需人的境界的提升，不仅需要物资财力的支持，还需要核心价值的引领……社会保障是关系到国民收入再分配的社会制度，也是一项充满伦理关怀的制度安排，中庸之道对于完善社会保障管理具有重要的启示意义。

具体说来，中庸之道的哲学思维方式对于社会保障价值理念的建构意义主要体现在以下几个方面：

---

① 倪愫襄：《"尚俭"与"尚奢"之辩》，《武汉大学学报》2005 年第 1 期。

② 赵征主编：《中庸》，线装书局 2013 年版，封底。

中庸之道首先为我们提供的是一种哲学智慧、思维方式和处事法则，中庸思维方式与处事法则的核心要义是“执两用中、不偏不倚、适可而止、过犹不及”，这种思维方式对于社会保障制度与理念的设计提供了一种重要的思考现实问题的哲学智慧，凡事过犹不及，适可而止。社会保障制度所关系到的理念范畴包括以下几个主要的方面：

1. 从社会保障制度的责任主体而言，关涉到政府与市场、政府与社会、社会与个人、个体与集体、个人与家庭、企业与个人等。

2. 从制度客体来说，社会保障关系到不同的社会阶层的利益分割：城乡之间、行业之间、职业之间、性别之间、代际之间……

3. 从价值取向方面来说，社会保障关系到公利与功利、公平与效率、集体主义与个人主义等。

4. 从社会保障制度的伦理向度来看，社会保障关系到制度伦理与个体伦理、社会伦理与市场伦理、生命伦理与医疗伦理等。

5. 从社会保障的行业和地区划分来看，既包括农村，也包括城市。

6. 从社会保障的参保对象的阶层划分来看，包括所有的社会阶层。处理协调好不同客体、变量、区域、社会阶层等之间利益及其关系。

7. 从社会保障的地域区别来看，既包括南方，又包括北方，既有东南沿海富裕地区，也有西北贫困地区……

首先，中庸之道要求合乎理性、恰到好处地处理社会保障制度中的一系列权利与责任之间的关系。例如对于政府以及社会、个体之间的责任的承担以及对权利的享受，必须要寻找一个恰到好处的“平衡点”。就政府责任而言，政府对于社会保障究竟应该承担什么样的责任？政府的责任边界在哪里？在封建专制社会下，人与人之间是单向度的人身依附关系，臣民对于统治者只能承担相应的责任而没有任何权利可言。显然，在专制制度之下，只是强调了臣民对于统治者单向度的责任，而没有任何权利可言，而另一侧则是“普天之下莫非王土，率土之滨莫非王臣”以及封建君主的“乾纲独断”，恰恰强调的是另外一个极端，那就是统治者对于臣民而言，仅仅有权利而没有责任，如果说封建专制社会的统治者对于被统治者有任何义务与责任的话，那也可能仅仅就是一种道义伦理方面的“天之子”或者“民之父”，进而要求臣民对于君主无条件地服从与尊重。除此之外，统治者对于被统治者除了“统治”之外，就几乎没有责任与义务。

随着时代的进步与社会的发展，这种观念与实践显然与现代社会要求平等、民主、主体自觉的时代潮流相悖逆。随着公民社会建设进程的加快，公民的权利意识逐渐觉醒，现代社会不仅要求国民对于政府履行诸如纳税等义务，而且还要求政府对于国民的各项基本权利予以保障，例如社会保障权利等各项权利。

其次，中庸之道要求理性、适度地处理现代社会中的储蓄与消费、政府与个人、公平与效率、个人与社会之间的权责关系。不能从对于个体责任过度强调的一个极端走向对于政府责任过于强调的另一个极端。社会保障不仅涉及相关主体的责任分担问题、积累与消费的关系问题、福利水平的高低问题，还涉及管理方式的效率与公平问题，政府与市场之间的责任边界问题等相互对立又相互依存的诸方面，究其实质，关系到矛盾诸方面之间相互依存又相互对立的关系之间“度”的把握——即需要坚持中庸之道的思维方式，因此，就社会保障制度的多元责任主体而言，需要寻找到一个恰如其分的“平衡点”，一以贯之地坚持中庸理性。

最后，西方社会保障制度曾经从个人责任的一个极端走向了政府责任的另一极端，而“中间道路”或“第三条道路”社会保障理念的提出，既是西方对于社会保障价值理念从极端到理性的回归，是一种调节与整合，也可以说是与中国传统文化精髓“中庸理性”思维方式的契合。西方国家曾经是对于个体责任的极端化强调，“自助”是占据主导地位的社会保障理念，但是随着18世纪末期19世纪初期以来功利主义成为哲学系统，以及随着个人主义对于个体意识的过分张扬，则又陷入了过于依赖政府责任的另一个极端，导致对于政府责任的过度强调而对于个体责任的忽视。可见，社会保障责任主体多元化，既是现代社会保障制度发展的基本趋势，也是责任主体之间责任均衡、科学理性、恰到好处、适可而止、过犹不及之中庸理性的基本要求。

## 三 存在而非占有的生活意义

社会保障是一项富含伦理价值与道义诉求的社会制度，研究对象涉及社会保障制度的主体、客体、研究内容等方面，人既是社会保障的主体，也是社会保障的客体，又是社会保障研究的内容，因此，社会保障制度与政策的研究如果不了解人性，就不可能制定出符合人性、符合人的自由全面发展的制度与政策。

### （一）中国古代形神兼养的人文思想的式微

就个体而言，中国传统文化当中注重灵魂内省、恬淡自然的生活方式对于扭转目前喧嚣浮躁的病态心理，应该是一个极佳选项。而这种生活方式早就在道家思想当中被论及："圣人不积，既以为人，己愈有；既以与人，己愈多。"① 意思是说圣贤之人从不积攒什么，总是尽全力帮助别人，然而自己却更加富有；尽全力给予别人，自己却更丰足。当然这种富有与丰足是指精神方面。可见，中国古圣先贤总是以对于人内心的观照以及灵魂的富足作为人生的真谛，进而对于物质世界表现出一种超然与淡漠。"天之道，利而不害；圣人之道，为而不争。"② 自然的规律，有利于万物而不伤害（万物）；作为圣人的法则，则是给予别人而不同别人争夺什么。老子认为这才是符合自然规律的行为。然而，长期以来，人们总是认为以老庄为代表的道家思想含有过多的消极成分，不能适应现代社会而弃之如敝屣。然而，以笔者之见，借用中国古人的话，则恰恰就是："物极必反，过犹不及。"

### （二）近代以来"重占有"生活方式的滥觞

自近代以降，西方文明压倒东方文明，西学东渐以来，欧风美雨不但让中国经历了现代化的洗礼，更让中国人经历了一场文化心理的危机，在思想文化方面，丧失了对于中华民族传统文化精华的汲取与吸收，而过多地注重了西方的价值观念。例如在生活方式方面，我们不再倡导和主张节俭以及观照人格修养，而是将西方"重占有"（to

① 金涛主编：《老子庄子全注全译典藏本》，外文出版社 2012 年版，第 159 页。

② 金涛主编：《老子庄子全注全译典藏本》，外文出版社 2012 年版，第 159 页。

have）的生活方式照单全收。造成今天中国人对于物质世界的高度关注而忽视人的灵魂内省。市场经济激发了人的诸多欲望进而造成了一个“众神狂欢”的时代，在无止境追求物质欲望满足的群体焦虑中，道家思想注重内省、提高人格修养寻求灵魂安宁的精神内省能够给予浮躁的现代人些许心灵的安顿。由陈忠实、路树军、谭维维作词并由谭维维演唱的《给你一点颜色》里面这样唱道：

> 为什么天空变成灰色？为什么大地没有绿色？为什么人心不是红色？为什么雪山成了黑色？为什么犀牛没有了角？为什么大象没有了牙？为什么鲨鱼没有了鳍？为什么沙漠没有绿洲……为什么我们知道结果，为什么我们还在挥霍？是的，我们需要停下脚步！该还世界一点颜色。

这首歌的歌词是否能够给予焦虑多欲的现代人以心神安顿的启示、以生活方式的反省与告诫呢？人类文明本质上是一种耗能文明，社会财富可以是无限的，自然资源却是有限的，然而，相对于有限的资源而言，人的欲望却是被不断放大并且无限膨胀的，在现代化高歌猛进地前行时，聪明而多欲的现代人是否也应该思考一下：那么，多少是个够？现代化之后呢？……

### （三）马克思主义对于资本主义“重占有”生活方式的批判

众所周知，马克思是对于资本主义社会的“物的依赖性”提出深刻批判的思想家，马克思对于注重“占有”而不是“存在”的生活方式以及对于人的异化的批判入木三分：“你的存在越微不足道，你表现你的生命越少，那么你占有得也就越多，你的生命异化的程度也就越大。国民经济学家把从你那里夺走的那部分生命和人性，全用货币和财富补偿给你。”①

“人们为之奋斗的一切都与他们的利益相关。”社会保障归根结底

---

① ［美］埃里希·弗洛姆：《占有还是存在》，李穆等译，世界图书出版公司 2015 年版，第 145 页。

是对于社会资源及公共利益的再分配制度，对于重“占有”而非“存在”生活方式的扬弃，必然就会减少人与人之间的利益冲突与矛盾纠纷，这就为人与人之间的和谐共生创造了前提条件。

西方思想家中不乏对于注重占有的生活方式提出过深刻批判的人。弗洛伊德也是西方社会中对于重“占有”的生活方式提出深刻批判的又一思想家，弗洛伊德甚至于将金钱等同于粪便，甚至于将注重占有、吝啬、刚愎而又冷酷的性格比喻为孩童时期或尚不成熟时期的“肛门性格”，自然地，弗洛伊德认为这种性格是病态的和不成熟的：“换言之，在弗洛伊德看来，只注重占有和关心自己财产的人其心理是病态的。其神经是不正常的，因此，一个肛门性格占主导地位的社会是病态社会。”①

社会保障不仅是一项社会制度，更是一种文化，关涉到现代人的“活法”，关系到现代社会的制度伦理意义构建。制度伦理最终要通过人本身来实现，人需要实现与自己的和解、与自然的和解，进而实现人与人之间的和解。这一点在罗马俱乐部成员梅萨洛维奇和佩斯特尔那里也得到了同样的论证，这两位建议“人们树立一种新的世界意识……利用物质资源的新的伦理观……对自然界新的态度，即建立人与自然界的和谐关系，而不是征服自然界……最后的结论是：人类如果不从根本上改变自己的心态，那‘注定要走向灭亡’”。②

## 四　人的自由全面发展的价值归宿

人是社会的细胞，是社会实践的主体，也是社会生产的起点和目的。从这个意义上来说，人既是制度的起点，也是制度的终点。制度起源于人的设计，以满足人的需要为目的，又以人的全面自由发展为价值归宿，因此，人是制度的目的，也是制度的主体和客体。社会保障制度起因于人、以人为本又以人的自由全面发展为终极价值归宿。

① ［美］埃里希·弗洛姆：《占有还是存在》，李穆等译，世界图书出版公司2015年版，第70—71页。

② 转引自［美］埃里希·弗洛姆《占有还是存在》，李穆等译，世界图书出版公司2015年版，第152页。

从这个意义上说，社会保障制度既是“人”为的，也是为“人”的。

“全部人类历史的第一个前提无疑是有生命的个人的存在。”[①] 前已述及，无论是中国古代的封建社会，还是中世纪时期的西方，抑或是进入到现代社会的资本主义，对于人以及人性的认知理论的研究可谓是汗牛充栋，但是，迄今为止，只有马克思对于“人的本质”进行了深刻的揭露。“人的本质是一切社会关系的总和。”在封建专制社会，人的本质是建立在人与人之间不平等的基础上的，因此，人的本质具有人身依附性。在这种生产关系之下，人不可能实现自由全面发展。

资本主义生产关系的确立，废除了人与人之间的人身依附关系，实现了人与人之间形式上的平等，然而，资本主义的本质却是“以资本为主导”从而再次将人降格为资本的附属物。正像马克思所说，“在资产阶级社会里，资本具有独立性和个性，而活动着的个人却没有独立性和个性。”[②] 无论是专制制度对于人所造成的人身依附关系，还是资本宰制逻辑下对于人的本质的异化，事实上，都不可能实现人的自由全面发展。无论是封建专制社会还是资本主义社会的生产关系，都无法真正实现人的本质。

马克思通过对于“资本”的分析，深刻、尖锐地分析了现代社会的本质依然是资本主义的，当下的时代依然是资本的时代，当下的时代依然上演着“资本的盛宴”。“资本收入是加大现代社会两极分化速度和比例的根本性原因，是现代社会不平等的最重要的根源。而劳动收入虽然可以造成财富的不平等，但这种不平等是非常有限的。”[③] 当今的社会依然是资本主宰的社会，怎样通过废除资本的逻辑，进而消除资本宰制逻辑对于人的异化呢？马克思提出了一劳永逸的方法，那就是废除财产私有制，废除资本对于人的宰制逻辑，然而，在资本主义社会，这既不可能也无法实现。实际上，这在当下的中国也既不可能，也没有必要，因为放弃了资本和资本增殖就意味着放弃了商品

① 《马克思恩格斯选集》（第一卷），人民出版社 2012 年版，第 146 页。

② 《马克思恩格斯选集》（第一卷），人民出版社 2012 年版，第 415 页。

③ 王庆丰：《资本的界限——现代社会的合理性边界》，《求是学刊》2016 年第 1 期。

经济以及社会发展的原始动力，这是我们这个时代所无法接受的，也是与经济社会的发展需求相违背的。这不仅是当今资本主义社会所面临的问题，也是中国特色社会主义所面临的问题。

“所谓的中国问题，不是中国所独有的问题，而是中国如何面对和解决我们这个时代所共有的时代性问题……对于我们这个时代而言，驯服或驾驭资本构成了现代社会所面临的最为重大的理论课题和实践课题。”① 那么究竟如何才能在发展社会主义市场经济的同时，对于资本的本性进行驯服与驾驭呢？除了皮凯蒂提出的征收累进资本税、进而限制资本收益率之外，王庆丰在《资本的界限——现代社会的合理性边界》一文中，提出了“恪守资本的界限”的另外两条出路：不是取消或限制金融资本的发展，而是规范金融资本的发展；以及“依赖个人境界的提高，去控制自己无限膨胀的消费欲望”。总之，需要政府出面征收累进税、规范金融资本的发展，还需要从人的境界的提高做起。但是，这三条出路其实都需要从人做起，无论是对于资本征收累进税还是限制资本的收益率，都需要从人的精神境界的提高做起，人的解放是一切问题解决的最后出路。

就当代中国社会而言，人既是社会保障制度规则的制定者也是社会保障制度的规制对象和客体，其实，社会保障领域中的问题，最终都要通过人来实现，这就涉及了现代社会保障制度伦理问题，包括制度伦理以及个体的伦理，尤其是人的思想境界的提高以及理性消费伦理的建构，对于现代社会的几乎所有制度来说都是极为关键和重要的。无论是对于手握公权力的官僚阶层而言，还是对于在社会主义市场经济当中先富起来的人来说，或者是对于侵吞社会保障资金的官员、冒领养老金的普通民众而言，只有通过不断地提高个人境界，才能建构合理的消费伦理，倡导理性、适度、科学的消费理念，而合理消费伦理的建构，不仅对于普通民众是重要的，尤其对政策设计者而言，其个人境界的提高，对于制定社会保障制度具有极为重要的意义，这也是现代社会保障制度所应具有的基本价值导向。总之一句

① 王庆丰：《资本的界限——现代社会的合理性边界》，《求是学刊》2016 年第 1 期。

话，实现人的本质，进而实现人的自由全面发展，是社会保障这一关乎分配正义的制度安排的终极价值归宿，也是真正意义上人的解放。

近代以来，中国传统文化中的社会保障价值理念在欧风美雨的冲击与裹挟之下，成了连同“洗澡水”一并被泼掉的“婴儿”。建构当代中国社会保障学术话语的时代命题，要求重新估量传统文化中符合中国人生活方式的价值理念。传统文化精华中蕴含着现代化进程中社会异化的解毒剂，社会保障应该是既践履传统伦理又汲取现代文明的制度设计。在呼吁社会保障学中国话语体系的今天，需要重视发挥传统文明精华的当代价值，来实现人与物的和解、人与人的和谐、人与自然的和谐，以及人自身的觉解，为实现人的自由全面发展创造条件。

## 小结

现代社会保障制度已经成为关系到人的生活方式与文化意义的制度安排，因此，从这项制度的价值理念与文化意义上来说，其文化蕴含已经远远超出了“国民财富再分配”的范畴，而是关涉人们的价值观念、生活方式、消费伦理、家庭责任、社会权利、生存智慧、心灵秩序等等方面。然而，在写完以上内容之后，似乎我们并没有为建构新时期社会保障的制度理念做出些什么，问题的一切似乎又回到了原点：社会保障制度是“人为”的——由人来建立的，建立的目的是“为人”的——为了让人生活得成为真正意义上的“人”。而如何使得社会保障制度成为应然的制度而不是实然的制度，如何让社会保障制度真正意义上成为承载人类福祉与共享生命尊荣的制度安排，如何实现社会保障价值理念工具理性与价值理性的统一，我们依然别无选择，只能回到人自身来寻找解决问题的可能方案。笔者对于西方思想家的一句话深为信仰，那就是：“观念的东西是不能改变世界的，而观念是可以改变人的，而人却是可以改变世界的。”所以结论是：人的观念、制度的价值理念是重要的，这就是笔者不揣冒昧，提出建构社会保障价值理念的原因所在。

最后，借用埃里希·弗洛姆的一段话作为本章的结语：

“第一，我们正在受苦，并且知道我们在受苦；

第二，我们认识到这种不幸的根源；

第三，我们认识到有方法消除这种不幸；

第四，我们承认，为了消除这种不幸，我们必须遵循某些生活准则，并改变我们现有的生活方式。”①

综上，中国社会保障价值理念的建构，既不是出于对楼宇建筑师的崇拜，也不是对于构建宏大理论体系的奢望，只是试图在社会转型、风险高发、众声喧哗、价值多元的时代语境下，期望以社会保障这一现代社会无处不在的基本制度安排作为研究对象，对于社会保障制度当中需要遵循的价值准则、价值观念、哲学思维、文化意义，进行一定程度上的重构、彰显、倡导与推崇。

① ［美］埃里希·弗洛姆：《占有还是存在》，李穆等译，世界图书出版公司2015年版，第156页。

# 结语：中国社会保障的未来展望

## 一　本书的主要观点

社会保障是一项关系到国家长治久安和民生福祉的系统工程，社会保障价值理念是社会保障制度的灵魂与精髓，对于社会保障制度建设起着思想指导与价值引领的作用。本书认为，目前，社会保障研究中存在着重技术轻理念的研究倾向、重经济学轻伦理学的学科倾向、重效率至上轻公平优先的价值倾向、重经济制约轻文化模板的模式倾向、重移植轻建构的范式倾向。种种倾向表明：我们只是在资本主义制度文明中寻找切近的解困方案，既忽略了人类文明历史的厚度与长度，又消解了马克思主义的意识形态视角。

马克思主义基本原理以及马克思的社会保障思想，在当代中国依然具有不可磨灭的宏观指导价值：马克思社会发展阶段性原理要求中国社会保障必须从国情出发；马克思社会发展道路选择多样性原理要求不能照搬和移植西方社会保障模式；马克思社会发展主体性原理要求中国社会保障必须坚持以人为本、信仰人民；马克思的国家保险理论要求中国社会保障坚持政府的主导地位；马克思的辩证扬弃观要求以科学态度对待中西社会保障理论；马克思的意识形态视角要求理性分析当代西方社会保障实践与理论；马克思的资本二重性原理决定了当代中国的核心的任务是“驯服资本”、让资本为民生服务；马克思关于人的解放原理要求关注人的自身发展，指明了社会保障的终极价值归宿。马克思主义是社会主义核心价值体系的灵魂，社会主义核心价值观是当代中国社会保障的价值引领。

笔者认为，社会保障价值理念的演进与嬗变将会经历：由单一到多元、由从属到独立、从工具理性到价值理性、由政治精英掌控到民众互动影响、从社会控制功能到公民基本权利、从人治到法治、从管理到治理、从供养到增能、从物资救助到能力救助、从社会排斥到包容共享的发展过程。不破不立、破中有立，这是本书的论证方法。通过对于社会保障价值理念嬗变的理论分析，本书提出：人是制度的起点也是制度的终极目的，社会保障制度既是一项“人为”的制度，也是一项“为人”的制度安排，以人为本、民生为大是构建中国特色社会保障价值理念的逻辑起点。公平正义的价值维度既是一切社会制度的首要善，也是社会保障的核心价值理念，当下中国尤其需要结合具体国情、实现“底线公平”。以政治为主导是当下中国的基本权力架构，政府主导的制度变迁依然是中国社会保障变革的主要方式，是对于资本主义“资本主导”理念的扬弃。家庭是现代社会保障制度的责任主体之一，家庭主义曾经受到西方个人主义的冲击而受到过多的批判，在当下，百善孝为先是中华民族独具特色的家庭伦理，应该作为与西方原子式个人主义相对立的价值理念予以弘扬。社会保障属于消费领域，西方消费主义、物质主义的风靡有可能将人类引向人与人、人与自然之间相互冲突的境地，尚俭不尚奢的消费伦理以及科学、文明、适度、理性的消费方式是对于西方消费主义、物质主义的消解。

社会保障制度背后是一套复杂的意识形态以及诸多变量之间的冲突与较量，建构社会保障的价值理念需要坚持以马克思主义为指导，既要汲取中国传统文化中古人的生存智慧，也需要对西方文明进行积极的扬弃。“任何人类历史的第一个前提无疑是有生命的个人的存在。”现代人需要坚持存在而非占有的生活理念与思维方式。对于注重占有式、物质主义生活方式的扬弃，必然会减少人与人之间的利益冲突与矛盾纠纷，因为“人们为之奋斗的一起都与他们的利益相关”。这为人与人之间的和谐共生创造了前提条件。和合共生、包容共享是社会保障的核心价值理念。社会保障制度起源于人的设计，以满足人的需要为目的，又以人的自由全面发展为价值归宿，这是社会保障的终极价值理念。

总之，中国社会保障价值理念的建构，不是对于构建宏大理论体系的奢望，只是试图在社会转型、风险高发、众声喧哗、价值多元的时代语境下，对于社会保障价值理念当中必须遵循的价值准则、哲学思维、文化意义进行重构、彰显、倡导与推崇。

## 二　研究的不足

定量研究之不足。由于本书是对于社会保障价值理念的探讨，因此，从选题方面来说，本身就属于定性研究、规范研究及理论研究，作者试图克服现有社会保障中过于注重定量化、实证化、经济学化的研究倾向。然而，笔者并不因此否定定量研究、实证研究、经济学角度研究社会保障的重要意义。因此，就本研究而言，定量研究、实证研究的不足，在一些方家看来，就会成为本书的一个不足之处。

凡是关涉价值选择的问题，在学术界本就容易产生不同的声音，因此，当代中国社会保障的价值理念是一个容易引起争议的理论问题，当然，这一方面说明了该问题的意义所在；另一方面也必将会是持不同价值观的专家们质疑本书之所在，笔者将怀着虔诚而恭敬的心情，期待方家的批评和指正，这将是笔者继续深入研究此问题的契机与动力。希望通过对于这一选题的提出与研究，能够抛砖引玉，深化对此问题的进一步研究。

在当代中国，经济全球化、知识碎片化、价值多元化、意义稀释化，在这个肉身沉重、灵魂轻飘、众声喧哗、欲望狂欢的时代场域下。有人认为中国已经进入到了“政治焦虑、经济焦虑、信仰焦虑、生存焦虑等等全面焦虑期”。中国人的集体焦虑需要通过良好的制度、正确的理念予以化解，却是不容置疑的事实。上至社会精英，下到普通百姓，安全感缺乏、价值观迷茫。“没有了价值的持守，人类的精神生态危机就会加剧。”① 令人感到欣慰的是，中国共产党作为执政党，在意识到这些社会现象之后，及时进行了理论的指引和价值观的纠偏，适逢其时地提出了社会主义核心价值观，分别从国家层面、社会层面及个人层面对于国家、社会及公民个体提出了价值规约与价值

---

① 王岳川：《虚无与病态不应成为现代人的精神》，《中国投资》2012 年第 12 期。

指向，这既是对于国家、社会、个人提出的价值标准，也是在全社会倡导人们过一种“值得过的生活”。

然而，建构什么样的社会保障价值理念？笔者一再痛苦地纠结于自己对此问题的痴迷，似乎感觉到了自己“真诚的无知”，然而，“没有真诚的无知，便没有对于知识的真诚的探索”，这个思考与探究的过程，实际上既是对于社会保障制度实践历程与理念定位的回顾与系统梳理，也是对于以往社会保障制度理念的批判性反思，这种思想之旅，原本就是对于中国社会保障价值理念共识的倡导、推崇、彰显与引领。制度是价值观的载体，随着中国社会主义核心价值观的培育和践行，社会保障制度模式的即将定型以及中国特色社会保障理论的建构，对于社会保障价值理念、中国特色社会保障伦理的深入研究，将是一个崭新的开始，而不是终结。“哲学问题是人类心灵思考的永恒问题。”“从哲学史的观点看问题，问题的提出比答案更有意义，解决问题的过程比达到的结论更有价值。”①

## 三　未来研究展望

众所周知，社会保障是以由政府为责任主体的现代国家制度架构，研究社会保障的价值理念，就是要对中西社会保障史上符合当代中国社会保障制度建设的理念进行发掘与阐扬，并对其进行倡导、推崇与彰显。当然，社会保障在世界各国都是由政府主导创办的，实际上，必然要涉及的一个问题就是政府的责任伦理问题，就目前而言，“权力部门化、部门利益化、利益法制化”在社会保障领域里是一个突出的问题，也是关涉社会保障制度公平正义的实质性问题，制度的伦理道德成为实现社会保障公平正义的关键所在。

老子在《道德经》第五十七章中有一段话：“我无欲而民自朴”，这里的“我”，显然就是指统治者，公权力拥有者。政府是制定社会保障制度与政策的公共利益主体，在制定社会保障制度及其相关政策时，不是不能仅仅从本部门利益出发，而是根本就不能从本部门利益

① 赵敦华：《西方哲学简史》，北京大学出版社2001年版，第3页。

出发，并且必须从公共利益出发。中央“十三五”规划指出：“必须坚持以人民为中心的发展思想，把增进人民福祉、促进人的全面发展作为发展的出发点和落脚点。”

本书一再强调了一系列价值理念，然而所有价值理念的实现，都要通过制度这一中介和载体，理念是制度的指导，制度是理念的具体化，最后都要回归到制度与人的问题。因为，制度是由人创设的，制度的改革，也要由人来改变，思路决定出路，价值理念引领制度建设。正如马克思所说，“人的根本就是人本身”人类“整个历史也无非是人类本性的不断改变而已”。

社会保障制度不仅仅与一个国家政治、经济、社会等密切相关，而更应该与人的发展与解放密切相关。马克思曾经说：“人的解放”问题是“哲学的真正解放”。

现代人的烦恼可能不是来自于占有的越来越少，而是欲望越来越多，不是占有太少，而是欲望过多。现代社会人的烦恼之解决在于人的解放，也是哲学的真正终极难题，人的欲望被过于放大，既是现代社会的难题、哲学的困惑，也是人在摆脱“物的依赖性”关系、获得自由全面发展之前，人类自身永恒的困惑和难题。

社会保障制度是关于分配公平正义的制度，真正意义上的社会保障关乎分配正义，正义是社会保障制度的首善，公平正义问题之所以成为中国社会的焦点问题，一则在于前现代、现代、后现代共时性在场的时代语境，由于资本的逻辑与市场经济体制的运行，确实拉大了人与人之间的收入差距与社会不公；二则是由于人的“主体性”的群体觉醒，人们对于社会公平与正义的体验从未如此渴望与深刻过，社会保障真正成为提高民众福祉的一项制度安排，实现真正意义上的公平与正义的诉求关键还是在于人，而人的改变，需要从制度开始，从价值理念的倡导与价值共识的形成开始。

当然，中国特色社会主义始终对于公平正义、民心所向问题予以高度的关注，从“全心全意为人民服务”到“实现共同富裕”，从构建社会主义和谐社会到科学发展观、以人为本，从实现效率优先到优先关注社会公平，再到公平、正义、共享价值理念的提出，体现出执政者对此问题的高度重视，然而，实现公平正义、包容共享，实现人的解放，是一个相当漫长的过程。

马克思提出的“代替那存在着阶级和阶级对立的资产阶级旧社会的，将是这样一个联合体，在那里，每个人的自由发展是一切人的自由发展条件”。是对于人类命运的高度关注，也是一切社会问题、价值观念问题得以解决的终极出路，如何以制度来促进人的自由全面发展以及如何实现人的解放，这一问题，将是笔者下一步关注、研究社会保障等中国社会现实问题的问题域。

通过社会保障价值理念的引领，通过中国社会保障制度的不断健全完善，最终实现“幼有所育、学有所教、劳有所得、病有所医、老有所养、住有所居、弱有所帮、贫有所济、孤有所助、伤有所治、残有所扶、死有所葬、遭灾者有救助、失业者能解困”[①] 的目标，这是我们对于社会保障的美好期望!

最后，用柏拉图的一句话作为本书的结尾：让我们永远走向上的路，追求正义和智慧。

① 郑功成:《中国社会保障改革与未来发展》,《中国人民大学学报》2010 年第 5 期。

# 参考文献

## 一　经典文献

《马克思恩格斯选集》（第一卷），人民出版社 2012 年版。
《马克思恩格斯选集》（第二卷），人民出版社 2012 年版。
《马克思恩格斯选集》（第三卷），人民出版社 2012 年版。
《马克思恩格斯选集》（第四卷），人民出版社 2012 年版。
《资本论》（第一卷），中国社会科学出版社 1983 年版。
《资本论》（第二卷），中国社会科学出版社 1983 年版。
《资本论》（第三卷），中国社会科学出版社 1983 年版。
《列宁选集》（第一卷），人民出版社 1995 年版。
《列宁选集》（第二卷），人民出版社 1995 年版。
《列宁选集》（第三卷），人民出版社 1995 年版。
《毛泽东选集》（第一卷），人民出版社 1991 年版。
《毛泽东选集》（第二卷），人民出版社 1991 年版。
《毛泽东选集》（第三卷），人民出版社 1991 年版。
《毛泽东选集》（第四卷），人民出版社 1991 年版。
《邓小平文选》（第一卷），人民出版社 1994 年版。
《邓小平文选》（第二卷），人民出版社 1994 年版。
《邓小平文选》（第三卷），人民出版社 1993 年版。
《江泽民文选》（第一卷），人民出版社 2006 年版。
《江泽民文选》（第二卷），人民出版社 2006 年版。
《江泽民文选》（第三卷），人民出版社 2006 年版。
《胡锦涛文选》（第一卷），人民出版社 2016 年版。

《胡锦涛文选》（第二卷），人民出版社 2016 年版。
《胡锦涛文选》（第三卷），人民出版社 2016 年版。
《习近平谈治国理政》（第一卷），外文出版社 2014 年版。
《习近平谈治国理政》（第二卷），外文出版社 2017 年版。
《习近平谈治国理政》（第三卷），外文出版社 2020 年版。

## 二　著作类

毕天云：《社会福利场域的惯习——福利文化民族性的实证研究》，中国社会科学出版社 2004 年版。
邴正：《当代人与文化——人类自我意识与文化批判》，吉林教育出版社 1998 年版。
陈良瑾主编：《社会保障教程》，知识出版社 1990 年版。
陈振明：《公共管理学》，中国人民大学出版社 2005 年版。
辞海编辑委员会：《辞海》，上海辞书出版社 1999 年版。
丁建定：《社会保障概论》，华东师范大学出版社 2006 年版。
丁建定：《社会福利思想》，华中科技大学出版社 2010 年版。
丁建定：《西方国家社会保障制度史》，高等教育出版社 2010 年版。
龚长宇：《道德社会学引论》，中国人民大学出版社 2012 年版。
郭士征：《社会保障学》，上海财经大学出版社 2009 年版。
韩非：《韩非子》，上海古籍出版社 1989 年版。
何怀宏：《契约伦理与社会正义》，中国人民大学出版社 1993 年版。
黄安年：《当代美国的社会保障政策》，中国社会科学出版社 1998 年版。
黄素庵：《西欧福利国家面面观》，世界知识出版社 1985 年版。
金生鈜：《德性与教化——从苏格拉底到尼采：西方道德教育哲学思想研究》，湖南大学出版社 2003 年版。
金涛主编：《老子庄子全注全译典藏本》，外文出版社 2012 年版。
金耀基：《中国社会与文化》，（香港）牛津大学出版社 1991 年版。
李琮：《西欧社会保障制度》，中国社会科学出版社 1989 年版。
李连科：《世界的意义——价值论》，人民出版社 1985 年版。

李培林等：《社会冲突与阶级意识——当代中国社会矛盾问题研究》，社会科学文献出版社 2005 年版。

林闽钢：《现代西方社会福利思想——流派与名家》，中国劳动社会保障出版社 2012 年版。

卢现祥：《新制度经济学》，武汉大学出版社 2001 年版。

罗荣渠：《现代化新论——世界与中国的现代化进程》，商务印书馆 2004 年版。

马福贞：《文化的信仰——中华传统文化讲座》，中国社会科学出版社 2014 年版。

梅哲：《构建社会主义和谐社会中的社会保障问题研究》，中国社会科学出版社 2007 年版。

倪愫襄：《制度伦理研究》，人民出版社 2008 年版。

彭华民：《福利三角中的社会排斥：对中国城市新贫穷社群的一个实证研究》，上海人民出版社 2007 年版。

彭华民：《评第三条道路的社会政策理论》，天津人民出版社 2007 年版。

景天魁主编：《社会学原著导读》，高等教育出版社 2007 年版。

孙炳耀：《当代英国瑞典社会保障制度》，法律出版社 2000 年版。

孙伯鍨、张一兵：《走进马克思》，江苏人民出版社 2001 年版。

孙立平：《失衡：断裂社会的运作逻辑》，社会科学文献出版社 2004 年版。

万俊人：《义利之间——现代经济伦理十一讲》，团结出版社 2003 年版。

汪行福、李拴民、周建：《给市场经济一张人道的面孔——中国社会保障的规范与制度选择》，中国文史出版社 2004 年版。

汪行福：《分配正义与社会保障》，上海财经大学出版社 2003 年版。

王浦劬：《政治学基础》，北京大学出版社 2006 年版。

王维平、庄三红等：《马克思主义基本原理当代价值研究》，中国社会科学出版社 2011 年版。

卫兴华主编：《中国社会保障制度研究》，中国人民大学出版社 1994 年版。

吴中宇：《现代社会保障导论》，华中科技大学出版社 2009 年版。
萧灼基：《马克思传》，中国社会科学出版社 2008 年版。
荀子：《荀子·非相》，黑龙江人民出版社 2013 年版。
鄢一龙、白钢、章永乐、欧树军、何建宇等：《大道之行——中国共产党与中国社会主义》，中国人民大学出版社 2015 年版。
余斌：《〈资本论〉正义——怎样理解资本主义》，广西人民出版社 2014 年版。
张军：《社会保障制度的福利文化解析——基于历史和比较的视角》，西南财经大学出版社 2010 年版。
张军：《社会保障制度的福利文化解析——基于历史和比较的视角》，西南财经大学出版社 2010 年版。
张维为：《中国超越——一个"文明型国家"的光荣与梦想》，上海人民出版社 2014 年版。
张维为：《中国触动——百国视野下的观察与思考》，上海人民出版社 2013 年版。
张维为：《中国震撼——一个"文明型国家"的崛起》，上海人民出版社 2011 年版。
赵鑫珊：《裂缝和塌陷——当代人类状况》，上海辞书出版社 2012 年版。
赵征主编：《中庸》，线装书局 2013 年版。
郑功成：《社会保障学：理念、制度、实践与思辨》，商务印书馆 2002 年版。
郑功成：《社会保障学》，中国劳动社会保障出版社 2005 年版。
郑功成：《中国社会保障改革与发展战略——理念、目标与行动方案》，人民出版社 2008 年版。
郑功成：《中国社会保障制度变迁与评估》，中国人民大学出版社 2002 年版。
郑杭生等编：《多元利益诉求时代的包容共享与社会公正——社会建设和社会治理创新中的"中山经验"》，中国人民大学出版社 2014 年版。
周宏：《理解与批判——马克思意识形态理论的文本学研究》，上海三联书店 2003 年版。

## 三 论文类

毕天云:《福利文化引论》,《云南师范大学学报》2005 年第 3 期。
毕天云:《论建设中国特色的福利文化》,《学习与实践》2009 年第 4 期。
常修泽:《当代“人”的发展问题论纲》,《改革与战略》2008 年第 8 期。
陈玉照、刘鹏:《社会保障:一个并非超越意识形态的领域——社会保障“超意识形态论”批判》,《华东经济管理》2012 年第 4 期。
成志刚:《西方社会保障理论主要流派论析》,《湘潭大学社会科学学报》2002 年第 3 期。
丁志刚:《论国家治理能力及其现代化》,《上海行政学院学报》2015 年第 3 期。
丁志刚:《论国家治理体系及其现代化》,《学习与探索》2014 年第 11 期。
丁志刚:《如何理解国家治理与国家治理体系》,《学术界》2014 年第 2 期。
方菲:《从极端到理性的回归——中国社会保障理念的嬗变及其道路选择》,《长白学刊》2008 年第 4 期。
付舒:《社会保障价值理念嬗变的学理分析》,《理论月刊》2014 年第 2 期。
高和荣:《论中国特色社会保障理论的构建》,《吉林大学社会科学学报》2008 年第 4 期。
郭殿生:《西方经济学中的社会保障理论批判》,《税务与经济》2005 年第 6 期。
郭林:《论国家治理现代化目标下的社会保障制度优化路径》,《华中师范大学学报》2015 年第 4 期。
胡威:《社会保障制度及其政治价值原则研究——以社会正义为视角》,博士学位论文,吉林大学,2005 年。

花菊香：《灾害社会救助中保障、凝聚、包容与增能之整合路径》，《社会科学》2010 年第 4 期。

黄桂霞：《建立以人为本的社会保障制度——从需求层次论看社会保障》，《南都学坛》2010 年第 4 期。

景天魁：《社会保障：公平社会的基础》，《中国社会科学院研究生院学报》2006 年第 6 期。

景天魁：《社会政策需创新理念》，《中国社会保障》2005 年第 3 期。

景天魁：《中国社会保障的理念基础》，《吉林大学社会科学学报》2003 年第 5 期。

李建华、张效锋：《社会保障伦理：一个亟待研究的领域》，《哲学研究》2009 年第 4 期。

李建华、张效锋：《社会保障伦理论纲》，《道德与文明》2010 年第 1 期。

李慎明：《带头认真学习马克思主义经典著作》，《人民日报》2012 年 3 月 30 日。

李树：《经济学何以能够“帝国主义”》，《学术月刊》2009 年第 1 期。

李延明：《“以人为本”与“以民为本”》，《今日中国论坛》2006 年第 9 期。

李怡、宋军：《对西方和马克思社会保障理论的现代诠释》，《马克思主义研究》2009 年第 12 期。

刘宗法、朱建中、黄家顺：《坚持以人为本与以民为本的现实统一》，《江汉论坛》2004 年第 9 期。

楼继伟：《中国经济最大潜力在于改革》，《求是》2016 年第 1 期。

毛勒堂：《超越消费主义——论消费正义》，《思想战线》2006 年第 2 期。

倪愫襄：《“尚俭”与“尚奢”之辩》，《武汉大学学报》2005 年第 1 期。

彭华民：《福利三角：一个社会政策的分析范式》，《社会学研究》2006 年第 4 期。

彭丽萍：《论社会保障法的价值理念》，《理论界》2011 年第 11 期。

钱宁：《从人道主义到公民权利——现代社会福利政治道德观念的历史变》，《社会学研究》2004 年第 1 期。

时宪民：《个体户发展的社会学思考》，《中国社会科学》1993 年第 2 期。

万明国、杨智敏：《用科学发展观审视小康社会的社会保障》，《经济学家》2004 年第 3 期。

王庆丰：《超越“资本的文明”：“后改革开放时代”的中国道路》，《社会科学辑刊》2013 年第 1 期。

王庆丰：《资本的界限—现代社会的合理性边界》，《求是学刊》2016 年第 1 期。

王远：《当代中国社会保障理念的人文向度》，《理论探讨》2014 年第 6 期。

王岳川：《大国崛起需要“大文化”守正创新》，《西南民族大学学报》2008 年第 9 期。

王岳川：《虚无与病态不应成为现代人的精神》，《中国投资》2012 年第 12 期。

王增文、林闽钢：《中国社会保障治理能力现代化问题》，《贵州社会科学》2015 年第 3 期。

吴鹏森：《论中国社会保障制度理念的演变与创新》，《南京师大学报》2009 年第 1 期。

吴向东：《制度与人的全面发展》，《哲学研究》2004 年第 8 期。

吴学琴：《以多层次对外话语阐释中国价值观念》，《光明日报》2015 年 7 月 2 日。

向春华：《社会保险诈骗罪“利剑”出鞘》，《中国社会保障》2014 年第 7 期。

肖群忠：《论“百善孝为先”——孝在传统伦理文化中的地位及其与诸德之关系》，《甘肃社会科学》1997 年第 3 期。

谢鹏程：《论社会主义法治理念》，《中国社会科学》2007 年第 1 期。

徐丙奎：《西方社会保障三大理论流派述评》，《华东理工大学学报》（社会科学版），2006 年第 3 期。

徐丙奎：《西方社会保障三大理论流派述评》，《理论参考》2007 年第 4 期。

许飞琼：《论马克思的社会保障思想及其时代意义》，《政治学研究》2013 年第 3 期。

徐瑞仙：《当代中国农村社会保障制度变迁及其路径依赖——基于新制度主义政治学的解读视角》，《天水师范学院学报》2013 年第 6 期。

徐瑞仙：《对当今社会保障理论研究中几种倾向的反思》，《开发研究》2015 年第 1 期。

徐瑞仙：《马克思社会保障思想探略》，《商业经济研究》2015 年第 2 期。

徐瑞仙：《马克思主义社会保障思想的当代意义研究》，《天水行政学院学报》2015 年第 1 期。

徐瑞仙：《马克思主义社会保障思想及其当代价值》，《社会保障评论》2019 年第 4 期。

徐瑞仙：《社会保障公平价值理念的理性回归》，《天水师范学院学报》2009 年第 3 期。

徐瑞仙：《社会保障价值理念建构的中国话语》，《内蒙古社会科学》2016 年第 1 期。

徐瑞仙：《习近平民生思想的理念渊源、核心要义和当代价值》，《天水师范学院学报》2018 年第 3 期。

徐瑞仙：《延迟退休需要优先关注社会公平》，《中国劳动》2015 年第 4 期。

徐以民：《批判与辩护之间：理性官僚制发展趋向分析》，《新疆社科论坛》2009 年第 2 期。

杨建毅：《“以人为本”不是“以民为本”》，《党政论坛》2010 年第 6 期。

杨燕绥、赵国军、韩军平：《建立农村养老保障制度的战略意义》，《战略与管理》2004 年第 2 期。

衣俊卿：《现代性的维度及其当代命运》，《中国社会科学》2004 年第 4 期。

俞吾金：《差异分析与理论重构——马克思哲学研究中的方法论问题》，《中共浙江省委党校学报》2005 年第 1 期。

俞吾金：《马克思对现代性的诊断及其启示》，《中国社会科学》2005 年第 1 期。

虞崇胜、罗亮：《当代中国政治制度创新的路径选择——基于新制度主义政治学的考察》，《行政论坛》2011 年第 1 期。

岳天明：《基于道德基础的社会整合——涂尔干的社会理论及当代中国社会意义》，《华东理工大学学报》2014 年第 2 期。

张康之：《论社会科学研究的中国话语》，《甘肃行政学院学报》2015 年第 4 期。

郑功成：《中国社会保障改革面临四大问题与五大挑战》，光明网，2016 年 2 月 16 日。

郑功成：《中国社会保障演进的历史逻辑》，《中国人民大学学报》2014 年第 1 期。

郑功成等：《中国国家综合减灾战略研究（三篇），综合防灾减灾的战略思维、价值理念与基本原则》，《甘肃社会科学》2011 年第 6 期。

中国社会保障体系研究课题组：《中国社会保障制度改革：反思与重构》，《社会学研究》2000 年第 6 期。

周为民、卢中原：《效率优先，兼顾公平——通向繁荣的权衡》，《经济研究》1986 年第 2 期。

朱国华：《现代性视域与批判理论》，《黑龙江社会科学》2007 年第 4 期。

庄树宗：《政治合法性的祛魅：论破除西方中心主义的话语霸权》，《当代世界与社会主义》2013 年第 3 期。

## 四 国外译著类

［美］埃里希·弗洛姆：《占有还是存在》，李穆等译，世界图书出版公司 2015 年版。

［美］阿尔伯特·奥托·赫希曼：《退出·呼吁与忠诚》，卢昌崇译，

经济科学出版社 2001 年版。

［美］阿拉斯戴尔·麦金太尔：《谁之正义？何种合理性？》，万俊人、吴海针、王金一译，当代中国出版社 1996 年版。

［美］阿历克斯·英克尔斯：《人的现代化——心理·思想·态度·行为》，殷陆军编译，四川人民出版社 1985 年版。

［美］阿瑟·奥肯：《平等与效率》，王奔洲等译，华夏出版社 1999 年版。

［印］阿玛蒂亚·森：《正义的理念》，王磊、李航译，刘民权校译，中国人民大学出版社 2012 年版。

［印］阿马蒂亚·森：《以自由看待发展》，任赜、于真译，中国人民大学出版社 2009 年版。

［英］布莱恩·S. 特纳、克里斯·瑞杰克：《社会与文化——稀缺与团结的原则》吴凯译，北京大学出版社 2009 年版。

［英］边沁：《道德与立法原理导论》，时殷弘译，商务印书馆 2000 年版。

［英］贝弗里奇：《贝弗里奇报告——社会保险及相关服务》，华迎放、汤晓莉、耿树艳译，中国劳动社会保障出版社 2008 年版。

［美］博登海默：《法理学——法哲学及其方法》，邓正来译，中国政法大学出版社 2004 年版。

［英］庇古：《福利经济学》，金镝译，华夏出版社 2007 年版。

［美］道格拉斯·C. 诺思：《经济史中的结构与变迁》，陈郁、罗华平译，上海人民出版社 1994 年版。

［美］道格拉斯·C. 诺思：《制度、制度变迁与经济绩效》，杭行译，上海三联书店 2008 年版。

［德］迪特尔·拉夫：《德意志史：从古老帝国到第二共和国》，慕尼黑：慕尼黑 Max Hueber 出版社 1985 年版。

［美］戴维·伊斯顿：《政治生活的系统分析》，王浦劬译，人民出版社 2012 年版。

［美］弗朗西斯·福山：《历史的终结及最后之人》，黄胜强等译，中国社会科学出版社 2003 年版。

［德］哈贝马斯：《现代性的哲学话语》，刘东主编、彭刚副主编，曹卫东等译，译林出版社 2004 年版。

［英］亨利·西季威克：《伦理学方法》，廖申白译，中国社会科学出版社 1993 年版。

［美］杰克·奈特：《制度与社会冲突》，周伟林译，上海人民出版社 2009 年版。

［奥地利］康拉德·洛伦茨：《文明人类的八大罪孽》，徐筱春译，安徽文艺出版社 2000 年版。

［英］卡莱尔：《文明的忧思》，宁小银译，中国档案出版社 1999 年版。

［丹］考斯塔·埃斯平—安德森：《福利资本主义的三个世界》，郑秉文译，法律出版社 2003 年版。

［法］卢梭：《社会契约论》，何兆武译，商务印书馆 1980 年版。

［英］理查德·蒂特马斯：《社会政策十讲》，应奇、刘训练主编，江少康译，吉林出版集团有限公司 2011 年版。

［美］罗尔斯：《正义论》，何怀宏、何包钢、廖申白译，中国社会科学出版社 2001 年版。

［美］罗尔斯：《作为公平的正义》，姚大志译，上海三联书店 2002 年版。

［法］洛克：《政府论（上）——论政府的真正起源、范围和目的》，叶启芳、瞿菊农译，商务印书馆 2012 年版。

［美］刘易斯·科塞：《理念人——一项社会学的考察》，郭方译，郑也夫、冯克利校，中央编译出版社 2001 年版。

［美］刘易斯·科塞：《理念人——一项社会学的考察》，郭方等译，郑也夫、冯克利校，中央编译出版社 2012 年版。

［美］迈克尔·谢若登：《资产与穷人——一项新的美国福利政策》，高鉴国译，詹敏校对，商务印书馆 2007 年版。

［英］麦克莱伦：《卡尔·马克思传》第三版，王珍译，中国人民大学出版社 2005 年版。

［英］玛丽·道格拉斯：《制度如何思考》，张晨曲译，经济管理出版

社 2013 年版。
［美］弥尔顿·英格：《反文化：它的形式、基础和作用》，高丙中译，台北：桂冠图书有限公司 2002 年版。
［法］米歇尔·余松：《资本主义十讲》，沙尔博图，潘革平译，社会科学文献出版社 2013 年版。
［英］诺尔曼·金斯伯格：《福利分化——比较社会政策批判导论》，姚俊、张丽译，浙江大学出版社 2010 年版。
［美］欧文·戈夫曼：《污名——受损身份管理札记》，苏国勋主编，宋立宏译，商务出版社 2014 年版。
［韩］朴炳铉：《社会福利与文化——用文化解析社会福利的发展》，高春兰、金炳彻译，商务出版社 2012 年版。
［英］齐格蒙特·鲍曼：《作为实践的文化》，郑莉译，北京大学出版社 2009 年版。
［法］让·鲍德里亚：《消费社会》，刘成富、全志钢译，南京大学出版社 2014 年版。
［美］史蒂文·卢坡尔：《伦理学是什么》，陈燕译，中国人民大学出版社 2014 年版。
［德］斯宾格勒：《西方的没落》，韩炯编，北京出版社 2008 年版。
［英］塞缪尔·斯迈尔斯：《品格的力量》，庞小龙编译，中国华侨出版社 2012 年版。
［英］塞缪尔·斯迈尔斯：《自己拯救自己》，焦龙梅编译，中国商业出版社 2010 年版。
［法］托马斯·皮凯蒂：《21 世纪资本论》，巴曙松、陈剑、余江、周大昕、李清彬、汤铎铎译，中信出版社 2014 年版。
［德］尤尔根·哈贝马斯：《包容他者》，曹卫东译，上海人民出版社 2002 年版。
［英］亚当·斯密：《道德情操论》，蒋自强、钦北愚、朱钟棣、沈凯璋译，商务印书馆 1997 年版。
［美］约翰·罗尔斯：《作为公平的正义——正义新论》，姚大志译，上海三联书店 2000 年版。

[美] 约瑟夫·E. 斯蒂格利茨：《不平等的代价》，张子源译，机械工业出版社2013年版。

**（五）国外原著**

Edward Burnett Tylor, *Primitive Culture*, London: Dover Publications Inc, 1871.

Erving Goffman, *Stigma: Notes on the Management of Spoiled Identity*. Englewood Cliffs, New Jersey Prentice – Hall, 1963.

Jeffrey C. Alexander, *The Meaning of Social Life A Culture Sociology*, Oxford University Press, 2003.

John Rawls, *Justice as Fairness*, The Belknap Press of Harvard university Press, 2001.

John Rawls, *A Theory of Justice*, Harvard Press, 1971.

# 致　谢

本书是在笔者博士学位论文《当代中国社会保障价值理念建构研究》基础上修改完成的；在论文写作过程中，有幸获得了国家社科基金西部项目的资助，因此本书也是2015年国家社科基金项目“当代中国发展语境中的社会保障价值理念建构研究”（批准号15XKS014）的最终成果。书稿即将付梓之际，特向以下使得本书能够面世的老师们致以诚挚的感谢。

首先，感谢我的博士生导师、兰州大学丁志刚教授对此选题的认可及在毕业论文完成过程中的精心指导与多次修改。

其次，要特别向中国人民大学郑功成教授、南京大学童星教授以及华中科技大学丁建定教授、浙江大学何文炯教授、厦门大学高和荣教授、西北大学席恒教授等人表示真诚的感谢，他们的著作、文章及多次的思想交流给我颇多的教益与启示。复旦大学的汪行福教授，在素昧平生的我电话索书时慷慨赠书；在博士论文开题及答辩时，兰州大学王维平教授、张新平教授、西安交通大学卢黎歌教授以及我的硕导西北师范大学许信胜教授等均提出了宝贵建议。同时他们的思想与著作给我颇多教益与启迪，在此一并致以诚挚的感谢。本书的出版得到了天水师范学院重点学科的资助，在此向学科负责人王文东教授及学校相关部门表示诚挚的感谢。

另外，在国家课题结项时，得到了五位匿名评审专家的好评，使得本项目在2020年6月以“良好”结项（证书号20202974），难能可贵的是，五位匿名评审专家给出了中肯的修改意见和出版建议，对于他们的辛勤付出深表感谢！

致谢中国社会科学出版社赵丽老师，她的严谨、细致和认真负责让我印象深刻、受益匪浅；感谢陕西科技大学马克思主义学院领导及同事们在最后出版阶段的大力支持，正是由于各方面的鼎力相助，才使得本书有了面世的机会。

最后，感谢我的家人们：我的先生、女儿以及我的姐姐和弟弟，女儿王文博在暨南大学用她的勤奋自律追求着自己的梦想；先生王小芳工作之余还要照看年已近百的公公；姐姐们和弟弟，他们一直默默关心、支持着我，尤其是弟弟徐富平帮我们看护高龄失能的母亲……他们分担了我应该分担的，承受了我应该承受的，给予我内心极大的温馨与踏实感，家人永远是我内心最柔软的抚慰、最坚强的后盾，今后余生将以感恩之心、辛勤努力回馈亲人，回馈生活给予我的一切美好。

徐瑞仙

2021 年 10 月于陕科大沁园小区